改革是一连串事件

王东京 / 著

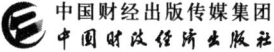

中国财政经济出版社

图书在版编目（CIP）数据

改革是一连串事件/王东京著.--北京：中国财政经济出版社，2024.4

ISBN 978-7-5223-3006-8

Ⅰ.①改… Ⅱ.①王… Ⅲ.①改革开放-大事记-中国 Ⅳ.①D61

中国国家版本馆CIP数据核字（2024）第061756号

责任编辑：蔡丽兰 郁东敏	责任校对：胡永立
封面设计：张博轩	责任印制：刘春年

改革是一连串事件

GAIGE SHI YILIANCHUAN SHIJIAN

中国财政经济出版社 出版

URL：http://www.cfeph.cn

E-mail：cfeph@cfemg.cn

（版权所有 翻印必究）

社址：北京市海淀区阜成路甲28号 邮政编码：100142

营销中心电话：010-88191522

天猫网店：中国财政经济出版社旗舰店

网址：https://zgczjjcbs.tmall.com

北京文昌阁彩色印刷有限责任公司印刷 各地新华书店经销

成品尺寸：145mm×210mm 32开 13.25印张 233 200字

2024年4月第1版 2024年4月北京第1次印刷

定价：68.00元

ISBN 978-7-5223-3006-8

（图书出现印装问题，本社负责调换，电话：010-88190548）

本社图书质量投诉电话：010-88190744

打击盗版举报热线：010-88191661 QQ：2242791300

序　言

我在报刊写了20多年专栏，讨论的是不同时期的经济热点难点。最近重读这些文章，发现无心插柳，同时也记录了我国改革攻坚的历程。前事不忘，后事之师。从近千篇文章中挑选一部分结集出版，立此存照，我想对谋划未来改革是有意义的吧。

进入新世纪后，改革进入深水区。一路走来，山重水复，险象环生，由于改革前无古人，不得不摸着石头过河。从这个角度看，改革其实是一连串事件（试错），我们今天回溯这些事件，不仅会有柳暗花明的欣喜，也能感受改革的不易与艰辛。而更重要的是，可从以往的成功经验中深刻理解市场运行逻辑。

中央党校的学员，皆是来自改革第一线的高中级干部，这样，我做研究自然不能闭门造车，得关注现实。基于此，这些年我行南走北，用了大量时间做"田野"调查。有朋友说，读我的专栏文章有很强的现场感。我认为他们说的是真话。的确，这些文章与其说是写出来的，倒不如说是走出来的。

当年我选择到中央党校任教，是因为相信拿破仑讲过的一句话：聪明但喜欢走捷径的人，可以当将军；又聪明又勤快的人，可以当参谋；不聪明、爱偷懒的人，可以当传令兵；但勤快、愚蠢的人，最好什么也别做。对号入座，我自认为是个勤奋的人，也不蠢，于是选择了当"参谋"。

我给自己的定位是"参谋"，当"参谋"自然不能越俎代庖，替政府做决策。可我年轻时并不这样想，那时觉得自己饱读经典，心高气傲，总想指点江山，可我的建议似乎很少被政府采纳。曾经很长一段时间，我心灰意冷，抱怨决策者不尊重学者。

大约23年前，我与一位来中央党校学习的部长说起此事。他告诉我：并不是政府决策者不尊重学者，而是你们不当家不知油盐柴米贵。即便你的建议是对的，政府做决策也需审时度势，找准实施时机。要是时机不对，非要把五年后才能做的事提前到现在做，结果很可能事倍功半，甚至弄巧成拙。

一语点醒梦中人。从此，我便有意识地让自己摆正位置，对改革中遇到的各类难题，仍知无不言，用经济学逻辑作分析推断，且每周写一篇专栏。而与之前不同的是，无论政府是否重视我的推断，自己皆能保持平和心态，不再急于求成，也不再有失落感。因为我坚信：政府最终一定会按经济规律办事。

不失落是不失落，可研究经济毕竟要经世致用，而我也希望对国家建设有所建树。于今回头看，之前我所作的推断，不少是对了的。请读者注意每篇文章的写作日期，当时我指出的体制或政策存在的问题，今天大多已调整或正在调整。当然不能说政府听了我的，我的意思是，学术研究对政府决策是有用处的。

在本书出版之际，我要由衷地感谢读者，要是没有读者的持久关注，自己不可能将专栏写下来。要特别说明的是，经济专栏类似于随笔，既要通俗好懂，又不能天马行空，要有逻辑。这样读者阅读时或许稍有难度，不过一定能读懂，不信你读读看。

王东京
2024 年元旦
于北京大有庄

目 录

序 言   1

民生大于天

从供求看农业补贴   003
保护粮价不如支持休耕   008
粮食供应偏紧说   013
今后谁来种地   018
怎样守住耕地红线   023
我不信房产升值的神话   028
房价的"三个火枪手"   032
政府可救楼市乎   036
房价与地价:鸡与蛋的故事   040
稳定房价才是上策   045
让老百姓看得起病   050

畅通国内循环

扩大消费与扩大投资	057
消费、投资、出口是"一驾马车"	061
供给过剩与需求不足	066
谁主导调结构	071
积极财政不是扩张财政	076
我主张减税的理由	080
论结构性减税	085
收入怎样决定消费	090
也说中国高储蓄	095
高储蓄会抑制内需吗	099
货币政策应守住底线	103
央行放开利率是好事	107

转换发展动力

老板未必是企业家	115
技术雇佣资本假说	120
产业升级的秘密	125
创新动力从何而来	130
推动创新的体制安排	134
风险、不确定性与创新	139

数字经济的边际收益　　　　　　　144
财政可以倒逼改革　　　　　　　　149

防风险于未然

警惕地方债闯祸　　　　　　　　　157
债务风险的警戒线　　　　　　　　162
解开债务链的两个选择　　　　　　167
何以化解地方债　　　　　　　　　172
货币并非多多益善　　　　　　　　177
谁是通胀的推手　　　　　　　　　182
当心通胀卷土重来　　　　　　　　186
商业保险与社会保险　　　　　　　190
存款保险不是杞人忧天　　　　　　195
资本会无序扩张吗　　　　　　　　200
反垄断到底反什么　　　　　　　　205

政府改革逻辑

政府的角色定位　　　　　　　　　219
大部委制妙不在大　　　　　　　　224
事业单位何去何从　　　　　　　　228
顶层设计与地方试验　　　　　　　232
政府的社会责任　　　　　　　　　236

公共品不能收费吗	241
为哪些"失误"容错	246
行政问责的"三个要件"	251
防止"层层加码"只需一招	256
不必担心独董辞职	261
数据产权归谁	266

让市场作主

缓解油荒应放开价格	273
涨价未必就是通胀	277
加息不能压缩流动性	282
汽车限购能走多远	287
商品房限购有利有弊	291
工业文明的代价	296
丽江空气该收费吗	300
气候问题的经济分析	304
绿水青山的盈利模式	309
国企怎样去行政化	314

公平自在民心

定义"公平"的困难	321
以城带乡是大战略	325

幸福的参照	**331**
基尼系数的经济含义	**335**
勿误解"共同富裕"	**339**
政府不必补贴富人	**344**
延迟退休不必强行	**348**
谁在制造性别歧视	**352**
扶贫当从供给侧发力	**356**
耕地占补应全国平衡	**360**
追问企业社会责任	**365**

推进开放共赢

政府为何鼓励出口	**371**
稳住汇率是大局	**375**
再说稳住汇率	**379**
评人民币国际化	**384**
倾销是个伪命题	**388**
高关税的错觉	**393**
假如发生美债危机	**398**
美国为何发动贸易战	**402**
西方不可能与中国脱钩	**407**

民生大于天

当下的困难是,政府需要粮食安全;城里人却希望粮价低一些;而种地的农民则指望粮食能卖个好价钱。这三方目标皆有理,但统一不起来,令人头痛。

政府抑制房价应把握好力度,底线是不颠覆人们对未来房价的预期。住房既是消费品,又是资产。一旦人们对房地产的收入预期逆转,房价会立即大跌。

要让老百姓看得起病,必须引入竞争,让营利性医院跟非营利性的医院比价格,非营利性的跟营利性的比服务,同类医院之间,服务和价格都得比,这样老百姓才有望得到更好的医疗服务。

从供求看农业补贴

二〇〇六年七月二十二日

我从小长在农村，又研究经济20多年，最近忽然觉得自己对农业问题所知甚少。有些事看似明白，但若是深究起来却不容易想得透彻。比如补贴农业，政府这样做的理由到底是什么？思前想后，于今才理出一点头绪来。

不是说这问题有多尖端，也不是没有人研究过。恰恰相反，是因为问题浅，人们往往不从复杂的层面考虑。我读过一些学者的文章，说到补贴农业的原因，几乎众口一词，说农业是弱质产业，比较收益低。可我的疑问是，为何农业会弱质？是因为它与自然风险有关吗？世上与自然风险有涉的行业多的是，井下采矿，海上捕鱼，都可能有天灾人祸，为什么偏偏说农业弱质呢？

其实，存在风险的行业，比较收益也未必一定低。可以观察到的是，生产鞭炮的风险肯定大于农业，一旦出险，不仅要破财，而且会赔进人命。可人们为何还要铤而走险，不去转投其他风险小的行业呢？经济学的答案，一定是鞭炮生产比他所能从事的其他行业更赚钱。是的，在某些情况下，风险大，收益也高，不然，就解释不了某些高风险的行业，为何还有人跃跃欲试，乐此不疲。

理论上讲，有自然风险的产业未必弱质，比较收益也不一定低。可事实却是，全世界农业的收益，通常都要低于工业。早在17世纪，古典经济学家威廉·配第就发现："工业的收益要比农业多很多。"亚当·斯密也说，他看见经常有人白手起家，以小小的资本，经营制造业或商业数十年便成为富翁。然而，用少量资本经营农业而发财的事例却十分罕见。

我们距亚当·斯密的时代已经有200多年，日月更替，沧桑巨变，可农业比较收益低的局面，至今似乎仍没有大的改观。

但凡尊重科学的人，都不会否认农业比较收益低的事实。但我想追问的是，究竟是何原因造成了今天这种局面？不是我要挖根刨底，实在是因为此问题重要。它不仅事关政府补贴农业的性质，而且牵扯到农民的切身利益。

比如，如果我们认定农业比较收益低是由于农业有自然风险，那么，补贴农业就是政府的善举，是政府对农业的扶持，政府既可以多补，也可以少补。假如说，农业比较收益低另有原因，而且还与政府相干，那么补贴农业就不是政府对农民的照顾，而是政府义不容辞的责任。

先说我的观点。农业比较收益低，绝不是由于农业弱质。因为没有证据证明，农业天然就是弱质产业。首先从历史上看，农业曾长期是国民经济的支柱。19世纪前，地球上90%的人口，从事的都是农业；而且近1000年来，农业供养的人口已差不多翻了30倍。再从生产率方面看，农业生产率也不见得低于工业。在很多国家，农业生产率反而比工业高。以法国和德国为例，1965年到1995年的30年间，农业生产率年增长分别为5.2%和5.1%，而同期工业生产率年增长仅为3.6%和4.0%。

问题的焦点在于，农业既然不是弱质产业，农业生产率也不低于工业，可为何农业的收益会低于工业呢？理解这个问题，必须对生产率与收益概念懂得通透。生产率，意指单位时间的产量，而收益则是指产量与价格的乘积。生产率提高，产量增加，若是价格不变，收益定是增加。若是产量增加而价格下降，收益则不一定增加，甚至可能下降。对生产率与收益之间的这种变动，若从个量与总量两个角度去分析，会看得更加清楚。

从个量角度看，假定某农户生产率提高，粮食比上年增产200斤。单个农户增产，自然不会影响到市场价，故今年的粮价仍会同于往年，假定还是8毛1斤，那么可以断定，该农户今年要增收160元。但若是从总量角度看，推理也就跟着变了。比如，假定农业生产率全面提高，粮食整体增产30%，那么，今年的粮食可能会供大于求，粮价会下跌。若跌幅超过30%，农业的收益率反而要下降。可见，农民增产不增收，问题是出在产量增加后会使价格往相反的方向变化。

是的，农产品价格，由农产品的供求决定。而农业的收益率，则主要取决于价格。由此推理，提高农业的比较收益，必先提高农产品价格；要提高价格，就必须减少农产品供应。否则农产品不减少，价格上不去，农业的收益率就永远不及工业。

从政策角度看，此推理的含义是：要帮助农民增收，政府就应网开一面，允许农业要素转向工业。设想一下，假如政府不设限，农业劳力与土地都能自由地转用于工业，那么工业品供应增加，价格必会下落；而农产品供给减少，必会拉动价格上涨。如此一降一涨，农业与工业收益最终一定会达到均衡。

可见，农业的比较收益低，并非农业有自然风险，而是政府限制了农业要素的流动。世上所有实行耕地保护的国家，农业比较收益都低，就是这个道理。不过我这样讲，并不是反对政府保护耕地，耕地关系粮食安全，保护耕地无可厚非。而且欧美、日本等经济非常发达的国家，对耕地用途也有严格管制，何况中国是一个人口大国呢？我要说的是，政府为了粮食安全保护耕地,却限制了农业收益的提高,所以政府补贴农业,就不可看作是政府对农业的政策倾斜,实质是,政府花钱向农民购买粮食安全。

再往下推,有三点结论应该是对的:第一,农业比较收益低是事实,但不能据此就说农业是弱质产业。政府补贴农业的理由,并不是农业有自然风险。第二,提高农业比较收益,必须放开农村要素市场;政府若考虑粮食安全而限制要素流动,那么就得给农业予以补贴。第三,补贴农业不是政府的单向支出,而是一种互利的交换。既然是交换,补多补少就不可全由政府说了算,应该和农民商量着定。不然,有钱多补,没钱少补或者不补,就算不上是公平交换了。

保护粮价不如支持休耕

二〇〇六年七月三十日

近年来国家推行粮食生产直补,加上老天爷帮忙,风调雨顺,今年粮食增产铁板钉钉。多产粮食,对城里人当然利好,可这对农民兄弟却不见得是好消息。容易想到的,粮食多了,必然会出现卖粮难,而粮价下跌,农民有可能会增产不增收。

而眼下我担心的是,为避免谷贱伤农,政府会再度出手"扶盘",推出粮食"保护价"。我当然赞成保护农民利益,但对"保护价"却不敢苟同。此举虽可解农民燃眉之急,但绝非长久之计。可取的法门,应是调节粮食供求。说得直白些,政府与其高价向农民购买粮食,倒不如拿钱支持部分农民休耕。

站在经济学角度看,粮食作为一种商品,必须供求平衡。供求平衡是基本的经济规律。所谓按经济规律办事,绝不能离开这一点。当然,经济学也承认粮食的特殊性,但这种特殊性，也是在供求平衡的逻辑限度之内才能被承认。

为了说明这一点，让我们引入两个经济学概念：供给弹性和需求弹性。一般来说，当价格上升（降低）时，供给会增加（减少）。供给增加的比率（减少的比率）除以价格上升（减少）的比率，即为"供给弹性"。

举个例子，小麦的价格由1元/斤上升到2元/斤，产量由100万吨上升到150万吨，那么，价格上涨率为100%，而供给的增长率为50%，供给弹性即为0.5。需求弹性的定义方法与之类似。只不过需求与价格是反向变化的，即价格上升，需求减少，反之亦然。把这种反向变化的关系考虑在内，需求弹性就是一个负数。

经济学说，如果供给或需求弹性的绝对值小于1，称缺乏弹性；大于1，则称富有弹性。而粮食这种商品的特殊性就在于，它的供给和需求都缺乏弹性。

常言说，人是铁，饭是钢，一顿不吃饿得慌。彩电10万块钱1台，买不起可以不看，可粮食10万块钱1斤，谁都不能不吃。这是说，人们对粮食的消费受价格因素的影响比较小，它的需求缺乏弹性。在供给方面，粮食生产周期较长，市场价格再高，也无法立即做出反应。这不像制作衬衣，如果行情看好，工厂加班加点，一晚就能生产一批。农民不是有句谚语吗，白露早，寒露迟，秋风麦子正当时。错过了农时，就只好等来年了。从短期来说，这也是缺乏弹性把供求结合在一起，就看出农产品的特殊性：如果粮食短缺，必然是粮价暴涨，因为供给没法一下子大量增加，而需求对价格变化又不太敏感，只有粮价高涨，才能把粮食消费压下来，消除供求缺口；价格上升就对生产形成刺激，来年农民可能会增加投资，选用良种，结果带来产量上升，可一旦供大于求，粮价又会大幅度下跌，只有这样，才能刺激需求增加，消化过剩供给。

可见，粮食这种商品，若完全靠市场调节，往往会造成价格的剧烈波动，暴涨暴跌的过程会表现得很夸张，根源就在于它的供给和需求都缺乏弹性。

解决粮价过度波动问题，常用手段有两个，即保护价和粮食储备。实际上，这两种手段常配合使用。当粮食供过于求时，按保护价收购，形成国家储备，以避免粮价暴跌，伤及农民。反之则抛售储备，平抑粮价。这种调控方式，可以在不同的年景之间调节余缺，熨平粮价波动。但从长远来说，它并没有从根本上改变粮食的供求关系，如果粮食连年歉收，结果必然是国家无储备粮可抛，最终还得把粮价完全交给市场。

反过来，如果粮食连年丰产，除非国家将多余的粮食出口，或者干脆倒入大海，否则它迟早还会流到市场上。说得更现实一点，国家财力是有限的，长期对粮食价格给予全面保护，政府根本吃不消。发达国家是这样，发展中国家更是这样。

大概是过去挨饿的缘故，我们对粮食历来看得特别重，通常忽视粮食的商品属性，而只强调粮食的特殊性。过去吃不饱肚子，强调粮食不可或缺当然是对的，无论算政治账，还是算经济账，结果都是一致的。可这并不等于粮食越多越好，粮食作为一种商品，具有一般性，也需要考虑市场平衡。

前些年，粮食连年增产，粮价却一路走低，国家按保护价收购的粮食卖不出去，搞得国有粮食企业和国家财政都很困难。对此，我们不是从供求关系上找原因，而是迁怒于私商粮贩。

其实，这看法并不符合经济学的供求原理。粮价下跌，若要保护农民利益，国家收购的粮食短期内就不应再卖出去，而是应该形成储备，让部分粮食暂时退出流通。否则，粮价肯定起不来。要知道，私商粮贩只是倒卖粮食，并不能改变粮食供求，不会影响粮价，就是把他们统统抓起来，还是于事无补。

回到经济学逻辑，粮价不过是市场信号，最终还得由粮食供求决定。因此，政府维护农民种粮积极性、保证国家粮食安全的根本办法，是要通过休耕来调减耕种面积，缓解供求矛盾。其实，无论从哪方面看，储备粮食都不如储备耕地，粮食属于保鲜产品，储存几年，就会陈化变质；而储备耕地，不仅可以节约大量人力物力，而且有利于土壤改良，提高土地生产率。其中的道理并不复杂，政府决策部门不妨再研究研究。

粮食供应偏紧说

二〇〇八年十一月十日

关于粮食问题我写过多篇文章，这里旧话再提，是因为最近政府说明年将大幅提高粮食最低收购价格。政府用意我清楚，是给农民吃定心丸，让农民放心种粮食。中国连续5年粮食增产，估计明年可能供大于求，价格会下跌，为避免谷贱伤农，政府才作出上面这样的承诺。

实话说，我是不赞成人为提价的。大约半月前，"每日财经"的记者采访我，问：提高最低收购价会否推高明年CPI？我答：不会。如果明年粮食果真过剩，粮价必有下行压力。要知道，最低收购价不是整体粮价，充其量只是保底价。即便政府肯花钱提高保底价，若粮食多了，供大于求，粮价也不会普遍涨上去。只要粮价不普涨，对CPI的影响不会太大。

其实，我不赞成提高最低收购价，并非担心推高物价。我的顾虑是，政府这样做会否重蹈前些年粮食流通补贴的覆辙。20世纪90年代后期，中国粮食出现阶段性过剩，不仅粮价下跌，而且卖粮难。为保护农民种粮的积极性，于是政府从1998年起在粮食购销环节上给农民补贴，最核心的一点，就是按保护价收购农民余粮。

顾名思义，所谓保护价，就是保证农民种粮能赚钱的收购价。鉴于当时市场粮价走低，国务院不仅要求保护价要高于市场价，而且明令国有粮食部门要按保护价敞开收购粮食，农民种多少收多少。不必怀疑政府的初衷，高价从农民手里买粮食，摆明是要维护粮农的利益。可遗憾的是，推行保护价的结果却事与愿违，农民并未增收，此结果政府当初怕是所料未及。

事情是这样的。由于粮食供大于求，国有粮食部门按高于市场价的保护价购进粮食，到后来粮食卖不去，仓库装不下，压住大笔资金不说，而且出现了亏损。为此粮食收购企业叫苦不迭，意见反映到了决策部门，而当时决策部门回应说："谁叫你们粮食企业亏损？按保护价收购，可以顺价销售嘛！若把粮食顺价卖出去，一斤粮食赚一分钱，粮食部门就可发财。"

是的，若能顺价销售，粮食部门与农民可以双赢，皆大欢喜。可问题是，农贸市场私人粮商那里粮价低，且可随便买，而保护价本来就高于市场价，若国有粮店再价外加钱，谁肯上门光顾呢？有鉴于此，于是政府又出新招，打击私人粮商，国家垄断粮源。即是说，私人粮商不得下乡收粮食，只许在城里卖粮食，私人粮商的粮食，只能从国家粮食部门手里买。

理论上看，设想没有错；但有个前提，就是国家要能垄断粮源。若粮源真能控得住，政府当然可以操纵价格。比如市场粮食需求1万亿斤，而国家只抛售9500亿斤，供应偏紧，加价顺售易于借火。可要害在于，今非昔比，市场经济买卖自由，政府怎好干涉粮商的自由交易呢？再说，私人粮商大多来自农村，与农民的联系千丝万缕，政府并无三头六臂，想管也未必管得住。

果不其然，后来事实证明，国家的确垄断不了粮源。粮源管不住，顺价销售只能是空谈。政府力挺了几年，但最后还是不了了之，到2004年，国家终于开始实施粮食生产直补。现在回头看，当年从流通环节补贴农民的政策，出发点对，但实际效果不佳。直接的原因，就是粮食多了粮店不肯收，压质压价又使得农民不愿卖。

保护价无果而终，是前车之鉴。然而令人费解的是，事隔几年政府为何旧调重弹呢？我想到的原因，是政府面临两难：一方面，中国是人口大国，吃饭的事大，必须鼓励农民种粮食；另一方面，农民粮食种多了，粮食供大于求，价格下跌，会挫伤农民种粮的积极性。怎么办？无奈之下，政府只好提高最低收购价格。

我要问的是，除了保护价，难道维护粮农利益就没有其他办法？非也！经济学说得清楚，供求决定价格，供大于求价格下跌，是规律，违背不得也违背不了。既如此，可粮食过剩而政府怎可提高价格呢？不错，政府可把多余粮食高价购作储备，可储备总有限度，何况粮食是保鲜品，两三年就会变质，储备过多最终也是浪费。

曾说过多次，也是我一贯的主张：政府与其提高粮食保底价，倒不如补贴农民休耕。有计划休耕可减少粮供，供应偏紧粮价自不会下跌。再往深处想，对国家粮食安全而言，储备粮食其实不如储备耕地。只要耕地在，日后一旦粮食短缺，3个月就可把粮食种出来。由此看，适度储备粮食是必要的，但不是越多越好。若现有耕地不减，储备粮食够一年之需足矣。

这里要顺便说明的是，主张休耕并非本人首创，也非异想天开。20世纪末中国粮食过剩，政府就曾鼓励退耕。而休耕制度，西方国家早有。我刚从韩国考察回国，据说韩国推行新村运动之初，政府也搞过"保护价收购粮食"，但不久就转为休耕。九月下旬，温家宝总理来中央党校演讲时提出中国粮食供求要紧平衡，言下之意，我理解就是通过休耕稳定粮价。

最后再说一句：维护粮农利益与粮食安全，政府只需用两招：粮食少了放开粮价，让财政拿钱补贴低收入者吃饭；

相反,粮食多了政府则补贴休耕。只要粮价稳定,让农民种粮有利可图,手里有18亿亩耕地,何愁中国粮食不能自足呢!

今后谁来种地

二〇一二年二月九日

祖祖辈辈都种地,我出身农民不可能不关心农业。当下的困难是,政府需要粮食安全,城里人却希望粮价低一些,而种地的农民则指望粮食能卖个好价钱。这三方目标皆有理,但统一不起来,令人头痛。问题就摆在这里,解决得好,大家皆大欢喜;否则三方都会输,而且会输得惨。何去何从?看来政府得审慎考量。

我一贯的观点:中国不应该缺粮食。18亿亩耕地,人均1亩多地的粮食怎会不够吃?今天粮食所以短缺,一是耕地撂荒严重;二是农民广种薄收。而这一切,归根到底又是粮价低。想想吧,1亩地种粮的收入,不计人工,除去成本仅500元左右。背朝日头面向土,10亩地收入才换1部手机,农民怎可能精耕细作呢?我老家是鱼米之乡,过去粮食一年种两季,可如今却改种一季。

是的,从经济学角度看,中国的粮食安全,背后其实是粮价问题。只要粮价够高,农民靠种粮能致富,中国粮食绝无短缺之忧。可粗略算,若粮食亩产能达700斤,有6.3亿吨粮食,中国人自给绰绰有余。要是再不够,粮价涨到5元1斤,不要说外国粮食会如潮水般涌来,农民的房前屋后都会种粮。所以政府要保粮食安全,别无他法,关键是要维持高粮价。粮食多了补贴休耕,让粮食紧供应;而粮食少时则放开价格。

我曾到豫东平原做过实地调查,那里的农民说,政府给种粮补贴,意图好,但农民不容易得到实惠。这边国家发补贴,而那边农药、化肥就涨价,此补彼涨,两相抵消农民往往得不偿失。

3年前,我在云南曾与农民座谈,会上有人算账:目前国家给的种粮补贴,直补加综合补贴,满打满算每亩不过百多元,而当地粮食亩产千斤,若政府不管价格,1斤粮食涨5毛,一亩地则可增收500元。这是说,农民并不希望补贴而更乐意政府放开价格。

这当然是从农民的立场看。若换个角度,要是政府放任不管,粮价涨了城里低收入者怎么办?何况学界这几年一直有人说国内通胀是农产品涨价所推动。这说法绝对是错的,先不管它(已另文分析,见《谁是通胀的推手》,已收入本书)。但如何让城里低收入者买得起米倒是个难题。不过想深一层,此事说不难也不难,现在国家一年给农民种粮补贴有近800亿元,若政府放开粮价,用这800亿元去补贴城里人买米,每人1年补贴800元,可补1亿人,城里哪有1亿人买不起米呢?

由此看,放开粮价不仅农民可增收,国家有粮食安全,而购粮补贴也让城里低收入者利益无损。一举三得,是多赢,何乐而不为?

若再从长远看,也是本文要说的重点。这些年,由于种地收益低,农村青壮劳力纷纷进城务工,留守的大多是老人、孩子。长此以往,中国农业会不会后继无人?并非杞人忧天。去农村看看吧,今天的年轻人还有多少在家务农?难怪前几天农业部总经济师陈萌山先生也发感慨:中国未来"谁来种地、谁来养猪"?!

人无远虑必有近忧。于是有专家出主意说,解决此问题有三法:一是要从娃娃抓起,在中小学植入农业内容,引导学生对农业的兴趣;二是要对青年农民进行职业培训,培育更多的种田能手;三是要用优惠措施吸引部分进城人员返乡。这三条不能说不对,但隔靴搔痒,不过是治标而已。我们这一代人,中小学差不多都应该学过农吧,可长大后谁不想跳"龙门"?而当下的年轻人不务农,也并非缺乏职业培训那样简单,若种地的收入低,即使有培训又怎样?农学院不是也有很多毕业生改行吗?

至于吸引进城人员返乡,思路大体对。但我认为返乡民工未必能成为未来农业的主力,他们的年龄会越来越大,而且也不懂现代农业。将来农业的主力,恐怕只能是城里那些有资本、懂技术、会管理的人。现在需要研究的,是怎样才能把这些人吸引到农村去。不知别人怎么想,有一点我肯定,若无利益驱动,单靠政府号召将于事无补。不仅城里人不会去,就是农民工也不会回去。你想想,搞农业若不如搞工业赚钱,跑去种地岂不是发神经!

别误会,我这样讲并不是要国家拿钱去补贴投资农业。其实,投资农业的收益并不必然比投资工业低。若改做现代农业,种地照样是可以大赚的。何谓现代农业?简单地说,一是现代农业科技,二是现代生产方式。显然,农业要现代化,起码的一点就是土地要规模经营。像目前这种状况,人均一亩多地,赚钱当然不会多;若是让一人种500亩、1000亩,收益就未见得低于投资工业了。

算不上深奥的理论。事实上,规模经营早已是人们的共识。而接下来的问题是土地如何集中。前些年,土地集中难度大,那时政府总担心农民失地。想来也对,土地乃农民立命之本,没有地靠什么生存?然而今非昔比,今天真正的"农民"(以种地为职业)已不多,10年后会更少,若土地承包再不改,日后耕地撂荒会比现在更严重。

未雨绸缪,推动土地集中在我看来已经刻不容缓。政府眼下要做的,就是赋予农民耕地产权。这样不仅有利于土地集中，农民也可用"地"入股取得收益。两全其美，岂非善哉！

怎样守住耕地红线

二〇一二年二月十七日

前篇文章我写今后谁来种地，观点有三：一是政府通过补贴休耕让粮食紧供应，放开粮价；二是推动土地集中，让种粮者能取得规模收益；三是赋予农民耕地产权。这第三点重要，但当时是结合土地集中谈，未做展开。言犹未尽，故这里再作专文讨论，当然不想去空谈产权概念，概念重要但读者未必有兴趣，还是让我从目前广受关注的"征地问题"下笔吧。

毋庸讳言，这些年因征地惹出的麻烦实在不少。明显地，农民上访事件现在与日俱增。几年前在南方讲学，我就目睹农民在省政府前静坐，并打出"还我耕地"的大字横幅。曾听信访部门的朋友说，近年农民来京上访，多数也是因耕地被占。这现象看来并非个别，而且政府高层恐怕也清楚。不然温家宝总理前几天在广州讲话不会那么严厉，他强调在耕地上要一寸不放，一口不松，寸土不让。

学界当下有个观点，认为土地征用引发冲突是因为给农民的补偿不足。言下之意，只要给农民多一些补偿冲突便可化解。不否认，补偿不足肯定是诱因之一，也是事实。据人民大学最近的一份调研报告显示，近3年失地农民中，未得补偿的就有12.7%；有补偿承诺但未兑现的占9.8%；分期补偿的占12.8%。这是说，只有64.7%的农民拿到一次性补偿，且标准普遍偏低，每亩平均仅1.87万元。

这是专家调查的数据，真实性不用怀疑。但即便如此，我认为这些数据也只是表象，不是终极原因。若追问一下，为何地方政府征地不给农民足额补偿？数据显然不能给出答案。而我的看法：问题的根子是在征地这种制度安排上。所谓征地，说白了，就是政府凭借"权力"便宜地从农民手里拿地。既然是"征"（不是"买"），当然也就谈不上足额补偿。你想呀，若肯足额补偿，政府直接向农民买地好了，又何必大动干戈征地呢？

是的，至少在理论上，征地是不可能给足额补偿的。足额补偿是土地值多少钱就给农民多少钱，那样就是等价交换，是买卖。换言之，要给农民足额补偿，土地就不能由政府单边征，而应该让政府去买。别误会，不是说土地一概不能征，我的意思是，政府征地必须有严格的限制，按国际惯例，除了公益性用地可以征，其他商业开发，土地一律不能征。否则政府就是与民争利，农民当然有理由要告你。

说起来，地方政府对征地乐此不疲，其实也是无利不起早。可以想到的；一是追求GDP，把耕地用来搞工业，GDP会增长更快，有了GDP也就有了政绩。二是增加地方财政收入。农业税免征之后，农业已不再上贡财政，而搞工业呢，地方不仅有税收，而且还有大把的土地收入可以进账。据我所知，目前政府从农民手里征地平均每亩补偿不足2万元，而一转手卖给开发商，每亩动辄数十万元甚至上百万元。诱惑如此之大，地方政府怎能"坐怀不乱"呢？

看来，要化解当前的征地冲突，改革征地体制势在必行。至于具体怎么改可以多听意见，而我考虑可从两个层面"动刀"：第一是政府层面，国家应尽早立法，釜底抽薪，令地方政府从土地使用权转让中彻底退出。明确规定，除了公益性项目，今后商业开发一律不准征地，政府只负责做土地规划，谁需要用地就让他去向农民买，政府不再插手。这样让农民自己当家，自主交易，即使吃亏也不会怪政府了。

第二是农民层面。现在有个难题，也是体制上的，就是目前"土地承包制"下农民不具备土地交易的主体资格怎么办？众所周知，土地承包只是给农民经营权而非产权。产权包含着三项权能：使用权、收益权与转让权。而现在农民的承包权，充其量只是使用权与部分收益权，并无转让权。没有转让权，农民怎可以进行土地交易呢？所以要保护农民利益，让农民成为土地交易主体，国家还得在法律上将"转让权"界定给农民。

关于将转让权赋予农民，我曾写过多篇文章，而且成都、枣庄也早有试点，两地我皆去过，农民拍手叫好。而我所看重的，是它能有效地推动土地集中。不是说土地承包就不能集中，承包地也可集中，但那是土地"转包"，由于"转包"有年限限制，转包期内经营主不会去改良土壤，更不会投资水利设施。无恒产者无恒心。这几年我在农村调研时经常听农民抱怨水利设施差。为什么差？说到底就是与承包制有关。

再有一点就是"耕地红线"。温家宝总理说要寸土不让，我举双手赞成。中国乃人口大国，18亿亩耕地红线必须守住。可现在的问题是，究竟让谁去守合适？国务院是希望地方政府帮助守，说实话，我觉得那样有点"玄"，未必靠得住。当下耕地强征事件时有发生，民怨沸腾，请问哪一件地方政府脱得了干系？让地方政府守耕地，就好比让老鼠去守油瓶。有自身利益在，谁能保证不会监守自盗？

其实，世上守护最有效的财产是私产。只要把耕地产权交给农民，农民一定会守得住。道理简单，一旦农民有了耕地产权，地方政府就不能再强征，否则不仅农民不答应，法律也不会答应。现行政策虽允许耕地占补平衡，但农民的耕地不让征，地方政府拿不到低价土地自然给不了开发商优惠。没有优惠，开发商也就不会像现在这样乱占耕地上项目了。

一招制胜，政府决策层何不早下决心！

我不信房产升值的神话

二〇〇六年十二月三十日

以研究经济学为职业,总有朋友与我讨论经济。近来被问得最多的是房产将来到底能否升值。经济学不是抽签卜卦,推定未来需要约束。约束条件拿不准,推理会谬误百出。自知错的风险大,思之再三,还是说点看法。作不得准,我姑妄言之,读者姑妄听之吧。

几个星期前,谢国忠先生语出惊人,说国内房产价格今年开始调整,两年内跌至谷底。从报上看到这个消息,是新闻稿,对谢先生下此判断的根据,记者语焉不详。不过看来头,谢先生曾担任过摩根士丹利亚太区首席经济学家,应该不是信口开河。我也相信中国房产价格会下落,但却不像他那样悲观。由于找不到谢先生的大作,甄别对错无从下手,先存之不论,两年后自见分晓。

另一种观点,是对谢先生的回应。渣打直接投资公司董事总经理陈凡认为,由于土地资源稀缺,中国正加快城镇化进程，而GDP保持快速增长，中产阶层可支配收入远超GDP增速，房屋需求会大增，故房价上涨理所必然。据说陈先生刚投资了房地产，此番高论，料定也是言出由衷，而且代表了公司高层意见，不然，董事会是不会同意他拿股东的钱去投资的。

与谢、陈素昧平生，两位对房价的判断大相径庭，背后是否有别的原因，旁人不得而知。与本文无关，不必猜，也猜不着。言归正传，还是转说我自己的观点。我的看法：短期内，比如2—3年，中国房价未必会跌，但长期看，房价则必跌无疑。得出这个推断，是基于我对国内房市的供求分析。

我曾撰文说过，今天中国的房市，整体是供不应求。尽管高端住宅空置多，但中低端房供应少，而国内的购房需求，大多是中低端房。这一点，政府显然看得明白，去年国务院出台政策，明令限制了户型面积，用的虽是行政手段、一刀切，但可增加中低端房供应，效果好，功可抵过。困难在于，建房不是搭积木，征地盖楼，没有几年工夫供求格局变不了，所以我断定，房价上涨趋势，近期内不容易掉头。

问题是，房价短期看涨，长期为何看跌？问题复杂，要重点解释。先指出，我说的"长期"，是指10年以上。经济学分析价格，来来去去离不开供求，若假定房屋供应不变，那么推断10年后房价下跌，那必是房屋的需求下降。可从三方面看，让我分点说：

首先，10年后人口会减少。据专家分析，中国人均寿命72岁，那么到2015年，每年自然死亡数2600万，新出生人口1600万，每年净减少1000万。当然，人口不是决定房屋需求的唯一因素，但一定是重要因素。居者有其屋，人之常理，就是再穷，也得攒钱买房不是？房屋乃必需品，人口减少，房屋需求会下降，是简单的推理，此点不应有争议。

其次，人口老龄化。有资料表明，从1950年至1980年，平均每年出生人口2600万，按男女平均58岁退休，那么从2008年起，每年将有2600万人退出劳动系列。10年后，退休人数将超出2亿。由此看，在职劳力的社会负担将来不会轻，而老人为安度晚年，断不会把积蓄用于买房。相反，不少老人退休后，还会将原来的大房换成小居，北京当下已有苗头，西方国家亦屡见不鲜，倘如此，房屋需求也会降低。

最后，城镇化加快。中国要提高农民收入，必须减少农业人口，鼓励农民进城。那么，农民进城是否会拉动房屋需求？答案是肯定的。但往深处想，也需做具体分析。俗话说，安居乐业。农民进到城市，自然要有落脚的地方。但要提点的是，将来农民进城，目标是大城市还是小城镇？大城市人满为患，而且中央已言明，城镇化要以县城为依托。因此，农民进城拉动的只是中小城镇的房屋需求，对大城市，影响微不足道。还有，现在发达国家，有钱人大多不住城内，若中国也有那一天，城市房屋需求会大减。

回头再说供给。我估计，10年之内，国内的房屋供应仍稳中有升。前年的统计数字表明全国共有房地产企业32618家，只要这些企业不歇业，每年造出的房子，数目应相当可观。虽然政府控制建设用地，多少会抑制房屋供给，但开发商要赚钱，不会坐以待毙。容易想到的，开发商至少可以加多楼层。目前地价约占房价的25%—30%，若容积率提高，地价比重下降，这样算账，未必会加大开发成本而减少房屋供应。

综合判断，若供应不减，10年后需求下降，房产价格会怎样变？无须我说，读者自有答案。房价持续上涨，我历来不信。既然房屋是商品，价格变动怎能不受供求约束？看看今天的日本，房价比20年前要低得多；中国香港的房价，也明显低于10年前。"房产升值"不是铁律，哪位朋友若买房是为升值，我劝你还是三思为妙。否则，等将来蚀了本后悔，谁也不能帮你。

房价的"三个火枪手"

二〇〇六年十二月二十日

已经连续写了两篇文章,对国内房价走势直陈己见。我的推断:房价两年内未必会跌,但10年之后必跌。文章见报后,读者回声四起,褒贬不一。批评的意见,认为房价10年后才跌太遥远,说了等于没说,是废话。我明白读者失望的原因,急着要买房,谁会有耐心等10年以上呢?

也有细心的读者问:房价两年内不跌,10年后必跌,那么今后3—9年跌不跌?是好问题,值得答。不过,回答此问题,还得回到对10年后房价的判断上去。先说我的答案:10年后的房价,若人们普遍看跌,那么今天房价马上就会跌;反之,要是多数人看涨,房价就不容易降。换句话说,当下房价走势,一定程度上取决于人们对未来房价的预期。

这是资产定价方面的学问,容我向读者解释。人们购买房产,动机不外有二:一是自住,二是投资赚钱。作为自住消费，房价当然要由供求定，说过多次，不重复。而用于投资的房产，价格则由房产的未来收益定。这不是我的发现，而是美国经济学家费雪的观点。

1930年，费雪出版《利息理论》，其中一个重要论点，是说资产价格等于该资产预期收益的贴现。比如，一棵苹果树值多少钱？费雪说，这与当初种植苹果树的成本无关，而要看苹果树将来能给买主带来多大收益。假定每年提供收益100元，贴现率（银行利率）5%，那么苹果树的价格是2000元；若每年提供的收益仅10元，则苹果树的价格就只值200元。

何以如此？让我再举个例子。假定你有2000元，银行年利率5%，那么存银行每年收益100元。现在再假定，有人想卖苹果树给你，价格2000元，而预期的年收益是80元，你会买苹果树吗？当然不会。除非苹果树降到1600元，否则，你绝不会接受。因为果树80元的年收益，只相当1600元的存款利息。

理解了这一点，联系到房产，应该不难明白将来房价对今天房价的影响。说10年后房价必跌，那是说10年后房产收益会降，作为投资者，低买高卖才能有得赚，明知日后房价会跌怎会花高价买进呢？所以我判断，今天投资房产的势头不减，价格攀升，一个重要原因是人们对未来的房价有乐观预期。

是的，今天房价上涨，是因为人们对未来的房价看涨。要追问的是，若人们长期看跌，房价会立马下降吗？理论上是如此。不过考虑到目前房市供求，我认为近两年房价不会降。住房是基本必需品，经济学说，必需品需求弹性小，房价长期看跌只会抑制炒房，但不能减少消费，不论房价10年后怎样跌，那些今天无处安身的人，怎会流落街头、等10年后再买房呢？

还不只是如此。另有3个利益当事人，会千方百计阻挡房价下降。居于首位的，是房地产企业。作为开发商，投资赚钱天经地义，为争取最大化的利润，当然不希望房价下跌。通常的情形，他们会利用媒体大造舆论，说房产将大幅升值，以误导人们追涨。看看报纸与互联网，那些成天嚷嚷房价要涨的人，其实大多都是开发商。再比如，那些积压已久的楼盘，开发商为何不降价？说到底，是担心消费者形成降价预期。

第二个当事人是银行。城门失火，殃及池鱼。银行与开发商，是一根绳上的两只蚂蚱，房价下跌，直接受损的是开发商，但银行也脱不开干系。说大数，银行给开发商的贷款达3万亿元，如果开发商不赚钱，银行收贷将遥遥无期。更可怕的是，若房价大跌，开发商破产，银行必受到牵连，即便能拿回些质押房产，但房价下落，银行肯定得不偿失。

第三个当事人是地方政府。不管怎么说，房地产已成为地方经济的支柱。发展房地产业，不仅能拉动GDP增长，而且财政进账也快。很明显，房价高，土地出让金高，税收也多。由此看，房价上涨，地方政府是最大的受益者。出于自身利益的考虑，地方政府也不希望房价下跌。

不要小看这三方的能量。虽说房价下跌的长期趋势不可逆转，但有他们的抵制，房价回落的时间会推迟。问题的重点，当然还是在中央政府的决心。依我看，以上3个当事人中，银行是关键，牵一发而动全身。只要央行责令各商业银行收回房地产逾期贷款，开发商就无力恋战，而地方政府想扶盘也鞭长不及。毕竟经济规律不可战胜，与市场死扛，终归不是办法。

再说一遍，中期房价走向，受制于两大约束，一是社会对长期房价的预期，二是央行的态度。对长期房价的预期，没有调查，到底多少人看跌我拿不准；而央行是否会下令收贷，眼下还没有迹象。不懂看风水，3年后房价是涨是跌，只有天知道，我可不敢说。

政府可救楼市乎

二〇〇九年三月二十一日

原本年前要写的文章，拖到今天才动笔。忙是一方面，但主要还是不好写。并非道理有多高深，而是话题太敏感，容易得罪人。两年前应邀做客中国网，谈的正是房价。当时我说房价长期会下跌，没买房的听了拍手称快；而刚买了房的则骂我胡说八道。怎料事隔两年房价果然大跌，不知那些买房的朋友今天怎么想？

不是我幸灾乐祸。实话说，我也未想到房价会下跌这么快。当时我说房价长期会下跌是基于对房市的供求分析。到2006年，国内房供已过剩，大量积压；城市虽有无房户，但房价太高，想买买不起。有效需求不足，房价当然有下跌压力。起初，我认为开发商还能撑几年，可去年夏天与深圳的一家房产公司老总见面，他告诉我，房价没降但也没成交量，方知大事不妙。后来的情形大家看到了，房价一路下跌，兵败如山倒。

我一直以为，这回房价下跌乃众望所归，不是什么坏事。不是吗？就在两年前，政府还在频频出招，费尽心机压制房价。可奇怪的是，现在房价刚刚跌就有人大喊救命，要求政府出面救市。当然，别人说什么无所谓，关键在政府怎样面对。具有戏剧性的是，2006年初南方某市长信誓旦旦，说要在当年把房价压下来；可就是这个城市，不久前推出了所谓"救市计划"。让人看不懂政府究竟要做什么。

我曾撰文指出，阻挡房价下跌有"三个火枪手"：一是开发商；二是地方政府；三是银行。开发商希望房价上涨理所自然，价高利大。地方政府呢？房价涨地价也会跟着涨，当然不希望房价落。而银行不同，房价涨银行没有直接的好处，但考虑到收贷风险，也不会愿意房价跌。钱放出去了，房价跌若令开发商清盘，银行不可能全身而退。另外，还有那些投资炒房的人，当初买房是指望日后卖高价，可房价一跌，鸡飞蛋打，他们怎会甘心呢？

经济学说，分析行为要永远从利益那方面看。是的，若站在四个当事人的立场，我们就会明白他们为何要主张政府救市。问题是，政府作为公共利益的守护人，到底该不该去救市？

事实上，当下政府面对着两种诉求：等着买房的盼价跌，而等着卖房却希望政府救市。各执一词，你说政府听谁的？此事难两全。若让我说，我选不救市。价格是市场信号，价涨代表短缺，价落说明过剩。商品过剩政府若再给保护，火上加炭，会造成资源更多浪费。

我不主张政府救市，还有一层理由。经济学的"帕雷托最优状态"说，资源最优配置是指这样的状态，即不损害一部分人的利益就无以增加另一部分人的利益。由此看，假若政府出手救市，虽对开发商有利，但同时会伤害消费者。如此厚此薄彼，显然不符合"帕雷托最优状态"。再说，政府财政是公共财政，是纳税人一起凑的"份子"。若政府拿钱救开发商，其他纳税人不点头，政府怕也不便这么做吧？

退一步说，假如纳税人授权政府救市，政府救得了吗？最近翻阅资料，见上海、广州、西安等不少城市早就推出过救市政策。归总起来，无非是购房入户、减免契税、降低首付等；而西安特别些，居民购房政府给补贴。这些政策已实施了一段时间，可看今天的房屋交易量，起色却不大。何以如此？细想不足为怪。房价不降，老百姓买不起，怎会有成交量呢？除非政府掏钱买，否则"过剩"局面不改变，优惠政策再多也无力回天。

当下有一怪论很迷惑人。此论说：房地产是支柱产业，政府不救市，GDP会下降2个百分点，减少就业岗位600万个。且不说这数字是真是假，我要问的是，政府拿钱救市能保两个点的增长与600万就业岗位，但如果拿这些钱去做其他事，比如支持科技创新或是投资基础设施，你怎知就不能创造出同样的GDP与就业呢？

是的，人们容易陷入这样的误区：重视看得见的而忽视看不见的。比如政府斥巨资盖办公楼，为了证明决策高明，官员会宣称如何美化了城市或创造了多少就业，人们也往往深信不疑。殊不知，这是官员的障眼法。若用这笔钱去盖一所学校，也可美化城市，也可创造就业。只是学校没盖，大家没有看见而已。

请别误会，本人并不反对发展房地产业。眼下不少人等待购房，市场有需求，房地产业一定还会大发展。不过就我所知，现今人们要买的并不是那些积压的高端房，今后一个时期，高端房还会无人问津。也正因如此，所以最近国家发展改革委承诺，政府将用4000亿元建保障性住房。看来政府高层很清醒，并不打算替开发商的高价房买单。而且可以断定，这4000亿元保障性住房投资一旦启动，高端房价格还得跌，不信咱们走着瞧。

我一贯的观点：政府不可直接干预价格。前些年，开发商赚得盆满钵满，当时有人呼吁政府打压房价，我反对过；而今房价跌了又有人主张让政府救市，我照样反对。研究经济学数十年，有个理念我历来坚持：政府只能做政府的事，价格决定权必须交给市场。做买卖赔了钱就叫政府兜底，天下哪有这等道理！

房价与地价：鸡与蛋的故事

二〇一〇年一月四日

真所谓世事无常。2007年国内房价高企，老百姓因买不起房而怨声载道；可进入2008年房价却突然掉头，跌得惨，又令开发商苦不堪言。前年夏天，深圳一家房企公司的老总约见我，说房价下跌近半，成交量急剧萎缩，问我对今后的房价走势怎么看。我答他，今天的房价取决于人们对未来房价的预期，金融危机打击了人们的信心，房价下跌不奇怪，随着经济回暖，房价应该还会涨。

可我怎么也想不到，去年房价会一路疯涨，涨得让人目瞪口呆。

3年前我曾撰文说，中国的房价10年后必降，而近几年还会涨。尽管我有心理准备，但去年房价上涨之快仍让我大感意外。据说，目前一线城市的房价均已超过了2007年的高点。为稳定民心，最近国务院又不得不出台政策抑制房价。有趣的是，人们两年前批评高房价，当时矛头是指向开发商；可这次房价上涨，很多人说是因为地方政府搞"土地财政"抬高了地价。千夫所指，于是"土地财政"成了众矢之的。

恕我先不对"土地财政"作评论，这里要讨论，究竟是高地价推高了房价，还是高房价拉高了地价？表面看，这问题不简单，有点像"鸡"与"蛋"的关系，鸡生蛋，蛋生鸡，但世上到底先有鸡还是先有蛋，的确难以说明白。不过从经济学角度看，高房价与高地价谁因谁果，我倒认为可以说清楚。但前提是大家要遵从经济分析的逻辑，不能只看表象而忽略本质。

有官方数据显示，当下地方预算外收入中，土地出让金差不多要占一半，少数地区甚至已占到60%。于是有开发商说，是地价推高了房价。不错，房子非空中楼阁，它要盖在土地上，地价高，盖房子的成本会高。然而经济学说，成本高未必一定会推高房价，不然我们怎么解释2008年开发商成本未变而房价大跌呢？

说我自己亲历的一件事。前年10月，一位在成都做区长的朋友打电话给我，问房价何时会涨。我问他为何问这个问题，他说房价不涨地价涨不了，区财政的日子不好过。2007年，成都地价每亩可卖300万元至500万元，而到了2008年下半年100万元也卖不出。

读者听明白了吗？我这位区长朋友一语道破，原来是房价带动地价，而不是相反地价推高房价。其实，现实生活里这样的例子很多，比如钢材涨价必带动铁矿石涨价，纺织品涨价必带动棉麻涨价，粮食涨价必带动化肥涨价。总之，是下游产品涨价带动上游产品涨价。

当然，上游产品涨价推高下游产品价格的情况也是有的，但前提是下游产品供不应求，市场有涨价空间。否则，若下游产品过剩，上游产品涨价只会推高下游产品成本，但价格却涨不了。请问，有谁见过过剩产品能够卖高价呢？若再想深一层，即便下游产品短缺，价格上涨也是需求拉动，与成本无关。房地产本身就是最好的例子，人们看到的现象，似乎是地价推高了房价。其实不然，假若房产的需求不足，地价再高房价也不会涨。

是的，房价上涨说到底只能由需求拉动。想想2008年的房价吧。从成本看，开发商应该都是2007年前买到的地，地价绝对不低，可前年房价为何会大跌？原因是金融危机改变了人们的收入预期，对房产的需求下降了。

不妨再设想一下，假如有甲、乙两个开发商在同一地段建房，由于买地时间不同，甲买地早，地价不及乙的一半。尽管成本差别大，但若乙的房子每平方米卖2万元，甲会因为地价低而每平方米只卖1万元吗？当然不会。

很清楚，只要商品房供应短缺，地价无论高低房价都会涨。而由此可推出的政策含义是：平抑房价应增加房屋供给而不是打压地价。房供短缺的局面不改变,打压地价只会增加开发商利润,房价不会降。这样看,那种指望打压地价来降低房价的想法,不过是人们的一厢情愿,政府一旦采纳,对开发商来说当然正中下怀,而对消费者无异于水月镜花,到头来怕是竹篮打水一场空。

回头再说"土地财政"。近来人们口诛笔伐,对"土地财政"多有批评。大家不满意高房价我理解,但说是政府故意抬高地价我不赞成。要知道,如今房地产用地一律招拍挂,地价由开发商竞价决定。既然是竞价,有人肯出高价,政府怎么能卖低价呢?

退一步说,倘若政府真的不卖高价而卖低价,你会怎么想?是否会怀疑主事官员有猫腻?还有一种批评,说地价飙升是因为地方政府"捂地惜售"。听起来似乎在理,可问题是土地稀缺,若不加控制,政府一次性都低价卖掉,将来盖房怎么办?那时候地价岂不更高?

其实,中国的土地财政问题,追根溯源,是与1994年国家启动分税制改革有关。1993年,中央和地方财政收入在全部财政收入的占比分别为22%和78%,而到了1994年,则分别变为了55.7%和44.3%。就是说,分税制改革后地方财政收入占比下降了30%。麻烦在于,地方的收入份额少了,可上头千条线,地方一根针,要负担的事却没少。处处要花钱,而巧妇难为无米之炊,不得已,所以地方政府只好在土地上做文章。扪心自问,假若你在地方为官,恐怕也会这么做吧。

稳定房价才是上策

二〇一一年五月六日

写这篇文章我有预感，多半会挨骂。当下要求打压房价的声音此起彼伏，我却不识时务地主张稳定房价，没人骂才怪！当然，我完全明白为何有人希望打压房价，几年前做客中国网，与采编人员聊天，说到房价，年轻人多赞成政府打压，而唯有一人反对。我问反对者何故，她说她昨天刚贷款买了房。

一语道破，原来人们对房价的看法，取决于他们各自的利益站位。没买房的就希望房价跌；而买了房的却希望房价涨。不信你去做问卷调查，看看那些希望政府打压房价的多数人是不是无房户。

5年前我曾撰文说过，反对政府打压房价的有"三个火枪手"：一是房地产开发商；二是贷款银行；三是地方政府。的确，在房价上这三方利益攸关，一荣俱荣、一损俱损。现在看，除了上面三个利益当事人，还有就是有房户，他们也不会赞成打压房价。

于是这就带来一个困难，无论政府是否打压房价，都会有人站出来反对。有人说，为保护中低收入者的利益就应该打压房价。这观点貌似对，但太过武断，也未必是所有中低收入者的想法。要知道，目前的有房户并非全是富人，其中不少也是中低收入者，至少中国网那位买房的编辑恐怕就不是富人。

由此看，判断一个时期房价是否过高（或有无泡沫），不能从各自利益出发，不然大家站位不同，自说自话，争论一百年也不会有结果。是的，经济学分析必须把自己的利益搁置一边，要从规律上看。比如经济学讲价格高低由供求决定，只要没有非市场力量的干预（强买强卖），价格无论涨跌皆正常，无须大惊小怪。

同样的道理，房价到底高不高，不能由某个人说了算，房价再高，若市场有需求，商家卖得脱手，旁人就不必非议。至于你买不买得起，那是另一回事，若你买不起就说房价高（或有泡沫），这显然不符合市场经济下"供求决定价格"的原理。

另有一种观点，说住房不是普通商品，事关民生，所以政府得管制价格。我的看法：不论住房有多特殊，但只要不是公共品，就是一般商品，作为商品，价格决定就不能例外，得服从供求规律。事实上，价格只是反映市场供求的信号,价格上涨,说明某种商品短缺,涨价本身并没错。政府若认为价格高,可以增加供应,断不可限制价格。就像一个人发高烧,退烧的办法不是限制温度计,不然就是把温度计砸了也于事无补。

我不赞成行政限价,再一个理由,就是行政限价会扭曲市场信号。价格是市场配置资源的信号,它不仅由供求决定,同时也能调节供求。供不应求的商品,价格涨了能刺激供给,抑制需求;可若政府限价不让涨,僧多粥少,结果必是排队抢购或走后门成风。

春运期间火车票是例证,本来一张火车票有人愿出500元购买,可铁道部门只许卖300元,中间200元差价是消费者剩余。很多人以为这200元能归消费者,若那样想就错了。第一,购票排队要花费时间(成本);第二,走后门托关系要送礼;第三,前两个途径若买不到票就得花高价找"黄牛党"。而这些除了造成社会浪费就是滋生腐败,普通百姓很难真正受益。

不久前参加一个会议,北京一位知名企业家抱怨,说北京人满为患,交通太拥堵,希望政府控制人口规模。可想不到他同时又指责北京房价太高,员工买不起房而他公司留不住人。北京交通拥堵,人太多当然是原因之一,问题是要减少人口政府该怎么做。是限制一部分外地人进京打工吗?可北京不光是北京人的首都,也是全国人民的首都,政府凭啥让张三来而不让李四来？其实，抬高房价本身就是控制人口的办法，若北京的房价不比外地高，北京的人口恐怕比现在会多得多。

回头再说稳定房价。所谓稳定房价，就是要把房价维持在目前的水平上，既不大涨，也不大跌。政府最近出台一系列调控房价的措施，如增加保障性住房的供应，限购二套房等，这些措施试图通过改变供求来调控价格，政府非直接限价，原则上我赞成。我这里要说的是，政府抑制需求应把握好力度，底线是不颠覆人们对未来房价的预期。住房一方面是消费品，同时也是资产。经济学讲，资产价格是未来预期收入的贴现。若人们对房地产的收入预期一旦逆转，房价会立即大跌。

不要以为房价高才会有人怨声载道，若房价大跌，同样也会有人不满。举个例子，你用毕生积蓄100万元付首期，同时向银行贷款200万元买了房子，假如由于政策原因房价跌了一半，这样300万元买的房子，便缩水成150万元。遇到这种情况你怎么办？即便你自己的100万元打了水漂，房子抵给银行也只值150万元，你还欠银行50万元。一夜之间变成穷光蛋，你能心安理得吗？由此再想，你欠银行的50万元若还不上，其他人也如此，那么最终会否导致房贷危机？

并非我危言耸听，早两年美国就有前车之鉴，所以在打压房价的问题上，我们必须慎之又慎。其实，政府有个更好的办法，那就是稳定房价。退一步，即便今天房价有泡沫，政府也不必去重手打压，只要房价不再涨，待以时日泡沫会不消自退。可算笔账，若CPI每年涨4%，5年内社会商品共涨价22%，若房价5年不涨，也就等于房产相对降价了22%。

这样相对的房价下跌，有房者是能够接受的，两全其美，政府何不择善从之呢?

让老百姓看得起病

二〇〇四年一月十一日

人吃五谷杂粮，难免会生病。但要让老百姓看得起病，却并不是一件容易的事。这两年国家启动医疗保险制度改革、医药卫生体制改革，出台了很多政策，说到底都是冲着这个问题来的。

没啥不能没钱，有啥也别有病。说到没钱看病，有两类人体会最深：一类是农民。既缺少社会保障，又是一个低收入群体，感冒发烧还可以凑合着治，可生了大病，空攥拳、干瞪眼，手里没钱，甚至有可能闹出人命来。前年就出过一个案子，有夫妇俩在城里打工，老婆临产，没钱住院，只好请一位同乡给接生，结果母子双亡，那位同乡被告上法庭，被判了10年徒刑。

另一类是国有亏损企业的职工。以前看病由企业管着，享受公费或劳保医疗。最近几年，很多企业日子都不好过，有的企业连工资都发不出，医药费就更没了着落。北京有家棉纺厂,老职工特别多,可企业又不景气,每周只能报6000元医药费,僧多粥少,不得不排队报销。为了排在前面,有些老职工,头天晚上就到财务处门口去等着。厂里心疼职工,把报销改为预约,人不用来,拿单子来排号,结果年初的单子等到年末也未必能报上。

这种情况,政府看在眼里,急在心上,于是从1998年开始,推出了医疗保险制度改革,一来减轻企业的负担,二来让职工看病有保障。可这次和养老保险、失业保险一样,农民还是沾不上光。不过,城镇职工只要有单位,不管是私营的还是合资企业的,都必须入保险,覆盖面比以前宽多了。保险费由企业和个人分担,企业缴职工工资的6%,纳入社会统筹账户,个人掏2%,计入个人账户。个体工商户要想入保险,大门也敞开,但所有的保费,包括存入统筹账户的部分,都得由自己出。

医疗保险怎么享受?说细了非常复杂,各地的情况也不一样。粗线条地看,可以这样说:大病靠统筹(账户),小病靠个人(账户)。个人账户没有什么好说的,相当于私人存款,只不过由国家强制存储,统一管理,钱还是自己的。关键是生了大病,医疗费怎么统筹?统筹多少?一般情况下,大病统筹对用药和医疗项目都有限制,而且定有"下门槛"和最大统筹限额。看病花费,低于"下门槛"不予以统筹,高于"下门槛"的部分,只在限额内报销。

举个例子，张先生参加了大病统筹，"下门槛"是2000元，统筹限额是30000元。假如他一年看病花了5000元，其中有4000元是超标用药，不在统筹的范围之内，扣除之后，只剩下1000元，达不到"下门槛"，所有花费都由他自己承担。如果张先生花的不是5000元，而是35000元，这里面就有账算了。扣除4000元的超标用药，再砍掉"下门槛"，还剩29000元，在统筹限额之内，按照规定，全部予以报销。再进一步假设张先生花了40000元，在做了上面的扣除之后，仍剩34000元，超出了统筹限额，可按照规定，只报销30000元。总的来说，我们的医疗保险扩大了覆盖范围，同时也对保障水平做了限制，这就是人们常说的"低水平、广覆盖"。

光有保险还不行，对医疗费的上涨也得控制。我看到的资料说，从1978年到1997年，全国医疗费支出增长了28倍；20世纪90年代初，看一次门诊平均只花10元，住院是400元，现在分别涨到了60元和2300元，年平均上涨速度是19%。GNP一年才增长几个百分点，照这样下去，不仅企业不堪重负，国家财政也消受不起。别说现在我们的医疗保障还是低水平的，就是水平再高，也架不住医疗费翻着跟头往上涨。

医疗费猛涨，根子出在医院上。但扪心自问，我们的政策也是有漏洞的。国家办医院，财政却拿不出多少钱，连医务人员的工资都保证不了，所以就开了个"口子"，允许医院靠药房创收，以药养医。这就等于鼓励医院多卖药、卖好药，赚钱搞福利，发奖金。这是漏洞之一。

这几年，药厂上得太多了，大家的产品都差不多，竞争很激烈。按理说，竞争能把药价降下来，可问题就在于，我们的药价是国家核定的，虚高定价的成分很大。据说有一种消炎药，每片的成本只有3分钱，可定价却高达2元多。这也是一个大漏洞，给药厂打折促销留出了空间。

为什么这些年医药代表特别多？都是到医院搞"地下工作"的。哪个医生开了我的药、开了多少药？药房都统计起来，向医药代表报告，医药代表则按量付酬。在这里，医生、医院、药房、药厂，四者利益找到了最佳结合点，医生得了"处方费"，药房得了"统方费"，医院创了收，药厂卖了药；一部分患者看病可以报销，也乐得"挨宰"，唯独害苦了那些自己花钱的平头百姓。处方越开越大，药越开越贵，如此这般，医疗费怎会不上涨呢？

针对这种情况，国务院曾出台了《关于城镇医药卫生体制改革的指导意见》，提出把药房从医院中分离出来，独立经营，照章纳税。这是改革的目标，现在，一下子还不可能到位，不妨先实行收支两条线，药房赚钱全部上缴，纳入财政专户。可这部分收入医院拿不到了，财政拨款原本就不足，由此留下的缺口怎么办？

我初步设想，可通过三个渠道给予补偿：财政专户酌情返还；药房向医院缴纳房租；适当提高医疗服务的价格。很多人认为，这个办法，或许能解决医院卖药创收的问题，但医生拿回扣，开大处方，可能还是杜绝不了。只要药品的虚高定价下不来，打折促销仍然有余地，药厂、药房和医生三者联手，恐怕还会存在。

由此见，不仅药房得分出来，医院也得分开管理。非营利性医院可享受财政补贴，营利性医院则全面放开，自主经营。同时，职工参加了医疗保险，看病买药，可自由选择医院和药店。只要引入竞争，让营利性医院跟非营利性医院比价格，非营利性的跟营利性的比服务，同类医院之间，服务和价格都得比。如此就能控制医疗费用，老百姓也有望得到更好的医疗服务。

畅通国内循环

推动供求均衡要通过改革价格形成机制，立足供给侧解决供求结构性矛盾。事实上，改进供给也是扩内需，所以，扩内需不必照搬凯恩斯理论，应始终坚持以供给侧结构性改革为主线。

积极财政政策包含发债与减税，发债扩大政府投资是积极财政政策，减税支持民间投资也是积极财政政策。这是说，但凡能刺激投资的财政举措，都属于"积极财政政策"。

货币当局在确定货币供应量时，牢牢盯住两个指标——一个是经济增长速度，另一个是劳动力增长率，并把货币供应的年增长率控制在这两个指标之内，如此守住底线，便可使经济趋于稳定。

扩大消费与扩大投资

二〇〇六年六月九日

我写这篇文章，起因是政府再度提出"扩大内需"。其实，这个话题已有大量讨论，上网搜索，相关的文献触目皆是。不过时过境迁，现在回头再读这些文章，不免让人有"药不对症"之感。

回想七年前，政府扩需的重点，是刺激投资。有事实为凭，1998年财政发行1000亿元特别国债，另有1000亿元配套贷款，都尽数用在了基础设施建设。接下来几年，政府虽也强调消费的作用，并启动了消费信贷，但扩需的重点却仍在投资方面。当时有人说，政府扩需的办法，是借鉴了凯恩斯理论，仿效了罗斯福新政。

学术上任何一种创新，皆属人类共同的文明成果，中国要加以借鉴无可厚非。何况凯恩斯乃经济学的一代宗师，他的学说对政府产生影响，更是不足为怪。问题在于，凯恩斯主张刺激投资的理由，于今看来似有疑点。1936年，他出版《就业、利息和货币通论》，指出失业的成因是有效需求不足，而如何拉动需求，他认为重点在投资而非消费。何以如此？其立论根据，就是那个大名鼎鼎的"投资乘数"理论。

投资有"乘数效应"，大学经济学课本皆有介绍。而我的疑问是，投资能放大需求，消费不照样能吗？假若消费者拿100万元去买住房，那么房产开发商可得100万元收入。开发商有了这100万元，若用20万元发工资，剩下80万元可买建材，建材生产商则可得80万元收入。这样推下去，100万元消费所带动的总需求，同样也是500万元。可见，用投资乘数证明投资是扩需重点，多少有些瞒天过海的意思，理论上站不住。

事实上，投资与消费都能拉动内需，至于何者更有效，须慎重权衡才可定论。至少，有两点值得考虑：第一，短期看能否减少过剩；第二，长期看会否增加新的过剩。若以这两点判断，消费无疑比投资更具优势。投资虽可减少当期过剩，但日后将形成更大的供给，有可能使原本过剩的经济雪上加霜。

对此，凯恩斯曾提过一个办法，即政府把劳力组织起来去挖沟，然后再让另一批人把沟填起来。这样一挖一填，既耗费了社会存货，又没有增加产品供应，故不会导致新的过剩。

不错，挖沟填沟可以扩需，但这种劳民伤财的事，政府怎可以去做呢？倘若政府不能做，那么就得改换思路，把刺激消费作为重点。问题在于，就当前中国的情形论，刺激消费也非易事。其中最大的难题，就是消费者收入普遍偏低。有人说，中国消费不足，是由于国人观念保守，不如欧美人潇洒。其实，这并不完全是观念问题，纵然你开明，也想学人家阔佬富少，一掷千金万金，可要是囊中羞涩，你学得了吗？

很明显，要刺激消费，必须先提高收入。对这件事，学界翻来覆去讨论了好几年，而多数人的意见，是加薪没有钱（资金）。本来，上届政府就曾打算替大家加工资，结果也因缺资金而搁浅。往深处想，缺（资金）到底是缺什么？

在经济学里，资金乃"物资与货币"的统称。计划经济时期政府缺资金，那时缺的是物资；今天生产过剩，政府仍说缺资金，现在所缺的显然不是物资而是纸币。缺纸币与缺物资不同，物资缺了不可加薪，加薪会引发通胀；而缺纸币好办，中国有的是纸，只要印钞厂加加班问题就不难解决。当然，印钞也不能过量。

的确，中国加薪的困难不在钱。真正的困难，是如何把钱加到低收入者头上去。政府公务员加薪容易，棘手的是企业职工与农民怎么办。职工的薪酬是企业雇主支付的，国家虽可出台最低工资法，但这样做容易弄巧成拙，令更多的人失业。

比如某餐厅老板原来雇人洗碗,每月花600元,若现在法定最低工资升至1000元,那么他很可能去买洗碗机而减少雇人。再有就是农民,农民要卖农产品才能有收入,而农产品价格却由市场定,政府管不了价格,想让农民增收也是力不从心。

当然办法还是有的。最近几年,政府先后推出的粮食生产直补、免征农业税等,对农民增收作用显著。过去,我们总以为提高收入就得加工资,其实,条条道路通罗马,不加工资,也可以帮低收入者增收。比如,政府加大对养老、医疗、失业等社保的投入,提高保障水平,进一步拓宽保障面,让社保不仅覆盖城市,而且也覆盖农村,这样,也就等于提高了城乡居民收入。

可以想见,中国有13亿多人口,要是人们没有后顾之忧,老有所养,病有所医,大家一定会大胆消费。若如此,拉动内需定有可观的效果,由内需不足而引发的诸多问题,也可迎刃而解。

消费、投资、出口是"一驾马车"

二〇一五年五月十一日

学界称"投资、消费、出口"为拉动经济的"三驾马车",对此说法,之前我没有怀疑过。早年读凯恩斯的《就业、利息和货币通论》,凯氏只强调投资与消费,未提出口,暗想可能是他疏忽了,不过脑子里就那么一闪,并未作深究。2008年美国爆发金融危机,中国为保增长推出四万亿扩需计划,危机是成功应对了,可今天的产能过剩令人头痛,于是让我再次想到了"三驾马车"。

这里我不是要评点四万亿扩需计划,既往矣,多说无益。但有教训还是应总结,当然总结教训也不能就事论事,而是要从理论上对"三驾马车"作反思。我的问题是这样:众人皆说"三驾马车"能拉动经济,倘如此,那么它们拉动经济的机理是怎样的?或者说投资、消费、出口在经济增长中分别扮演什么角色?只有把这些问题弄清楚,政府才知下一步如何出手。

毫无疑问,若从某个时点看,"三驾马车"皆能拉动经济。凯恩斯当年说,经济萧条是源于国内有效需求不足。这判断是对的,企业把产品生产出来后没人买,产品压库,资金不能回流,再生产便难以为继。凯恩斯又说,在这种情况下若政府去刺激投资或消费,能将那些压库产品卖出,企业则可继续生产。短期看,此推理逻辑无破绽;但要是从长远看,以上分析却并非无懈可击。

行内读者皆知,凯恩斯虽主张刺激投资与消费,但他认为扩需的重点是投资,理由是投资对扩需有"乘数效应"。多年前我曾撰文分析过凯恩斯理论的疑点,我的疑问不在"投资乘数"是否存在,而是认为消费也有同样的效应。其实不只我这么看,今天的经济学教科书不仅讲"投资乘数",同时也讲"加速原理"。不过前者是强调投资变动带动收入(需求)变动,后者是强调消费变动带动投资变动。既然消费能带动投资变动,自然也就能带动收入变动,殊途同归,是一回事。

举例说吧。某发电厂投资100万元,其中80%用于买煤,20%用于消费,这样煤矿把煤卖给电厂,便得80万元的收入;假定煤矿再用这80万元的80%买掘煤机械,20%发工资,机械厂可得64万元的收入;机械厂用64万元的80%买钢铁,20%发工资,则钢铁厂可得51.2万元的收入。以此类推,当初电厂投资100万元,最后会带动500万元投资，则投资乘数为5。

若换个角度，消费者拿100万元去买私人轿车，那么汽车厂可得100万元收入。汽车厂有了这100万元，可再用80万元买钢铁，20万元发工资，则钢铁厂可得80万元收入。接着推下去，100万元的消费带动的总需求，不同样也是500万元吗？可见，用投资乘数证明投资是扩需重点，未免有些牵强。

我的另一困惑是：投资对拉动需求的作用究竟有多大？投资肯定能扩内需，可投资拉动的是中间需求而非最终需求。道理简单，增加投资虽可减少企业积压，但一旦投资完成又会形成新的产能，假若消费跟不上，原本过剩的产能就会百上加斤。这道理凯恩斯当然明白，所以他提出要重点投资公共设施，公共设施既不形成新的产能，还能带动私人投资，可一石二鸟。

是的，投资公共设施不增加产能，而且也无须卖，似乎不存在"压库"一说。然而想深一层，若公共设施投资过度，导致设施闲置实际也是过剩或"压库"。再说，无论在何经济发展阶段，公共设施需求都是有限的，目前北京至天津建两条高速路已足够，就没必要再建新的高速路吧？所以试图通过持续的投资公共设施拉动企业投资，甚至将公共设施投资当作拉动经济的"永动机"，是不切实际的幻想。

与凯恩斯相反，我认为，扩需的重点不是投资，而是消费。明显地，消费与投资不同，投资只能拉动中间需求，而消费拉动的是最终需求。不知读者是否注意到近年来中央在讲扩需时的变化。党的十七大之前是讲"投资、消费、出口"；而党的十七大之后则是提"消费、投资、出口"。显然，消费与投资的排序变了。不要以为只是小的改变，排序改变的后面其实另有深意，至少说明中央认为对扩内需来说消费比投资更重要。

为何中央会这么看？用不着讲高深的理论，我们只需弄清一点，即生产的目的是什么，答案当然是满足消费。既然生产是为了消费，那么无消费的生产就是为生产而生产。试想，为生产而生产是啥意思？生产不为消费岂不是发神经？所以扩需必须以消费为先，用消费带动投资，用投资带动增长。事实上，任何没有消费的投资都是无效投资，除了增多GDP，则毫无意义。

最后再说"出口"。不少人以为增加出口能扩大需求，其实这是个误会。不错，将国内过剩商品出口到国外，短期会减少国内库存，拉动国内投资；但要知道，一个国家参与国际贸易并非为了转嫁过剩，而是分享国际分工的利益，这样在出口的同时就必须进口，否则只出不进或出多进少，那等于拿国内资源去换人家的纸钞（外汇）。请问，不进口你要外汇做什么？若出多少就进多少，出口又怎会增加需求？由此看，凯恩斯当年未将出口作为拉动需求的马车并非他的疏忽。

写到这里,总的结论是:拉动经济只有"一驾马车",消费是"马",投资是"车",即"投资"得以"消费"为牵引。至于出口,那是国家间互通有无,若是进出口平衡,出口对国内需求的影响可忽略不计。而此结论的启示是:一国经济能否持续增长,关键在扩内需而非扩出口,尤其是经济大国,更不可将"注"押在出口上。

供给过剩与需求不足

二〇二三年二月十五日

企业产品严重压库,读者认为是供给过剩还是需求不足?当年凯恩斯在《就业、利息和货币通论》中明确指出,是需求不足,主张用预算赤字扩需求。而我不赞成凯恩斯的分析,我曾写过《凯恩斯理论何以失灵》一文,今天网上可以搜到,这里不再说。

若将结构因素存而不论,供求总量失衡不能简单认定是供给过剩,也不能判定是需求不足。萨伊定律讲:供给自动创造需求。意思是,每个生产商卖出自己的产品,是为了购买别人的产品,大家皆为买而卖,供求总量应该平衡。可现实中为何会有产品卖不出去的现象呢?

学界有一种解释,认为问题是出在"货币"上。比如有人卖出自己的商品后,并未马上购买商品,而将货币存入了银行,于是导致需求不足,令社会上部分商品没有对应的购买力。骤然听似乎不无道理,其实似是而非。某人将货币存入银行,只是他没有购买,但并不能证明需求减少,因为银行吸收的存款会被立即贷放出去,别人会用于购买,总需求不会改变。

从马歇尔"局部均衡分析"的角度,可以看得很清楚。假定市场上某生产商供应(卖)服装,也有消费者需要购买服装。可有一天奇怪的事发生了,消费者不再购买服装,导致供应商的服装积压,市场不能出清。也许有人认为,是服装过剩了。可马歇尔却不这样看,在他看来,是服装的定价高于市场价。

何为市场价?简言之,是让市场出清的价格,即供求均衡价格。对此,马歇尔曾用平面坐标图作过分析,其纵轴表示价格,横轴代表商品量。同时他画了两条曲线:一条是需求曲线,从左上方往右下方倾斜;另一条是供给曲线,从右上方往左下方倾斜。马歇尔说,当两条曲线相交时所对应的价格,即为市场价。

是的,若商品定价高于市场价,消费者不会购买,商品会表现为供大于求;反之,若商品定价低于市场价,生产商不会卖,商品则表现为供不应求。由此见,需求不足或供给不足皆是结果,真正的原因,是商品定价偏离了市场价,只要回归市场价,商品供求一定平衡。

在真实世界里,这样的例子俯拾即是。比如农贸市场,卖菜的摊贩若蔬菜卖不完,收摊前往往会降价;售票处没卖出的机票，起飞前一小时通常会打折。再有，某些商铺在临到租期的那几天，也会清仓甩卖。所谓甩卖，当然要大幅度降价；而所谓清仓，其实就是市场出清。

以上是"局部均衡分析"，若从一种商品推导到多种商品，道理也一样。根据瓦尔拉斯的"一般均衡"原理，市场总有一组价格，可以让市场出清。反过来理解，若市场出现了"商品过剩"与"商品短缺"并存的状况，必是商品之间比价不合理：过剩商品的价格高于市场价；短缺商品的价格低于市场价。

所以出现这种情况，原因不外有三：一是某些商品的生产存在行政垄断，限制了市场竞争；二是某些行业存在准入限制，资本难以在行业间流动；三是存在一定程度的价格管制，价格既不反映供求，也不能调节供求。时下学界讨论的结构失衡，其实症结就在于此。

综上分析，我们可得出一个结论：无论供求总量失衡还是结构失衡，关键皆在价格，或是商品定价偏离市场价，或是比价不合理。而要解决这个问题，可取之策是减少行政干预或行政垄断，让市场决定价格。引申到政策层面，我认为对当前扩内需至少有三点启示。

启示一：国内需求不足，并不代表购买力不足。前面说过，需求决定于价格。价格升高，需求会下降；价格下降，需求会上升。所以扩大内需首先要改革价格的形成机制，让买卖双方决定价格。否则,商品定价高于市场价,消费者不接受,政府怎样鼓励消费也于事无补。房地产是典型例子,目前大量商品房积压,并非缺少需求,而是价格未回归市场价。

启示二:扩内需不应仅从需求侧发力,还应同供给侧结构性改革结合起来,并且重点从供给侧发力。事实上,从需求侧扩内需,政府可用的工具并不多,无非是扩张性财政政策与扩张性货币政策。财政扩张(增加预算赤字规模)虽可扩大政府投资,但同时会挤出企业投资。此长彼消,社会总投资不会增加。

毫无疑问,货币扩张能增强市场上的流动性,但同时也会引发高通胀。高通胀会推高利率,社会融资成本会上升;而物价上涨,消费者购买力会下降。如此一来,反而事与愿违,会抑制投资与消费。若立足供给侧扩内需,则货币政策须保持稳健,财政政策需加大减税,这样,便可扩大企业投资与居民消费。

启示三:扩内需旨在推动供求总量平衡。可经济学证明:总量平衡并不代表结构平衡,结构失衡必导致总量失衡。这是说,供求平衡的关键在结构。问题是:怎样解决结构问题呢?中央曾提出"去产能、去库存、去杠杆、降成本、补短板"。落实到操作层面,有两个重点:一是由供求决定价格,让价格调节供求;二是加大结构性减税,帮助企业降成本。某些压库产品价格不降,是因为成本高,降价卖得不偿失。

细心的读者也许会发现,上面三点启示正是"供给侧结构性改革"的三个关键词。用一句话说,推动供求均衡要通过改革价格形成机制,立足供给侧解决供求结构性矛盾。事实上,改进供给也是扩内需。所以我最后的结论是:扩内需不必照用凯恩斯理论,应始终坚持以供给侧结构性改革为主线。

谁主导调结构

二〇一二年五月十九日

众人皆说当前需要调结构,我也认为结构应该调,不过再往下讨论,比如结构由谁调、怎么调?学界的看法就大相径庭了。不久前参加"21世纪经济报道"举办的论坛,会上有人主张结构应由政府调,我当即表示不同意。不是说政府可以袖手旁观,而是受职能所限,政府实在不该担当调结构的主角。

关于政府的职能,不知读者怎样看。200多年前,亚当·斯密说政府是"守夜人",而后来弗里德曼说政府是"仆人"。无论是"守夜人"还是"仆人",政府职能不过是四项:国家安全、社会公正、公共品(服务)与助弱扶贫。归总起来,政府要做的事其实就两方面:一是监管,二是服务。

好比举办一场球赛,政府的角色是裁判,裁判只管比赛规则,具体派谁参赛要由教练定,裁判不能管。调结构也是如此，政府的职责是维护公平竞争，至于结构怎么调还得让企业自己决定，因为企业才是经济活动的主体。

我不主张由政府主导调结构，另一个理由是调结构若由政府主导得有三个前提要成立：第一，政府要事先知道怎样的结构是好结构；第二，政府（官员）要比企业家更关注市场；第三，行政调节要比市场调节更有效。问题是：这三个前提成立吗？说实话，我的看法是否定的。想想吧，政府并非先知先觉，怎会提前知道怎样的结构是好结构？早些年，政府曾说电多了要限制上电厂；可过不多久又说电短缺到处拉闸限电，说明政府并无先见之明。

说到官员与企业家谁更关注市场，是简单的问题，官员坐在办公室里看文件听汇报，而企业家却在市场里摸爬滚打，你说谁更懂得市场？再有，官员看错市场自己不赔钱，无关痛痒；而企业家呢，一旦投错了项目赔的是真金白银，利害攸关，他们不关注市场行吗？

倒是第三点，想来想去我觉得不好一概而论行政调节见效快，立竿见影，但容易一刀切；而市场调节虽非一刀切，但见效慢，远水难解近渴。所以行政调节与市场调节哪个更有效的确要视具体情况定。

两害相较取其轻。我认为政府不宜做调结构的主体。可政府不做主体谁做主体？当然是企业。或许有人问，政府不知怎样的结构是好结构，难道企业家能知道？其实，企业家也不知道。于是问题就来了，既然大家都不知什么结构是好结构，为何调结构政府不能主导而企业可以主导呢？对此我的理由是，企业家比政府官员更关注市场，他们能根据价格变化调整投资。

是的，价格是市场的风向标，它不仅由供求决定，而且同时也反映供求。某商品涨价，一定是该商品供不应求；反之则供过于求。如此，假若企业能按市场价格的指引去投资，所形成的结构，就应该是好结构。至少，这样的结构在理论上符合市场需求。人们常说要发挥市场的基础性调节作用，说白了就是要放手由价格引导资本流动，实现资源的优化配置。

以上讲的，当然是理想状态，在实际操作中，可能还会遇到意想不到的困难。比如，价格若不能真实反映供求怎么办？并非杞人忧天。众所周知，当下某些商品还存在价格管制，特别是对某些农产品与能源产品的价格政府至今并没放手，有些甚至还是直接定价。如此一来，价格被管制，市场信号就不可能真实地反映供求。而市场信号被扭曲，按价格调结构岂不会南辕北辙？

写到这里，有个问题需要反思：今天的结构是怎样形成的？近些年，我们一直在调结构，可结构为何总也调不好？说起来，原因有多方面，但不管怎样，价格行政管制怕是难辞其咎。不是吗？这些年各地对高能耗项目趋之若鹜，谁能说与能源价管无关？企业家不蠢，他们最懂成本核算，要是当初放开价格，能源价格升高，高能耗项目会有人争先恐后地上吗？

很清楚，要让市场引导企业调结构，我们别无选择，当务之急是要尽快放开价格。只要政府不再直接管价格，价格就能真实反映供求，商品比价就会趋于合理。这样有了价格的指引，企业调结构自会水到渠成。由此看，政府放开价格，本身就是在调结构。因为产业结构最终要决定于商品的比价，而商品比价是否合理，关键又在价格是否能反映商品供求。

是的，结构问题与供求密不可分，离开了供求谈结构，那是舍本逐末。有一种流行的观点，认为中国结构问题的症结在第三产业发展滞后，理由是与第一、第二产业比，第三产业占比偏低。奇哉怪哉！据我所知，政府从未管制过第三产业价格，凭啥说第三产业滞后？倘若第三产业真的滞后，供不应求价格一定上涨，价高利大企业怎会不投资呢？这道理说不通吧！

我曾多次说过，一个国家的结构不可简单地与别的国家比。美国第三产业比重是很高，但由于经济发展阶段不同，要素禀赋不同，我们怎可张冠李戴复制人家的结构呢？不错，"配第—克拉克定理"的确说过，随着经济发展，劳动力分布的比重在第一产业会减少，第二、第三产业会增加。

此乃结构演进的一般规律，但该定理并未回答第三产业占比多少算合理。

值得注意的是，时下不少地方信誓旦旦，皆表示要大力发展第三产业。第三产业应该发展，无可厚非，但绝对不能拔苗助长。否则大家一窝蜂，地区间不讲分工，将来结构肯定会雷同。因此解决结构问题，最好还是回到供求上来，就两点：一是看市场需求（价格）；二是立足自己的绝对优势或比较优势。

积极财政不是扩张财政

二〇〇九年十二月二十三日

前段时间学界一直在议论,"积极财政政策"该不该淡出?参加过几个座谈会,见仁见智,赞成与反对的声音皆有,但总体主张淡出者还是多。两周前中央召开经济工作会议,明确说明年积极财政政策不变。中央定了基调,照理我不必再写文章。然而与多方朋友交流,感觉不少人有误解,以为"积极财政"就是扩张财政。这样理解虽非全错,但也不全对,我认为有必要澄清一下。

何为"积极财政政策"?在西方经济学教科书里面绝对找不到解释,是我们中国政府的发明。10年前,我接待过几位美国学者,谈到"积极财政政策",他们大感不解。他们问:财政政策只有扩张性(赤字预算)与紧缩性两种,何来积极财政政策?在经济学里政府举债就是扩张性财政,中国何必别出心裁称"积极财政政策"呢?当时我的答复是:中国政府举债投资是为了保就业,不仅动机积极,而且效果也积极，所以是积极财政政策。

我自知这样回答难以服人，有些牵强。因为西方国家发债投资也是保就业，从就业的角度看，人家与我们没啥不同。可问题是：我们政府当年为何不称"扩张性财政政策"而改称"积极财政政策"呢？说实话，我当时的想法是政府有难言之隐。1998年国务院政府工作报告给宏观政策的定调，是财政政策与货币政策皆"适度从紧"，可亚洲金融危机后中国经济下行，有2000万人失业，若不改弦更张，经济将难以为继。而困难在于，上届政府刚确定"财政从紧"，本届政府就说要扩张，会显得掉头过急。

事隔多年，现在回头看，自己当初不过是以小人之心揣度政府。其实，所谓积极财政政策，并不单指财政扩张（赤字预算），同时也包括减税。这并不是我的主观臆断，有事实为证，比如去年国务院实施积极财政政策，政府不仅发国债，而且也同时推出了结构性减税。

不错，我反复想过，积极财政政策的确应包含发债与减税两方面，发债扩大政府投资是积极财政政策，减税支持民间投资也是积极财政政策。这是说，但凡能刺激投资的所有财政举措，都属于"积极财政政策"。

要解释的是，既然积极财政政策包含减税，可学界为何只将它与政府发债（赤字预算）相提并论呢？说起来，其实也是事出有因。1998年首次推出积极财政政策，人们所看到的，是中央财政发行了1000亿元特别国债，同时向商业银行借了1000亿元配套贷款投资基础设施，当时并未减税，不仅如此，下半年还多追收了1000亿元的税；而本次政府启动积极财政政策，仅中央发债就达7500亿元，中央替地方发债2000亿元，规模之大前所未有。这样人们把积极财政政策等同于政府举债也就不足为奇了。

由此看，人们有此错觉也并非空穴来风。但我要指出的是，1998年那次政府投资基础设施，是因为当时基础设施是国民经济的瓶颈，拓宽瓶颈不仅有利于调结构，也可增加就业。一箭双雕，政府当然应该投。然而今天的情形已不同，经过上一轮投资，基础设施已不再是短板，再加多投资不过是锦上添花。事实上，基础设施太超前也是闲置，何况财政有"挤出效应"，政府发债越多，日后企业税负会越重，而由此挤出的民间投资也会越多。要知道，目前国内就业已主要集中在中小企业，政府投资挤民间投资，对就业无疑是得不偿失。

我说积极财政政策包含减税，是基于另一个判断，即明年国债规模会小于今年。依据是，按国务院年前的部署，今明两年扩需总共投资4万亿元，而其中安排国债（新增投资）是1万亿元。而今年已发国债7500亿元，这样明年国债最多是2500亿—3000亿元。国债规模大幅缩减，表明扩张财政政策开始淡出，可中央为何说明年积极财政政策不变呢？我的解释：所谓积极财政政策不变，并不是指财政发债规模不变，而是政府刺激投资的取向不变，说得更明白些，是减税推动投资的政策不变。

我曾说过多次，财政发债是增加政府投资，减税是增加企业投资。若明年积极财政政策重点是减税，那么对企业（特别是中小企业）一定是好消息。据财政部估计，今年实施结构性减税（加上停征部分行政收费），政府能为企业让利5000亿元，到底有没有5000亿元尚未可知，但我认为3000亿元肯定有。若明年继续执行结构性减税，政府让利的额度会更大。理由简单：今年经济不景气，尽管国家出台了"增值税转型"等一揽子减税措施，但由于企业不添设备，加上出口受阻或无盈利，故减税政策对多数企业是画饼充饥。可明年不同，随着经济回暖，有专家预计明年减税将不会少于5000亿元。

前几天在清华大学做讲座，有人问：国务院对积极财政政策重点转向减税有明确的说法吗？明确的说法还没有，是我的推断。不过研究经济数十年，相信这推断不会错。中央强调，明年经济要保持平稳增长，而同时又说财政投资将转向民生，既如此，政府要拉动经济继续较快增长，就得靠民间投资，而支持民间投资必减税。舍此无他，难道还有别的选择吗？

我主张减税的理由

二〇〇八年三月七日

我曾在多篇文章中提到过减税，但每次都是零散地说，不系统。美国最近受次债危机影响，经济不景气，于是大手减税。不巧，中国南方不久前遭受了百年不遇的冰灾，损失惨重，为支持灾后重建，国内也有学者提出减税。减税我拥护，但不仅仅是因为冰灾，而且是从更宽的视角看，这里就说说我为何主张减税。

首先要有个判断，目前中国的税率高吗？对此学界说法不一。由于经济发展水平与体制不同，当然不好简单与国外比。不过，国内企业的普遍感受是税负过重。有专家说，企业负担重并非税高，而是预算外收费多。各种巧立名目的收费当然会加重企业负担，但除此之外，我认为企业税负重也是事实。去年GDP增长10%，财政收入增长30%，财政收入增速为GDP的3倍。两相比较，若说企业税负不重，无论怎样解释，信的人不会多。

国内税负达到今天的水平，有历史的原因。过去搞计划经济几十年，政府事无巨细：国家安全、社会稳定、企业生产，老百姓衣食住行等都得管。要大包大揽，花钱的地方多，政府不集中财力咋办？所以当时企业不仅要交税，而且利润也全额上缴。改革开放后，政府推行利改税，但由于计划经济体制未改，政府花钱的事没减少，而企业不再上缴利润，税自然就得多交。后来税制调整，税率有下降，但总的说今天税负还是处在偏高的水平。

　　改革开放30年，最大的改变，是我们告别计划经济转向了市场经济。体制转轨，政府职能也跟着转变。尽管政府改革还不尽如人意，但与从前比，政府管的事的确少了很多。比如住宅商品化和劳动力市场开放后，许多过去要政府亲力亲为的事，现在则可置身事外。

　　按理说，事权下放，财权也应该下放，可这些年政府财政收入却不减反增。不是说财政收入不能增，经济增长，财政收入当然要增加，但大大超过GDP增速不正常。这至少说明，财政目前存在较大的减税空间。

　　有减税空间是一方面，另一方面，政府减税对经济发展的好处也显而易见。最近中央说，要坚持扩大国内消费需求的方针。经济学讲得清楚，减税能刺激投资，没人不同意。要解释的是，当下国内投资增长偏快，减税是否会对投资火上浇油？我的看法：防止经济过热，控制投资有必要，但投资有两类：政府投资与民间投资。政府投资靠财政拿钱，减税虽会增加民间投资，但同时必抑制政府投资。有增有减，总投资不一定会过热。

不过话说回来，中国有13亿多人口，不保持一定投资规模，经济不能高增长，失业便将成为头痛问题。奥肯法则说，要使失业率下降1%，GDP必增长2.5%。有专家据此估算，中国的失业率若想控制在4.5%左右，那么年经济增长必须稳定在9%。问题是，发展经济不能空手套狼，没有投资推动，保持高增长无异于痴人说梦。再说，当下中国经济症结在结构，只要结构合理，速度快不是坏事。因此，政府当务之急还是调结构，而重点是收缩政府投资。

我主张减税的另一理由，是减税可以拉动消费。我曾说过多次，消费决定于收入。若其他条件不变，个人收入则与税收有关，个税税率越高，个人可支配收入越低；反之，个人可支配收入就越高。收入增加，消费也会扩大。这几年，鉴于中美贸易摩擦不断，政府有意启动国内消费，可消费为何引而不发？说到底，还是国人收入低。当年凯恩斯说，随着人们收入增长，消费占收入的比重会下降。现在看，怕是凯恩斯错了。与二战前比，今天欧美国家人均收入大大提高，可居民储蓄率却在下降，而且信用消费大行其道。

再想多一层。不仅是个税，企业税（如所得税或增值税）下调，也有利于增加个人收入。中央说，要提高劳动报酬在初次分配中的比例，提高最低工资标准。麻烦的是，工资是劳动力的价格，得由劳动力供求定。政府要求提高最低工资标准可以，可钱谁来出？政府若不出钱，提高工资就要挤占企业利润。倘如此，企业雇主能听政府的吗？雇主不傻，最低工资标准一旦提高，为保利润企业会立马会裁员。失业增多，这样的结果政府肯定不愿看到。

有两全之策吗？我的看法：关键是政府要减税。只要政府减税，提高最低工资标准，企业则可毫发无损。企业只需把从前应缴的税，现在作为工资加到员工头上去。顺水人情，企业何乐不为？不过，这只是个大思路，究竟工资加多高，税降多少，尚待进一步测算。而应把握的原则是，加高工资不应侵蚀企业利润，更不应危及企业的生存与发展。

不错，减税是加工资的前提。奇怪的是，这些年社会各界要求减税的呼声四起，可政府为何一直举棋不定？不敢以己之心揣度政府，但有一点似可猜中，那就是政府担心减税后财政会歉收。会吗？若了解一点供给学派的理论，我想就不必杞人忧天。举个极端的例子：假如把税率提高到90%，世上没人肯去办企业，政府也就无税可收；而若将税率降低到20%，那么办企业的一定多。企业多了，政府就能财源广进。

知道商家为何薄利多销吗？政府减税的道理也如是。放水养鱼，薄征广收，不仅功在国家，而且利在百姓，还望政府早做定夺！

论结构性减税

二〇二一年九月二十一日

我曾多次说过,积极财政政策的主要手段是减税,而减税有两种选择:全面减税与结构性减税。前者是供给学派提出的主张,美国在里根主政时期推行的是全面减税,特朗普执政时期也是全面减税。事实表明,全面减税能扩大企业投资,但同时会加剧结构性过剩。中国与美国不同,2008年国际金融危机后中国也启动减税,但重点是结构性减税。

我国实施结构性减税,目的在扩投资与调结构并举,一石二鸟,显然棋高一着。不过,我写这篇文章并不是要比较两种减税方案,而是讨论怎样让结构性减税更合理。从分配角度看,减税是财政让利给企业,也可看作政府对企业的"补贴"。现在要研究的是,结构性减税要通过怎样的安排,才能让企业和消费者同时受益。

减税可让企业与消费者同时受益,绝非天方夜谭。不知读者是否了解2009年我国实施减税的背景,2007年底,国家颁布了"新劳动法",法定最低工资标准平均升高了20%。如此一来,工资势必挤占企业利润。可不巧的是,次年又遇上了国际金融危机。内外交困,当时不少企业喊救命,为了救企业,于是政府启动减税。

表面上看,那次减税是在补贴企业,但若想深一层,其实也是在补贴员工(消费者)。设想一下,假若政府不减税而任由工资挤占利润,长此有些企业会关门,而企业一旦关门,不仅最低工资无法兑现,而且还会有大量员工失业。由此看,那次政府减税是为了避免工资挤占利润,一方面是为企业减轻压力,另一方面也是为了惠及消费者。

当然以上只是特例。事实上,消费者并不总是减税的受益者,比如出口退税就与国内消费者无关。问题是,我们能否找到一组判据,可以明确判定谁是减税的受益者?我的思考是这样的:政府加税,企业有可能会转嫁税负,那么政府减税,其"补贴"是否也可以转移?我的答案是肯定的。何以见得?我们不妨先弄清楚税负转嫁是怎么回事。

所谓税负转嫁,是指政府对企业加税,而企业却将税负转嫁给了消费者。企业是怎样将税负转嫁出去的呢?要明白这一点,需借助"需求弹性"作解释。一种商品价格变动带动需求变动,两者变动率的比值为需求弹性。如某商品价格上涨10%,需求减少了20%,其弹性系数是2。经济学说,弹性系数大于1,需求富有弹性;反之则缺乏弹性。

需求弹性与税负转嫁有何关系？让我再举一个例子。若政府对生产酱油的企业增加征税3%，由于消费者对酱油的需求缺乏弹性，酱油降价不会多买，涨价也不会少买。这样企业将酱油价格提高，销量却不会减少，于是增加的税负就转嫁给了消费者。相反，若某商品需求弹性大，价格上涨令需求大幅下降，此时税负就转嫁不了。

由此见，企业税负能否转嫁，关键在于商品能否提价，而商品能否提价，又决定于需求弹性的大小。若把角度倒过来研究减税，道理也一样。前面说过，减税可看作政府对企业的"补贴"，这种"补贴"会否转移，则取决于商品会否降价。若降价，企业与消费者皆为受益者，否则受益者只是企业。而商品会否降价，也决定于需求弹性。

是的，假如某商品缺乏需求弹性，降价后需求不增加，企业自然不可能降价。但若某商品需求弹性大，比如降价5%，销量可增加10%，企业就有可能降价。不过也仅仅是一种可能，企业是否降价，最终取决于商品的供求状况。这是说，减税（补贴）会否转移，要从"供求状况"与"需求弹性"两个维度分析，对此我们可将不同行业分为四种类型。

类型一：供给短缺、需求弹性大。一般来讲，供应短缺的商品不会降价，从短期看，减税（补贴）的受益者是企业。但从长远看，却会让消费者受益。由于商品供不应求，而且需求弹性大，政府减税必推动企业扩大生产。随着供给增加，商品迟早会降价。商品一旦降价，补贴就会向消费者转移。

类型二：供给短缺、需求弹性小。政府对此类行业减税，受益者当然也是企业，补贴不会转移。一方面，由于商品供不应求，企业不会降价；另一方面，由于需求弹性小，即便降价，商品销量也不会增加。但要指出的是，为此类行业减税可以推进和改善供给，能更好地满足消费者需求。

类型三：供给过剩、需求弹性大。在此情况下，说明市场对这类行业的商品有需求，只是由于消费者不接受当前的"价格"而造成了产品积压。只要企业愿意降价，供求便可自动平衡。此时政府若能减税为企业降成本，让企业有降价空间，一定会对消费者有利。

类型四：商品过剩、需求弹性小。毫无疑问，政府对此类行业减税，补贴的只是企业。与类型二不同，不仅消费者不能受益，而且对经济有百害而无一利。读者想想，既然商品供给已经过剩，需求弹性又小，此时减税怎可能减少生产过剩？相反，只会加剧生产过剩。

最后再说结构性减税的安排。推行结构性减税，是中央确定的大政方针，当下的问题是应该怎样减。据上面分析，要兼顾企业与消费者利益，并考虑到国家现有财力，我的建议是：政府应优先加大对第一类行业的减税力度，对第二类、第三类行业也可适当减，对第四类行业则完全不必减。减税作如此安排，读者以为如何？

收入怎样决定消费

二〇一七年四月八日

我曾撰文说过,投资、消费、出口不是拉动经济的"三驾马车",三者合起来是"一驾",其中消费是"马",投资是"车",出口是"车"上的"货箱"。若这样看,则投资就应以消费为牵引,消费需求若不增加,增加投资无疑会增加库存或导致产能过剩。于是这就带出了一个问题:投资由消费带动,而消费由什么决定呢?

古典经济学的回答:消费由收入决定。是的,从亚当·斯密到马歇尔,大多经济学家也都这么看,认为消费是收入的函数。平心而论,古典经济学的"消费函数"不应该错;而且从事实观察,现实生活中收入决定消费的例子举不胜举。李嘉诚的收入高过我,他的消费也肯定高过我;东部地区居民的收入高过西部居民的收入,前者的消费也明显高于后者的消费。

然而马歇尔之后,经济学家的看法有了改变。首先是费雪，他在1930年出版的那本《利息理论》中，一开篇就说"收入是一连串的事件"。何为"一连串事件"？他的解释是一连串消费活动。比如某人拥有10万元，若用7万元购买了生活用品，这用于消费的7万元便是他的收入；余下3万元不是收入而是他的资产（如储蓄、股票等）。显然，在费雪看来，收入有广义与狭义两种：狭义收入等于消费，而广义收入则大于消费。

另一学者是凯恩斯。凯恩斯虽认同消费函数，但他认为消费不会随收入同比例增长。1936年，凯恩斯出版了《就业、利息和货币通论》，为说明一个国家为何会消费不足，提出了"边际消费倾向递减规律"。意思是：随着人们收入增加，消费也增加，但消费增加却赶不上收入增加，这样消费在收入中的比重（消费倾向）会下降。从增量看，一个人收入越高，消费在收入中的占比就越低，故收入增长与消费增长并不同步。

对凯恩斯的分析，多数读者恐怕会同意。以我自己为例。1992年我参加工作，当时月工资是300元，每月消费270元，留下30元存银行，其消费倾向为0.9；后来月工资涨到500元，每月消费400元，留下100元存银行，消费倾向降至0.8；现在月工资涨至10000元，每月消费4000元，余下6000元存银行，消费倾向又降至0.4。若我的工资有机会再涨，消费倾向会更低。

大约20年前，曾有学者对国内居民收入与消费作过实证研究，结论说那时候消费倾向也是下降的。

有实证支持，消费倾向递减毋庸置疑。可20世纪50年代后，消费信贷在欧美悄然兴起，不少人的消费支出开始超出他们的收入，比如有人本来买不起房，但有了消费信贷他们便可通过银行贷款购买住房。时至今日，国内消费者贷款买车、买房的事也早已屡见不鲜。这些现象的出现，无疑是对凯恩斯理论的挑战，同时也从另一角度证实了消费并非受收入约束，它可以超过收入。

果真如此吗？对此，曾有两位经济学家用自己的"假说"作了否定的回答。一是莫迪利亚尼的"生命周期假说"。此假说指出，在人生的不同阶段，消费与收入会有不同的安排。通常的情形是：年轻时消费会大于收入，有负债；中年时收入会大于消费，有储蓄；老年时消费会大于收入，用储蓄弥补缺口。前后算总账，一个人一生的消费，最终仍取决于他一生的收入。这样看，消费并未超过收入。

另一是弗里德曼提出的"持久收入假说"。此假说认为：人的收入分为现期收入与持久收入，而决定消费的是持久收入而非现期收入。何为持久收入？弗里德曼说是指三年以上相对固定的收入。想想也对，现期收入对消费有影响，但影响不会大。一个人现期收入不高，但若持久收入高，他确实是可增加消费的。说一件往事，10多年前我和同事一起赴云南临沧考察，当时那里茶农的收入很低，可银行却很乐意为他们提供建房贷款。何故？请教银行主事人，得到的回答是普洱茶将涨价，茶农今后的收入会提高。

以上两个假说角度虽不同，但殊途同归，讲的其实是同一道理：从短期看，一个人的消费有可能大于收入；但从长期看，消费终归还是由收入决定。不知读者怎么想，我认为一定意义上算是挽救了消费函数。不过尽管如此，上述假说却有一个难题，它们仍解释不了美国2008年发生的次贷危机。比如，照弗里德曼的假说，消费者按持久收入消费，银行按客户的持久收入贷款，请问怎会出现次贷危机呢？

这些天我反复思考，在这里提出两个推论：其一，假若有消费信贷安排，一个人的消费水平由持久收入决定，否则仅由现期收入决定；其二，在消费信贷的条件下，一个人的消费水平不仅取决于持久收入，同时也取决于信贷杠杆率。第一个推论好理解，因为消费信贷就是将人们的未来收入折现为当期收入。第二个推论复杂些，让我举例解释：

某人自己有100万元想购房，假定银行不提供房贷，显然，他此时只能购买100万元的房产。现在假定有消费信贷，比如银行可提供50%的贷款，那么他用100万元就可购买到200万元的房产，杠杆率是两倍；而银行若提供90%的贷款，他用100万元便可购买1000万元的房产，杠杆率是10倍。由此见，信贷杠杆对消费的作用举足轻重。

今天学界的共识：当年美国次贷危机，始作俑者是过高的杠杆率。这也给我们一个警示，当下中国经济稳增长需要提振消费，而提振消费，当然要有消费信贷的配合。但要提醒的是，在扩大消费的同时，务必控制好信贷杠杆，切不可重蹈美国的覆辙。

也说中国高储蓄

二〇〇九年七月十二日

全球智库峰会月初在北京举行,在金融危机背景下开会,大家谈得最多的当然是"金融危机"。代表来自不同国家,有学界名流,也有企业精英。不过我听来听去,觉得多数人都是老生常谈;而那天周小川先生讲"中国的储蓄",倒是让我有思考,不是刻意为周行长捧场,而是他的话题重要。这里借题发挥,也说说自己的看法。

个人感觉,近来美国人的逻辑很怪。有目共睹,这回金融危机原本是美国自己疏于监管,杠杆率过高与金融衍生品过度证券化造成了次债泛滥。可他们不躬身自省,却把责任推给发展中国家。恶人先告状,先是指责中国政府管制汇率;后又埋怨中国人太节俭,储蓄率过高。关于人民币汇率我多次写过文章,不再说;至于中国的储蓄率,我至今想不出这与美国的金融危机有何关联。

据周小川先生提供的数字,目前中国居民的储蓄率为

20%。这个比率高吗？这要看与谁比，若是与过度消费的美国比，当然是很高。不过纵向看，自己跟自己比，近15年来国内居民储蓄率的变化并不大。我查看过有关数据，1992年至今，储蓄率基本稳定在20%上下。也就是说，中国的高储蓄并非始于今日，由来已久，可之前美国并未发生金融危机，这样看，说中国高储蓄导致了美国的金融危机并不令人信服。

经济学说，一个国家的居民储蓄率要受制于多个因素：它既取决于该国的文化传统，也取决于经济发展阶段与保障水平。从传统看，中国人崇尚节俭，自古亦然；而从发展阶段看，中国目前还是低收入国家，而且保障也不完善。设身处地想，如果你收入不高，未来又缺乏保障，你敢不存钱吗？人同此心，美国人其实也一样，经历这次金融危机，美国的储蓄率最近不也回升到7%了吗？

美国指责中国储蓄率过高，大概是说，美中贸易有逆差是由于中国人不潇洒，未大量购买美国货。是这样吗？难道把储蓄率降下来，中国人就一定会买美国货？我看未必。本人也是消费者，假如我要买消费品，就不见得要买美国的。绝非对美国有偏见，因为作为消费者，追求的是价廉物美。货比三家，可就消费品而论，美国似乎不具竞争力。吃的、穿的不必说，就是小汽车，"性价比"也怕比不上日本的吧？不知别人怎样，我这些年就没买过美国货。

有个误解要澄清。很多人以为，储蓄率过高会挤压进口，这看法无疑是错的。事实上，高储蓄只会减少国内消费，但这绝不意味着总需求会减少，更不会减少进口。举个例子，假如你年薪10万元，其中3万元存银行。这是说，你的钱没有尽数花掉，有3万元变为储蓄。表面看，消费是减少了3万元，但总需求不会少，因为你进入储蓄的3万元，银行会放贷给企业，这样投资就增加了3万元。所不同的是，假若这3万元用于进口，在你手里是买消费品，而在企业手里则买的是投资品。

这样从美国的角度看，无论中国进口消费品还是投资品，影响的只是出口结构，出口总量不会少。当然话也不能说绝对，我思考过，如果中国的高储蓄会对"总量"有影响，那么只有一种可能，就是美国投资品的竞争力不及消费品，或者中国对美国的投资品无需求。可事实恰好相反，由于美国劳工成本高，与中国比消费品毫无优势，有优势的则是高科技的投资品，且中国也迫切进口。这样只要对高科技不设限，中国会大量进口。

其实，美国人并非不懂上面的道理，醉翁之意不在酒，真正目的是要逼中国为他们买单。更典型的例子是汇率。这些年美元在不断贬值，可美国总批评中国管制汇率。莫名其妙，中国有两万多亿外储，要是政府不扶盘，岂不会输得更惨？外汇损失是一方面，关键是实体经济，由于人民币升值制约出口，去年中小企业倒闭无数，下岗职工近2000万人。

美国100万人失业政府就大呼小叫，而中国的失业人数至少是美国的20倍，政府怎能坐视不管呢?！美国可以放火，难道别人不能点灯？

还是说储蓄。那天周小川讲，中国政府一直试图扩大消费，也希望把储蓄率降下来。他说的是实话，有据可查：1999年朱镕基总理在《政府工作报告》中就提出，要"形成投资和消费对经济增长的双重拉动"；党的十七大报告也强调，要"坚持扩大国内需求特别是消费需求的方针"。然而困难在于，消费多少是消费者的个人选择，并非政府所能左右。上文说过，决定消费的除了文化传统，还有收入。消费观念政府可引导，难题是提高收入却不能一蹴而就。而人们的收入预期不改善，储蓄率短期内不可能降下来。

我的观点：中国是发展中国家，想问题办事一定要立足国情。别人说什么可以听，但不必全听。比如降低储蓄率，我们要一步步来，不必操之过急，更不可因外部压力而自乱阵脚。当前政府应做的，我认为，一是加大减税，企业有盈利才能给职工加薪；二是保障要广覆盖，并适当提高支付标准，无后顾之忧人们才敢消费。

最后说一句，那天周小川行长的发言总体很精彩，也很有见地；但美中不足的是，他始终未指明美国的金融危机与中国的高储蓄无关。假若换作是我，一定会把这个观点大声说出来。

高储蓄会抑制内需吗

二〇二二年四月十一日

读大学前我一直以为：老百姓将钱存入银行（储蓄）是好事，可支持国家建设。可上大学后读凯恩斯的《就业、利息和货币通论》，完全颠覆了我之前的认知。凯恩斯说，经济大萧条时期之所以出现普遍的失业，其中一个重要原因，是老百姓喜欢往银行存钱，令消费增长跟不上收入增长。人们消费需求不足，导致了消费品生产过剩。

说实话，自己在大学求学整整10年，对此观点不曾怀疑过。尽管20世纪70年代西方陷入滞胀后，学界千夫所指，凯恩斯成为众矢之的，而我认为是西方国家用错了"药方"。我对《就业、利息和货币通论》产生疑问，是在1998年，当时亚洲爆发金融危机，国内2000万国企职工下岗，而中国却有惊无险，很快度过了危机。

面对大规模失业，中国能有惊无险，当然是政府应对得当。除此之外，我认为还有一个原因，那就是中国的老百姓有存款。我到东北老工业基地进行过调研，访问过下岗职工。职工反映，下岗后政府发了救济金，加上自己有些存款，才供得起孩子上学。一语点醒，让我意识到储蓄对一个家庭的重要性。

回北京后，我写了《凯恩斯理论的疑点》一文，对"边际消费递减规律"提出质疑，并对储蓄与需求的关系作了分析。可不承想，2008年国际金融危机后，西方对中国高储蓄群起攻之。

2009年7月初，全球智库峰会在北京举行，会上美国代表又公开指责中国高储蓄。时任中国人民银行行长的周小川作了回应，我也写了《美国指责中国高储蓄毫无道理》，那篇文章的主要观点是：中国自1992年至2009年，居民储蓄率一直保持在20%以上，可为何20年前美国未发生金融危机？10年前也未发生金融危机？只能说明，美国次贷危机与中国高储蓄无关。

以上说的是往事，回头再说现实：近年来美国等西方国家围堵中国出口，不断制造贸易摩擦，而新冠疫情又雪上加霜。面对双重压力，2020年中央提出实施扩大内需战略，强调用消费带动投资。于是高储蓄再度引起关注。有学者认为，高储蓄一定程度上抑制了消费，而要扩大消费，必须将高储蓄降下来。

看来，人们对"储蓄"存在不小的误解，或者只是一知半解。前面提到的东北下岗职工的例子足以说明，储蓄对家庭具有一定的"缓压"功能。家庭是社会的细胞，储蓄对维护社会稳定，有举足轻重的作用。而从整个国家层面看，储蓄并不会抑制或减少总需求。何以作这样的判断？让我从两个角度作分析：

从投资需求角度看，居民为了取得利息，将自己的闲散资金存入银行；银行吸收储户存款后，需给储户支付利息。我们知道，银行是自负盈亏的商业机构，利润来自存贷利息差。银行为了追求多盈利或避免亏损，会立即将存款贷放给企业。如此一来，储蓄则通过银行转化成企业投资，社会总投资需求会增加。

从消费需求角度看，若某人增加银行储蓄，他的当期消费会减少，但社会总消费未必会减少。有两个关键点：第一，银行不仅为企业提供贷款，同时也为消费者提供贷款。当社会上投资过剩而消费需求不足时，银行会将储蓄更多地转化为消费贷款。于是，张三的储蓄转化成了李四的消费，此消彼长，总消费需求不会变。第二，是"生命周期假说"。此假说认为：在人生的不同阶段，消费与收入会有不同的安排。通常的情形是：年轻时消费会大于收入，有负债；中年时收入会大于消费，有储蓄；老年时消费会大于收入，用储蓄弥补缺口。前后算总账，一个人一生的消费，最终会等于他一生的收入。这是说，储蓄是人们在生命不同阶段平衡消费的理性安排。

有学者不同意这样的分析，并且举例子反驳说：美国和中国各有一个老太太，两人的消费观念不同。美国老太太年轻时不仅不储蓄，反而从银行贷款买了房子；中国老太太却喜欢存钱，直到退休才买房子。这样，美国老太太住了一辈子自己的房子，中国老太太退休后才住上自己的房子，明显地吃了亏。其言下之意，中国老太太年轻时就应像美国老太太那样，不储蓄而贷款买房子。

这个例子确实有迷惑性。可我想追问的是：美国老太太贷款买了房子，每月是否需还本付息？还本付息后是否会减少其他方面的消费？中国老太太将钱存入银行有利息收入，收入增加是否可以买更多的新衣服，或者增加旅游、健身等方面的消费？再有，租房住与买房住都是消费，两者并无本质差别，怎能说储蓄就一定减少消费呢？

事实上，储蓄不过是人们对现期消费与远期消费进行权衡的一种自由选择。有人希望增加未来消费，今天愿意储蓄；有人希望提前消费，愿意从银行贷款。逻辑上，只要银行将存款全部贷出去，无论储蓄率多高，皆不会抑制国内总需求，所以高储蓄不应受到指责。

货币政策应守住底线

二〇〇七年四月十日

近两年央行接连加息,自去年五月以来,存款准备金率也上调五次,央行这样处理,目的显而易见,是紧缩银根,抑制投资过热。看学界的反应,一片叫好,虽有不同的声音,那也是认为此次存款准备金上调仅0.5个百分点,担心对当下过热的投资势头于事无补。

央行用货币政策工具调节经济,司空见惯,也无可非议。但经济学说,货币政策目标是稳定币值。所以需要考虑的是,央行究竟该怎样做才能恰到好处,既不通胀,又不通缩。有前车之鉴,1988年治理整顿、收紧银根,1990年跟着出现市场疲软;1992年增加货币投放,1993年又出现通胀,于是货币政策再转向从紧。不承想,1998年后又出现了通缩的趋势。

世事难料。不过从理论方面看,货币投放与物价并非猫捉老鼠,透过现象看本质,却有规律可循,对此学界著述很多，讨论也不少。50多年前，关于货币政策"规则"对"权变"的争论，曾轰动一时，今天作简单回顾，我们兴许能从中得到某些启示。

以国家干预经济为基调的凯恩斯学派，倡导"相机抉择"的所谓"权变"政策，在他们看来，经济生活仿如一条有着荣枯周期的河流，而货币供应则是一道"闸门"，政府作为"守闸人"，应时刻根据"河流"的荣枯状况，相应地关闭或开启"闸门"，以此平衡货币供求、缓解经济波动。

凯恩斯主义一直是战后经济学的主流，因此，"权变"政策自然成为西方各国的正统，大行其道。不过，自20世纪50年代后期起，一股反对"权变"的理论旋风从美国东部刮起，高举这支反旗的领袖是现代货币主义学派的"掌门人"弗里德曼，这位个头矮小但思想超卓的经济学家，雄辩滔滔地对凯恩斯的"权变"政策进行了批判。

弗里德曼认为，"权变"政策不仅事实上很难收到预期效果，甚至会适得其反，造成经济的大起大落。据此，他力主政府放弃传统的"权变"政策，而建议用一种预先制定的对货币投放有约束力的"规则"取而代之，比如，把货币供应的年增长率，长期地固定在与经济增长率以及劳动力增长率大体一致的水平上。这就是著名的"简单规则"货币政策。

弗里德曼用铁证如山的历史事实证明，"相机抉择"的货币政策往往会使经济更不稳定。他通过对历史大量统计资料的考察和实证研究，指出货币政策只有在经历了一个易变的、长期的"时滞期"后才能作用于经济。

具体说，从中央银行货币供应的变化到经济生活中反映出这种变化之间，存在着两个"对滞"：货币增长率的变化平均需在6—9个月以后才能引起名义收入增长率的变化；在名义收入和产量受到影响之后，平均要再过6—9个月价格才会受到影响。因此，货币政策生效往往要经过一年或一年半的时间。

正由于存在12—18个月的滞后期，所以弗里德曼说，中央银行难以掌握成功实施"权变"政策所需的必要信息，无法准确预测经济的未来走向，更不用说去把握现实社会对货币政策作出反应的时间和程度。这样，政府在扩大和收紧货币供应量时，就难免会做过头或做不到位：要么对经济刺激过度，要么紧缩过度，从而导致与最初愿望相反的结果，更加促成经济的波动和不稳定。

由此见，央行要当好"守闸人"并非易事，弗里德曼认为，政府与其手忙脚乱，倒不如无为而治，制定出一个长期不变的货币投放的比例规则。比如，货币当局在确定货币供应量时，牢牢盯住两个指标：一个是经济增长速度，另一个是劳动力增长率，并把货币供应的年增长率控制在这两个指标之内，如此守住底线，以不变应万变，便可使经济趋于稳定。

根据自己的估算，弗里德曼指出，美国每年需要增加货币1%或2%以配合人口和劳动力的增长，再加上年产量平均增长约为3%，若再考虑到劳动力的增长和货币流通速度会随着实际收入的增加而下降的趋势等因素，美国货币供应的年增长率可定在4%—5%。这种简单规则的货币政策，实际上是政府为货币供应划定的一条航线，只要货币当局始终遵循这条航线，经济的大幅度波动则可避免。

由于凯恩斯的"权变"政策无法化解西方国家的"滞胀"，20世纪70年代后多数市场经济国家都先后实行了"简单规则"的货币政策，瑞士、德国、日本则被认为是由于实行稳定的货币增长政策而控制了通胀；当年以撒切尔夫人为首的英国保守党政府，更是唯"简单规则"是瞻，美国里根总统上台后所提出的"经济复兴计划"中，也把控制货币供给量作为主要项目。"简单规则"货币政策所产生的深远影响，足可窥其一斑。

回头再说中国。据统计，2002年至2006年，货币供应（M2）年平均增长17.1%，而同期GDP年增长约10%，可见我国的货币供应增长偏快。为稳定物价，避免经济大起大落，也应借鉴简单规则的货币政策。考虑到经济增长与劳动力增长，可把年货币供应（M2）增长率稳定在14%以内。利率可根据通胀指数调节，但存款准备金率不宜轻易动。公开市场业务，也应预先纳入货币供应总盘子，不可作为瞬间调节措施。

央行放开利率是好事

二〇〇七年二月二十六日

说起来，中国的改革颇有戏剧性。国企改革从1983年起步，此后摸了10年的"石头"，"河"却迟迟没有过去，我们这才醒过神来：价格没有放开，企业怎么走向市场？无独有偶，1984年启动金融改革，金融市场也建设了20年，可直到现在，利率市场化仍不尽如人意。

要说这些年，利率市场化一点进展没有，也不是事实。但平心而论，这方面的改革，步子始终没迈开。1996年，国家在上海建立了银行间同业拆借市场，放开了同业拆借利率；与此同时，国债发行也引入了市场机制，由承销商竞价来确定发行价格，交易利率由市场决定。

按理说，这些都是重要的市场利率，应该成为银行利率的基准，可我们的整个利率体系，尤其是银行利率，仍然是官定的。虽然允许有一定的浮动，但基点是事先定好的，跟市场利率没有关系。所以，我们现在的利率实际上也是"双轨制",银行是"双面人"。在同业拆借市场上,执行市场利率;而为客户服务,则按官定利率。这个利率,谁都动不得,动了就是违规,就要挨批评、遭处罚。

官定利率的最大弊端,是不能反映银行的贷款风险。按照市场原则,风险和收益应当匹配,风险大的贷款,利率理应高一些,风险小的,利率可以低一点。企业不是一个模子刻出来的,有的信誉好,有的信誉差,有的还款能力强,有的还款能力弱,到银行申请贷款,本不该"一刀切"。大家高矮胖瘦悬殊,硬要人家穿尺码差不多的裤子,你说能合身吗?把利率放开,大家看菜吃饭、量体裁衣,银行、企业皆大欢喜,何乐而不为呢?

利率是资金供求的信号,它是市场参与者"发言"的地方。大家都争取资金,效益好的企业可以站出来说:我能承受较高的利率,因此可以开"大价钱"。那些开不起大价钱的企业,听了立马就得退场。同是资金供应者,管理好、成本低的银行,能以较低的利率放贷,而那些差银行,经受不住考验,只好走开。

是的,市场化的利率,其实是一个优胜劣汰的机制。把利率定死了,跟市场竞争屏蔽开,也就抑制了市场活力。要知道,市场经济靠价格信号来配置资源,而资源流动得靠资金引导。只放开价格,不放开利率,市场机制就不完整。这就好比自行车,前闸松开了,后闸还捏着,蹬起来费力不说，能跑得快吗？

官定利率是央行厘定的。央行握着这样的权力，免不了会听些抱怨。把利率降下去，储户不高兴，把利率提上来，企业有怨言。央行夹在中间，两头不讨好。即使站在央行的角度，官定利率也是个损失，损失了一个很有价值的政策信息。想想这些年，宏观经济冷热无常，物价不是"飞上天"，就是负增长，原因在哪里？归根到底，还是货币调控不够准确。为何如此？利率没放开恐怕是因素之一。

货币政策的传导需要一个过程，中间有一段很长的"时滞"。调节货币"闸门"，先是影响市场利率，再引导企业做出反应，最后才体现为需求的变化。把利率一定死，市场反应就不容易观察了，央行无法根据利率这个中间参数，对货币政策进行修正，只好一竿子插到底，结果失之毫厘，差之千里。

如果没有WTO，利率市场化改革不知还要拖多少年。现在不行了，加入WTO的过渡期马上到点。按照当初的承诺，我们必须放开利率，按国际惯例办事。再说，遵守国际惯例是我们的义务，要求我们遵守惯例是人家的权利，央行继续"操办"利率，难保不受指责。

其实，当下央行放开利率未必不是好事。目前外资银行虽也执行官定利率，但他们在利息之外，还向客户收费，有人曾粗略估计，外资银行的费用收入，大概占其总收入的

25%，而且今后的比例还会上升。我们的银行一直没有这样做，因此在利率竞争方面，我们实际上处于不利地位。站在这个角度，放开利率虽然有忧，但也有喜。当然归根结底，是长期利好。

利率市场化并不是利率100%的自由化。完全自由的利率，是历史的"陈迹"，只存在于20世纪30年代之前。现代市场经济国家，或多或少都会对利率进行干预，还没有哪个"潇洒"地"大撒把"的。尽管现代货币学派主张，国家只需控制货币总量，无须为利率水平劳心费神，但即使在货币学派的老家——美国，美联储为防止经济过热，也曾多次加息。只不过他们加息，是通过调节货币供给实现的，并非由政府直接厘定；而且最终形成的利率，只供金融机构参考，不具强制性。

要指出的是，实现利率市场化，得具备一些基本的条件，最要紧的是要有一个发达的货币市场，能真实反映资金供求，以便让央行在这里表达自己的意见。这就好比一个人要发表对时局的看法，那就得有个讲坛，并且有许多新闻媒体到场，听众越多，传播得越广，他的名声就越大。否则，纵有千般奇思妙想、一肚子高论，也只能回家讲给老婆孩子听。银行间同业拆借利率和短期国债利率，都是比较重要的市场利率，就是因为，这两个市场是央行经常"光顾"的地方。

有人说利率市场化是一场"攻坚战",这绝非戏言。大家可能还记得,1988年我们要放开物价,当时叫"价格闯关",但由于准备不足,结果"关"还没闯,却引发了一场抢购潮。有前车之鉴,不可重蹈覆辙。利率市场化改革事关重大,要综合考虑宏观经济形势与监管水平等因素,大胆推进,稳步操作。

转换发展动力

100年前，制度学派创始人凡勃伦在《企业论》一书中预言，伴随技术的不断进步，企业权力将逐步从资本家手中转移到技术阶层手中，企业由技术阶层控制，出现技术雇佣资本的趋势。

科学研究是发现规律而非创新，那么政府要不要出钱资助？技术可以创新，这是否意味着所有的技术创新都得靠政府投资？我的观点是，对科学研究政府应全额资助，而对技术创新，政府是否投资不能一概而论。

若风险事故发生的概率可以预知，当事人会"购买保险"规避损失。而创新成败却具有不确定性，失败的损失不能通过"购买保险"规避，只能借助资本市场分散处理。

老板未必是企业家

二〇二三年二月五日

假若我说企业投资者不一定是企业家，恐怕会有读者不同意。其实，这是经济学家熊彼特的观点。据我所知，在很多人的观念里，某人投资办了企业，就是企业家，若企业规模做得够大，就是大企业家。可经济学并不这样看。经济学认为，企业家有特定的精神内涵。企业出资人是老板，但老板未必都是企业家。

那么何为企业家精神？在回答这个问题前，我想先为读者介绍三本书。这三本书从不同角度讨论了企业家精神。下面让我择其要点，对作者的观点作简要介绍。

第一本书，是美国经济学家弗兰克·H.奈特1921年出版的《风险、不确定性与利润》。奈特指出，作为企业家，首先要有创业精神。他根据人们对风险的态度，将其分为三种类型：风险偏好型、风险中型、风险规避型。在奈特看来，成为企业家并不是要特别有钱，而是要特别有"胆"，只有那些不惧怕风险的人,才可能成为企业家。

举个例子,甲、乙、丙是大学同学,各自都有10万元。毕业前三人一起谈论职业规划。其中甲愿意冒风险,说自己准备用10万元办公司;乙不愿意冒险,计划将10万元存入银行收利息;丙愿意冒点小风险,打算用10万元炒股。此时甲动员乙将钱借给他创业,并动员丙入股他的公司,乙和丙都同意,后来甲创业成功,于是甲成了企业家,丙成了股东,而乙成了雇员。

第二本书,是熊彼特1912年出版的《经济发展理论》。熊彼特指出,企业家不同于资本家,资本家的本质是追求利润,企业家的本质是创新。这里需要特别说明的是,熊彼特所说的"创新",并非技术层面的发明,而是建立一种新的生产函数,将一种从未有过的生产要素"新组合"纳入生产体系,而且这种新组合是对原有组合的一种"创新性破坏"。

还是让我用例子解释。在机动船出现之前,船的动力主要是靠风力和人力,船运公司老板为了取得最大利润,通常会考虑在风力和人力约束下,如何组合这两种要素(如季节性风向、风力或人力费用等)使成本最低。而企业家却不同,他们会设法改变约束条件,比如用机器动力替代风力和人力。熊彼特认为,只有第一个采用机器动力的船运公司"老板"才是企业家。

第三本书,是德国哲学家马克斯·韦伯1904年出版的

《新教伦理与资本主义精神》。该书的核心观点是：17世纪后欧洲经济狂飙突进，得益于宗教改革和"新教伦理"。他论证说：若没有新教伦理，便没有企业家道德宪章；若没有企业家道德宪章，便没有企业家阶层；而没有企业家阶层，也就不会有西方工业的蓬勃发展。

韦伯所说的企业家"道德宪章"，概而言之，是"三个努力"：一要努力赚钱，企业家只有努力赚钱，才能为社会创造更多财富；二要努力省钱，即企业家自己生活要节俭，不能挥霍浪费；三要努力花钱，企业家不仅要用赚来的钱扩大投资，而且要捐助慈善公益事业。这是说，一个投资者若同时做到以上三条，才称得上企业家。

以上是西方学者的观点，归纳起来，所谓企业家精神，是指创业精神、创新精神，以及履行社会责任的奉献精神。不过仅这三条我认为还不够。资本无国界，企业家有祖国，企业家首先必须爱国。特别是我们中国的企业家，作为社会主义建设者更应该爱国。习近平总书记在2018年11月召开的民营企业座谈会上明确提出，企业家应"做爱国敬业、守法经营、创业创新、回报社会的典范"。这是对中国企业家精神的深刻阐释。

写到这里，读者应该懂得了企业老板与企业家的区别。具体到操作层面，国家保护企业家，当然是要保护那些爱国敬业、守法经营的投资者，鼓励、支持他们创业创新、积极回报社会。而对那些欺行霸市、坑蒙拐骗、破坏公平竞争的不法之徒，则必须依法打击。

在当前全球经济下行背景下，我国也面临较大的就业压力，中央提出要通过保市场主体稳就业。要保市场主体，归根到底是要激发企业家的创业创新精神，为此，我提出以下三点建议：

——严格落实企业家承担"有限责任"的制度。巴特勒曾经说，有限责任公司是近代最伟大的发明，没有它，蒸汽机和电力的重要性会黯然失色。所谓"有限责任"，是说企业家投资失败而资不抵债，只以自己的出资为限承担损失，不能让其承担无限责任。否则，创业一旦失败就倾家荡产，没人敢创业。

——完善创新风险的分担机制。奈特说过，创新具有不确定性，对不确定性风险的损失，应分散处理。我国继2019年7月在上海证交所设立科创板后，2022年11月15日北京证交所又挂牌开业，标志着我国已有"科创融资市场"。政府现在要做的，是在合规的前提下，优先为从事前沿技术和颠覆性技术研发的创新企业提供融资便利。

——建立鼓励企业家捐助的激励制度。鉴于以往的教训，国家应在法律上明确，鼓励企业家捐助必须坚持自愿原则，禁止任何部门强制企业捐助。对涉企违规乱收费、乱罚款、乱摊派的行为要坚决查处。与此同时，对自愿捐助慈善公益事业的企业家，政府应给予鼓励，由国家统一制定标准，按照贡献大小，由国务院、省、市、县人民政府分别授予"慈善家"称号。

技术雇佣资本假说

二〇一六年四月十八日

回溯历史，人类社会的雇佣关系迄今主要表现为资本雇佣劳动。可在100年前，制度学派创始人凡勃伦在《企业论》一书中预言，伴随技术的不断进步，企业权力将逐步从资本家手中转移到技术阶层手中，企业由技术阶层控制，出现技术雇佣资本的趋势。

这无疑是一个大胆的假说。19世纪末20世纪初，世界仍处在工业化进程中，凡勃伦却以一个经济学家的眼光洞见未来企业权力的转移，令人叹服。1968年美国设立纳斯达克股票市场，被公认是技术雇佣资本的标志性事件，而标志性企业是微软，当年比尔·盖茨白手起家，凭借自己的技术发明从纳斯达克融资，后来一举成功，富甲天下。

凡勃伦并非望天打卦，其依据是生产要素稀缺度。他举证说，奴隶社会最稀缺的是劳动力，而奴隶主拥有劳动力，故权力掌握在奴隶主手里。到了封建社会，由于工具的改进提高了劳动效率，劳动力不再稀缺，土地变得稀缺，于是权力转移到地主手中。后来新大陆被发现，土地不再稀缺而资本稀缺，权力又转移到资本家手中。

既然权力转移与要素稀缺度相关，由此凡勃伦进一步推定：到了后工业社会，随着投资机会越来越少，储蓄会大于投资，资本会过剩，那时相对稀缺的已不是资本而是"专门知识"。若资本不再稀缺，掌握企业权力的也就不再是资本家，而是拥有专门知识的技术阶层了。凡勃伦还解释说，技术阶层不单指技术人员，而是指由技术人员与企业高管组成的"专家组合"。

对凡勃伦的假说不知读者怎么看，10多年前，我在中关村倒是见过这样一家高科技企业，该企业的最初出资人是山东的一位民企老板，可他并未担任企业董事长，董事长是由技术发明人担任。有趣的是，那位民企老板出资3000万元，却只占有企业30%的股份，技术发明人及专家团队占70%的股份。

类似的例子后来也时有耳闻，不过并不多。于是我们要问：为何少数企业可以技术雇佣资本而多数企业却不能？或者问：在何条件下技术才可雇佣资本？凡勃伦说要看资本是否稀缺。这样讲理论上当然没错，问题是资本要素"稀缺度"如何衡量，如果没办法衡量，也就无法用"稀缺"做约束条件去验证假说。

由此看，要验证"凡勃伦假说"，我们必须找到反映资本稀缺的相关指标，而且作为约束条件，这些指标不仅要真实存在，还要可观察、可量化、可比较。这样的指标是什么呢？或者我们找到了这样的指标，又如何去验证推论？在回答这个问题之前，有两个概念要特别说明。

第一，资本的边界。在古典经济学里，资本、劳动、技术等三大要素的边界本来是清楚的，可舒尔茨提出"人力资本"概念后，技术也被当作资本看，这样资本与技术的边界就不清晰了。如果技术也是资本，我们就不能用"资本稀缺度"分析权力的转移。故本文约定，资本与劳动、技术仍为三个独立的要素。

第二，雇佣的含义。新古典学派认为，生产要素之间地位平等，彼此是相互雇佣关系，既可说资本雇佣劳动（技术），也可说劳动（技术）雇佣资本。我不同意这个看法。资本与技术到底谁雇佣谁，应看谁拥有生产控制权与剩余索取权。掌权的一方是雇主，不掌权的是雇员。若不作这样的界定，也就不存在雇佣关系的转变。

明确了这两点，回头再分析约束条件。为此我们不妨先分析银行。在我看来，银行是"银行家经营才能"雇佣资本的典型例子，银行自有资金并不多（仅8%），它以钱赚钱，主要是利用储户存款。银行为何能吸收存款？有两个条件：一是社会上存在闲置资本；二是闲置资本的投资收益低于银行利率。

技术雇佣资本与银行吸存类似。区别在于，银行只需存在短期闲置资本，而前者却需有长期过剩资本。至于资本过剩怎样衡量，我认为，可观察银行储蓄利率与企业投资平均收益率。不难推断：若储蓄利率为零，投资收益率也为零，此时储蓄一定大于投资，会存在大量的闲置资本。倘如此，必促成技术雇佣资本。

也许有读者会问，两个指标为零现实中很少出现，这样的推论有何用处？当然有用。科斯定理也假定交易成本为零而实际并不为零，你能说科斯定理没用吗？我做那样的假定，是要在极端的约束下推导企业行为。其实，约束是可以放松的，即便利率与投资收益率不为零，只要利率低于通胀率，投资收益率低于利率，推论仍成立。因为利率低于通胀率，表明实际利率为负；而投资收益率低于利率，会导致投资不足、资本过剩。

此推论何以验证？先看美国，学界有一种观点，认为是第三次技术革命让美国走出了"滞胀"。这观点有一定道理，但我认为也是"滞胀"催生了第三次技术革命。20世纪40年代至60年代，美国有许多新技术未得到应用。60年代末美国陷入滞胀，通胀高企，实际利率为负，企业收益率普遍低于利率。逼不得已美国这才设立"纳斯达克"融资平台，正是有了这个平台，才涌现出微软、英特尔等一批"技术雇佣资本"的企业。

中国目前还是资本稀缺的国家,照理不具备技术雇佣资本的条件,可为何也出现了上文提到的中关村那家高科技企业呢?我知道的原因,是1998年亚洲发生金融危机后政府多次下调银行利率,到2004年银行实际利率为负;而当时山东那家民企投资亏损,利润率也为负,所以就有了那位民企老板与那位技术发明人合作。

产业升级的秘密

二〇一七年三月九日

学界对产业升级有两种解释：一是用高新技术改造提升现有产业；而另一解释是产业重心依次从第一产业向第二、第三产业转移。对以上两种解释，我赞成第一种。严格地讲，产业重心转移属结构升级而非产业升级。产业升级有两个前提：一是产业保持不变；二是生产效率或产品附加值要提升。否则就不是产业升级。

举农业的例子。众所周知，人类早期农业刀耕火种、广种薄收，生产效率极其低下；后来随着犁、耙等手工农具的出现，生产效率逐步提高。直到17世纪工业革命到来，机器的发明推动了机械化农具的采用，农业才真正得以升级。不过到19世纪末，农具自动化程度虽不断提高，但种植技术却未有大的改进，故此前的农业被称为"传统农业"。进入20世纪后，生物技术开始应用于农业，于是传统农业向现代农业升级。

从上面的例子可以看出，农业的升级是逐次从"劳动密集型"到"资本密集型"再到"技术密集型"。纵观经济发展史，其实不只是农业，其他产业的升级路径也皆如此。比如制造业，先从手工生产升级到机械化生产，然后升级到智能机器生产；服装业最初也是手工缝制，后来采用半自动缝纫机，而今天则采用全自动化机器。

这样就提出了一个问题：从"劳动密集型"到"资本密集型"再到"技术密集型"，此路径是不是产业升级的一般规律？如果是，这一规律形成的内在机理为何？如若不是，比如产业可从"劳动密集型"直接升级为"技术密集型"，那么促成这种跨越式升级的原因又是什么？我写这篇文章正是要揭开隐含在其背后的秘密。

不可否认，从农耕社会到工业化中期，产业升级确实是从"劳动密集型"转向"资本密集型"。正因如此，马克思当年用"资本有机构成"来反映产业技术水平。所谓资本有机构成，是指由资本技术构成决定的价值构成。技术构成是机器与劳动力的配比，而价值构成则是技术构成的货币形态。比如原来机器与工人的比例为1:1；而现在为5:1，则技术构成提高了4倍。技术构成提高，资本有机构成也会随之提高。

要追问的是，工业化中期前企业为何会普遍提高资本有机构成？我的解释是产业内部的竞争所致。具体说：第一，企业作为市场主体皆有追求利润的动机；第二，为取得超额利润企业间必出现竞争；第三，产品价格不由企业决定而由市场供求决定。既然企业不能自行定价，要争取超额利润就只能降成本。而要降成本，当然得提高资本有机构成。

举例解释吧。假若有3家企业生产同样的玻璃杯，而玻璃杯的市场价格为每只10元。这是说，玻璃杯若超过10元，消费者不会买。既然价格不能涨，企业要赚取更多利润，关键就看能否降低成本。怎样降低成本呢？办法不外是降低生产耗费或者提高生产效率，而这两者都需使用先进的生产设备。多年前我曾考察过宁波的一家汽车零配件加工企业，据称使用数控机床后，不仅材料耗费比原来降低了1.2%，生产效率也提高了3倍。

是的，降低耗费可直接降成本。不过想深一层，提高效率实际也是降成本。生产效率提高，表明用同一时间生产的产品数量增加，单位产品所耗费的劳动时间减少。劳动时间的节约，当然是成本的节约。从这个角度看，我们就不难理解工业化中期前的产业升级为何会从"劳动密集型"转向"资本密集型"。说到底，是价格被市场锁定后，企业为争取超额利润不得已的选择。

以上分析的是工业化中期之前的情形。然而进入工业化中后期，特别是第三次技术革命后，产业升级发生了变化，有不少企业直接从"劳动密集型"跃升为"技术密集型"，也有企业一经设立便是"技术密集型",微软、英特尔、苹果公司等就是典型的例子。而且据我所知,国内的大牌制药企业"同仁堂""九芝堂"等,产业升级也主要靠提升技术含量,而不是提高有机构成。

于是我们要问,为何微软、苹果公司不再走传统升级的老路?读者也许会说,是因为新技术革命带来的改变。不错,肯定是与新技术革命有关。但若进一步问:第三次技术革命到来已近半个世纪,可至今为何仅有少数企业能跨越式升级而多数企业不能?显然,仅用新技术革命难以解释。我的观点:新技术革命是产业跨越式升级的必要条件而非充分条件,背后另有更深层的原因。

更深层的原因是什么呢?对此我们需借助经济学的"受价"与"觅价"原理作分析。所谓"受价",是指企业被动接受市场价格。所谓"觅价",是指企业可以自主定价。而且经济学指出,所有竞争性企业皆为受价者,而垄断企业皆为觅价者。经济学还说:垄断企业之所以能觅价,是因为有独特技术,别人无法竞争,它可通过调控产量主导定价。

问题的关键就在这里。读者想想,一个企业一旦拥有了定价权,争取超额利润还需降成本吗?当然不需要。无须降成本,企业也就不必去提高有机构成。相反,由于市场上存在众多潜在竞争者,为了维护定价权,企业会不断加大创新投入,让产品向更高的技术层面升级。留心观察,现实生活中不乏这样的例子，比如苹果手机已升级到iPhone7，可苹果公司自己主要做研发，产品却委托别的企业生产。

最后归纳本文要点：第一，产业升级是部门内企业竞争的结果，目的是争取超额利润；第二，产业升级路径取决于定价权，企业没有定价权会向"资本密集型"升级，而有定价权则升级为"技术密集型"；第三，定价权来自独特技术，要实行跨越式升级，前提是必须有独特技术。

创新动力从何而来

二〇一四年四月五日

创新是发展的动力，中国经济未来将主要依靠创新驱动。近段时间，我一直思考这样一个问题：既然创新是发展的动力，那么创新本身的动力由何而来？绝不是多此一问，前不久在一个座谈会上有科技部门的官员也说：体制创新与科技创新如同汽车的两个轮子，当务之急是要解决创新动力不足的问题。

一语中的，这位官员确实点到了要害。如果不是创新动力不足，中央何必三令五申鼓励创新呢？其实，习近平总书记还有一个更精辟的比喻："如果把科技创新比作我国发展的新引擎，那么改革就是点燃这个新引擎必不可少的点火系。"言下之意，科技创新需要体制创新去推动。

那么通过怎样的体制创新来增强科技创新动力呢？要回答此问题，首先得弄清楚科技创新的主体以及不同主体的追求目标为何。对以上问题若不清楚，体制创新便会无所适从。而不知道体制如何创新，也就无法通过体制创新推动科技创新。

科技创新主体是谁？学界通常认为有三个：一是政府；二是企业家；三是科技人员。我的看法：政府是体制创新主体而非科技创新主体，政府可推动科技创新，但不直接从事科技创新。企业家与科技人员皆是创新主体，但两者的追求目标却有不同：企业家追求的是利润最大化，而科技人员追求的是个人利益最大化。

政府作为体制创新主体，创新动力从哪里来？有学者认为来自对民族复兴的追求。这看法我赞成。鸦片战争后，中国积贫积弱、饱受凌辱。新中国成立后，国家赢得了独立，但经济发展处处受制于人。1978年，中央召开十一届三中全会与全国科学大会，明确提出"以经济建设为中心"与"科学技术是生产力"，由此中国进入了改革开放新时期。

可见，政府当初推动改革，既有追求民族复兴的动力，也有落后挨打的压力。然而经过30多年改革，今天中国已成为全球第二大经济体。问题在于，政府的话事权在各级官员手里，随着改革深入推进，已越来越多地触及官员利益，我担心政府的改革动力会弱化。并非杞人忧天。读者想想：中央为何强调改革已进入深水区？我理解，就是提醒大家改革阻力在加大。

再看企业家的创新动力。企业家的追求目标是利润最大化。有利润最大化的牵引，照理企业家应积极创新。可据我所知，时下不仅国企缺乏创新动力，民企创新动力也普遍不足。何以如此？原因是技术创新有风险。经济学家奈特曾将企业出资人分为三类：风险偏好型、风险中型、风险规避型。现实中创新失败的概率往往高于成功的概率，而大多数民企老板又属于风险规避型，这样，创新不足也就不奇怪了。

要追问的是，企业分为国企与民企。国企的创新风险由国家（或全民）承担，可为何国企不放手创新呢？思来想去，我认为问题出在企业绩效考核上。国企创新失败虽无须高管赔钱，但势必影响企业当年的绩效。投鼠忌器，企业高管对创新难免患得患失。民企不同于国企，民企有创新动力，可由于缺乏风险分担机制，创新失败得由自己兜底，故对创新心有余悸。

再看科技人员。科技人员的创新动力既来自他们的报国情怀，也来自对自身利益的关切。比如，有人是为了发表论文评职称，有人是为了申请专利获大奖，有人是为了分享成果转让的收益。但无论出于何动机，科技人员都不会缺少创新动力。官方数据说，我国专利申请连续5年居全球之首，年均超过100万件；到去年底我国专利拥有量已超过100万件。两个"100万件"，足可佐证这一判断。

由此看，增强创新动力，重点在政府与企业。前面说过了，政府是体制创新主体，而且体制创新要服务于科技创新，为表述方便，让我先说国企与民企，然后再说政府。

增强国企创新动力，我认为关键是要让国企高管有动力。主要有两招：一是将技术创新（如研发投入）作为企业绩效考核的重要指标；二是对高管采用"工资+期权"的薪酬机制，即工资与年度绩效挂钩，期权与整个任期的创新收益挂钩。

怎样推动民企创新？根据上面分析，民企创新不足是因为缺乏风险分担机制。这是说，只要有人肯为民企分担风险，民企一定会大胆创新。问题是这种风险分担机制怎么建。我想到的是开放"科创板"资本市场。众所周知，纳斯达克（科创板）对推动美国技术创新厥功甚伟，而英国1995年也开放了科创板（AIM）。别人有成功经验，我们应当借鉴，听说上海正在紧锣密鼓试点，是好消息。晚开不如早开，应尽快推开。

最后再说政府。说到这里，读者其实已经清楚了如何创新体制。现在的难题，是谁来推动？最近社会上有一种说法，认为时下有些官员不思改革，是与高压反腐有关。这看法肯定不对。某些官员缺乏改革动力是事实，但并非因为反腐，而是改革触动了他们的利益。以往机构改革如是，今天审批制改革也如是。正因如此，我认为体制创新要由中央顶层设计，靠中央权威自上而下推动。

推动创新的体制安排

二〇一五年五月七日

中国经济发展进入"新常态",其中一个重大改变,是政府不再纠结GDP。但不纠结不等于不重视,从官方的公开文献看,到2020年,GDP每年增长7%仍是底线。所不同的是:以往经济增长主要靠投资、出口拉动,今后则主要靠创新驱动。

经济增长转换动力,牵一发而动全身,是明智之举。想想吧,当前国内产能过剩、结构失衡、出口受阻,不实施创新驱动何以打破眼前的僵局?若再拖下去,积重难返日后会更被动。由此看,实施创新驱动刻不容缓。这里要明确的是,创新包括体制创新与科技创新,而创新驱动到底是指哪一种创新?

若以"贡献"论,体制创新对经济的重要性毋庸置疑。有目共睹,过去30多年中国经济突飞猛进,体制创新厥功至伟!不过我认为政府今天所说的"创新驱动",是指科技创新。并非我主观臆断，习近平总书记最近多次讲话强调的就是科技创新；而且学界对此也无分歧。当前人们关注的焦点，是政府应如何支持科技创新。

要回答这个问题，首先得弄清何为科技创新。并不是咬文嚼字，因为对概念的理解关系到科技体制怎样改。最近查阅文献，发现大多都将"科技创新"解释为"科学与技术创新的总称"。说实话，这解释我不同意。技术当然可以创新，但"科学"却不能创新。科学研究揭示的是规律，规律只能发现，不能改变。请问对"勾股定理""万有引力定律"怎么创新？

于是这就带出了本文的重点：第一，科学研究是发现规律而非创新，那么政府要不要出钱资助？第二，技术可以创新，这是否意味着所有的技术创新都得靠政府投资？不知读者怎么看，我的观点是，对科学研究政府应全额资助，而对技术创新，政府是否投资不能一概而论，要区分具体情况分别处理。

先说科学研究。科学研究需要政府资助，因为它研究的是基础理论。与应用性的技术研发不同，技术研发的成果是商品，而基础研究的成果则是"理论原理或定理"，由于没有商品载体，不能直接用于市场交换，因而难以通过市场取得回报。比如达尔文的"进化论"，是人类伟大的发现，可谁会花钱买进化理论？

另一个理由是从经济学角度看，科学研究的成果是"公共品"。所谓公共品，一是消费不排他，二是不存在边际成本。科学研究我认为正好具备这两个特性。科学家发现的某个规律（或定理）一经公布，不仅使用不排他，使用人数的多少也与成本无关。比如"万有引力定律"，你使用"万有引力定律"，并不妨碍我使用"万有引力定律"，大家同时使用，当初发现"万有引力定律"的成本不会变。

以上两点读者若同意，对政府资助科学研究就不应该有异议。目前学界一致的看法是：政府的职能有四项，即保护国家安全、维护社会公正、提供公共品（服务）以及助弱扶贫。既然大家都认为提供公共品是政府的职责，而科学研究的成果是公共品，这样看，资助科学研究是政府义不容辞的职责。

转谈技术创新吧。政府是否要资助技术创新，要比科学研究复杂些。技术创新属应用性研究，成果可以商品化；也有特殊性，有些技术成果具有商品属性却不能自由转让。这方面的例子多，最典型的是国防军工技术，由于事关国家安全，该领域的创新成果国家不允许转让。也正因如此，国防军工技术创新得由政府投资。

除了国防军工技术，其他大量创新则是民用技术。民用技术与国家安全无关，创新成果可以有偿转让。问题就在这里，对此类可以转让的技术创新政府要不要资助？若听研发机构的意见，肯定要资助，而且多多益善。而我的看法相反，成果既然可以有偿转让，那么就应该面向市场筹资，不能由政府包揽。

有数据说，我国技术专利的数量已连续四年居全球之首，去年专利申报达92.8万件，得到的专利授权16.3万件。是了不起的成绩。然而产学研脱节问题也很严重：专利转化率平均不足20%，产业化率不到5%。令人奇怪的是，如此多的专利成果无人问津，研发者却无动于衷。出现这种现象原因有多方面，但归根到底我认为在投资体制。读者想想，工资是国家拨的，课题费是国家给的，写了论文申请到了专利，名利双收谁还重视转化率呢？

是的，要推动产学研融合，现行投资体制必须改，不然研发机构就这样由政府养着，产学研融合将遥遥无期。但可以想到的是，一旦政府真的对研发机构"断奶"，相关利益当事人肯定反对。为稳妥起见，政府不妨以退为进，先设一个"过渡期"，分两步走：第一步，过渡期内财政仍拨工资，但不再拨课题经费；第二步，过渡期满后研发机构即由事业单位改为企业，国家不再拨工资。

要特别说明的是，我提出这样的设想，并非为政府卸包袱。创新驱动乃国家战略，政府不可能也不应该置身事外。事实上，政府支持创新也并非只有拨款一种方式，开放"科创融资"的资本市场，打击技术专利的侵权行为，为技术成果转化提供"中试平台"等,也都是对创新的支持。这么说吧,除了不拨经费,与创新有关的所有公共服务,政府都应该提供。

风险、不确定性与创新

二〇二〇年二月五日

企业任何一项科技创新，皆有失败的风险。若风险全由企业家承担，无疑会抑制企业创新动力。问题是除了企业家，创新风险还能让谁承担？对此问题，美国经济学家奈特1921年出版的《风险、不确定性与利润》一书曾专门研究过，让我用奈特的分析框架作分析吧。

回想起来，我第一次读奈特的《风险、不确定性与利润》，是在20多年前。当时给我的感觉是这本书不太好懂。并不是理论本身有多艰深，而是他关于风险、利润的定义与我之前知道的截然不同。后来重读多次，才渐渐明白他到底要说什么。下面是他的几个重要观点：

（一）关于企业与企业家。根据人们对风险的态度，奈特将人分为三类：风险偏好型、风险中型、风险规避型。他说，大量的事实表明，风险规避型的人通常会将钱存入银行；风险中型的人可能会用少量的钱买股票；而只有那些风险偏好型的人才会创业，成为企业家。于是他得出的结论是，企业（家）因风险而生。

（二）关于风险与不确定性。在奈特看来，风险源自不确定性。同时他将不确定性分为两类：一类是可以量度的不确定性；一类是不能量度的不确定性。前者是指风险发生概率可根据经验数据估算，如汽车交通事故的概率是万分之三，飞机失事的概率是三百万分之一。奈特说，可量度的不确定性是风险，不可量度的不确定性才是真正的"不确定性"。并指出，利润不是来自风险，而是来自不确定性。

（三）关于不确定性的处理方法。奈特认为，应对不确定性有两种处理方法：一是通过"合并"（购买商业保险）规避风险；二是用"分散"（损失分担）的方法处理。为何要采用"分散"方法？奈特解释说：与其让一个人损失1万元，不如让100人每人损失100元。而另一形象的解释是："两个人每人失去一只眼睛，要好过让一个人同时失去两只眼睛。"

对奈特的上述观点，学界一直有争议。比如他说企业（家）因"风险"而生，科斯就不同意。科斯认为，企业是计划与市场的边界，企业内部是计划，外部是市场，是因为信息不对称导致市场交易费用过高，人们才组建企业。想深一层，科斯的解释与奈特其实并不矛盾。信息不对称意味着什么？当然是风险，要降低风险就会产生交易费用。可见两人只是说法不同而已。

再一点争议：风险与"不确定性"是否有区别？有学者认为，无论风险可否量度，都属于"不确定性"。我理解，奈特说风险不同于"不确定性"，是指风险不会给当事人造成意外的损失。因为风险可以量度，表明事故发生的概率可以预知。既然可以预知，当事人就会购买保险规避损失。在这个意义上，"可量度的风险"与"不确定性"的确不是一回事。

除了以上两点，我认为还有一点需要补充。奈特说处理风险有"合并"与"分散"两种方式："合并"是指由专业化机构（保险公司）进行风险对冲；而"分散"是指风险分摊给更多的人承担。问题是，在何情况下选择"合并"，在何情况下选择"分散"，奈特却没有明确说。我要补充的是：可量度的风险皆可"合并"处理，而不可量度的不确定性，则应"分散"处理。

回到本文所讨论的话题，创新失败的损失应由谁承担？目前有一个现象不知读者是否注意到，虽然今天市场化的商业保险已十分发达，生老病死、天灾人祸都有保险公司提供保险，却不见有哪家保险机构肯为"创新"提供保险，此为何故？

对此现象，也许读者有自己的解释。我的解释是：保险公司提供某类保险，那是因为该类保险的出险概率可以量度。反过来说，迄今没有保险公司愿意为"创新"保险，一定是创新失败的概率在量度上有困难。不要误会，我这里说"有困难"，并不是指失败概率不能计算，根据历史数据，以往失败的概率完全可以算得出。我的意思是，如此算出来的概率，创新者未必会接受。

举例说吧。假若计算出某地区以往创新项目失败的概率为90%，于是保险公司按90%的概率收取保费，你认为创新者会买保险吗？我认为不会。创新是不确定性事件，而历史的失败概率并不等于未来的失败概率，此其一；其二，创新者的成功预期通常要高于失败预期。这是说，对失败的预期概率不会超过50%，否则不会去投资创新。倘如此，创新者怎会花高保费买保险呢？可从保险公司看，若按50%的概率收保费，现实的出险概率一旦超过50%，它必将破产无疑。

据此分析，创新具有不确定性，也就决定了失败的损失不能通过"合并"规避。不能"合并"处理就只能"分散"处理。问题是，怎样"分散"呢？我们容易想到的是"有限责任公司制度"。事实上，公司的作用不单是集中资本，更重要的是投资者只需承担有限责任。巴特勒说："有限责任公司是近代最伟大的发明。"此话不假。工业革命以来全球共有160多项重大创新，其中80%都是由公司完成的。

再往深处想，有了"有限责任公司制度"，同时还得有创新融资平台。在这方面,美国的纳斯达克是成功的范例。美国科技创新领先全球,纳斯达克功不可没。去年7月22日,我国的"科创板"在上海鸣锣开市,标志着国内"创新风险分摊平台"已经建立。众人拾柴火焰高,愿广大股票投资者能为创新出一份力。

数字经济的边际收益

二〇二二年十一月五日

最近两年"数字经济"在国内引起关注,已成为在各类媒体出现的高频词。有学者预言:人类正在进入数字经济时代。我看到的文献,"数字经济"是1995年由美国商人唐·塔普斯科特最早提出的,1998年美国商务部发布《新兴的数字经济》报告后,这一概念才慢慢流传开。

关于数字经济的定义,目前有多种解释。有学者说,数字经济是一种基于数字技术的经济形态;而也有学者认为,数字技术与互联网技术密不可分,数字经济其实就是网络经济。以上两种解释,只是表述的角度不同,都应该对。而在我看来,数字经济是"产业数字化、数字产业化以及平台(网络)经济"的总称。

我写这篇文章,当然不是讨论怎样定义数字经济。数字技术是高深的学问,我不是这方面的专家,听过不少相关讲座,仍是半懂不懂。不过自己以研究经济学为职业,对经济学应该有发言权。说实话，我并不完全认同学界对数字经济的分析，其中有些观点我认为是错的。

比如时下有一流行的观点认为：数字经济作为一种新型经济形态，不同于农业经济与工业经济，其边际成本会不断递减，边际收益会不断递增。从经济学的角度讲，边际收益递增，同时也就暗含着边际成本递减，两者是一回事，若前者成立，后者当然也能成立。然而问题在于：数字经济的边际收益真的能够递增吗？

据我所知，说数字经济边际收益递增的学者，依据的是下面三大定律。

第一个定律：梅特卡夫定律。该定律指出：网络的价值等于网络节点数的平方。说得更通俗些，网络的价值与互联网用户数的平方成正比。对此人们常举的例子是，一部手机没有任何价值，几部手机的价值也不大，而成千上万部手机组成了通信网络，手机通信的价值将会呈爆炸性增长。

第二个定律：摩尔定律。摩尔发现，当价格不变时，集成电路（IC）上可容纳的元器件，每隔18—24个月便增加一倍，性能也提升一倍。既然在相同面积晶圆下生产同样规格的IC，每隔18—24个月可增加一倍，那么生产成本就能相应降低50%。

第三个定律：达维多定律。此定律说，网络经济存在"强者更强，弱者更弱"的马太效应，进入市场的第一代产品，往往能获得50%的市场份额；而第二或第三家企业的新产品进入市场，所获利益远不如第一家企业大。由此推出的结论是，一个企业要追求利润最大化，应不断创新技术（产品），并敢于率先淘汰自己的产品。

以上三大定律皆来自经验事实，而且都有历史数据作支撑。可尽管如此，我认为由这三大定律并不能推出数字经济边际成本递减或者边际收益递增。为何这样说？让我分别对上面三大定律作分析。

先看梅特卡夫定律：网络的价值等于网络节点数的平方。想问读者，你认为这里的"价值"指什么？是使用价值还是交换价值？我认为是使用价值。是的，单独一部手机没有使用价值，成千上万部手机组成通信网络，网络的使用价值（通信便捷性）会增加，但并不等于交换价值（单位时间通话费）会增加，相反还会下降。近30年来手机话费（价格）越来越低便是例证。

再看摩尔定律：每隔18—24个月，在相同面积的集成电路上容纳的元器件可增加一倍，从成本角度看，制造成本便可降低50%，呈递减趋势。要追问的是，此处的"成本"指什么成本？是指产品的单位成本还是边际成本？我认为是单位成本，而不是边际成本（制造最后一块集成电板的成本）。若边际成本递减，企业就会一次性生产无限多的电板，可事实并非如此。

最后看达维多定律：不错，网络经济确实存在"赢者通吃"现象，谁的产品先进入市场，所占有的市场份额就会相对大。但这种现象并不能证明边际收益递增。经济学讲，边际收益等于厂商卖出最后一件商品的价格。读者想想，一批完全同质的商品，价格怎会越卖越高呢？事实上，企业之所以不断创新技术（产品），原因正是产品价格越卖越低，边际收益递减。

综上分析，数字经济并没有颠覆边际收益递减规律。要知道，经济学讲的边际收益递减，是指在技术条件不变的前提下，增加某一要素投入，收益增量会递减。因为在技术条件不变时，企业的可变要素与固定要素之间存在"最佳"比例。要是固定要素投入不变，而可变要素投入超出"最佳"比例，边际收益肯定会下降。

对边际收益递减规律，从需求角度也许更容易理解。前面说过，投资的边际收益是厂商卖出最后一件商品的价格。对消费者来说，当消费某一商品的数量越来越多时，所获得的效用（边际效用）会越来越少，而边际效用不断递减，消费者的出价会越来越低，这样投资该产品的边际收益也会越来越低。

另外还有个现象需澄清。早在30年前就有学者提出"边际收益可以递增"，并以人们"集邮"做例证：假定一套邮票有10张，单独一张卖5元，若集齐10张，就不会只卖

50元，而可能卖60元。此例子能证明边际收益递增吗？我认为不能。因为一套邮票与一张邮票是两种产品，应另画一条需求曲线。不然我问你，你买一套出价60元，买第10套会出价100元吗？

回到政策层面，我想指出三点：第一，数字经济可极大地节约交易成本，政府应高度重视数字经济发展；第二，发展数字经济不能脱离实体经济，应立足于推动农业与工业部门转型升级；第三，数字经济仍存在边际收益递减规律，应保持适度规模，防止一哄而起。

财政可以倒逼改革

二〇一八年七月五日

看题目读者应该能想到我要说什么。中国改革开放40年，作为改革同路人，我也跟踪研究了40年。一路观察思考，对财政投入有了这样一种看法：政府加大财政投入可以推动改革，减少投入甚至不投入也可推动改革。骤然听这看法似乎自相矛盾，若仔细想其实并不矛盾，下面就说说我的思考吧。

先从大家普遍关注的两件事说起：

第一件事，是"僵尸企业"。3年前，习近平总书记提出供给侧结构性改革，指出近期任务是"三去一降一补"，特别强调要加快处置"僵尸企业"。落实"去产能、去库存"，首先当然是要清理"僵尸企业"。起初我的困惑是，国内为何会有大量"僵尸企业"？既然已经资不抵债，而生产又处于停产、半停产状态，这样的企业早应该依法破产，可为何未破产呢？

前年到南方某地市调研，在一次座谈会上我提出了这个问题，当地国资委一位负责人解释说，让企业破产不难，难的是短期内无法安置下岗职工，弄不好会引发职工集体上访。迫于无奈，政府只好给这种半死不活的企业继续输血。我恍然大悟。原来，"僵尸企业"得以存活，是因为背后有财政补贴。当时我就想，要是财政停止输血让企业破产，即便财政为所有下岗职工提供生活保障，花钱也比支撑一个扭亏无望的企业少得多。正是在此意义上，我说财政不投入也是推动改革。

第二件事，是"产学研脱节"。据公开数据，政府科技投入在整个财政预算中占比超过了7%，连续六年科技专利申请平均近百万项，其中获得专利授权的每年有近20万项。可令人遗憾的是，专利成果的市场化率却不足7%，产业化率更低，约5%。问题出在哪里？我曾走访过几家科研院所的专家，虽然他们各自研究领域不同，答案却惊人相似。这答案我之前没想到，读者也未必能想到。

是何答案呢？专家们认为，是现行科技投资体制所致。我国科研院所多如繁星，且大多是事业单位，国家不仅拨课题经费，还给发工资。科研人员衣食无忧，当然不会去关心成果转化。

不妨设想一下，假若财政只对基础理论研究和关系国家安全的重大颠覆性技术研发加大投资，而将民用技术研发交给市场，财政不再资助。如此一来，这类研发机构是否会重视成果转化？当然会重视。这样看，财政"断奶"也是推动改革。

上面说的是两件具体事，由此推及一般，财政到底应在哪些领域加大投入而在哪些领域少投入或不投入呢？理论上讲，财政是否投入，要看政府职能如何定位。经济学认为，市场经济条件下政府职能有四项：保护国家安全、维护社会公正、提供公共品（服务）以及助弱扶贫等。这是说，以上四大领域，财政应该加大投入；而在四大领域之外，财政则应少投入或者不投入。

当然，这只是个理论原则，具体落实到操作层面要复杂得多。比如四大领域具体包括哪些项目，我们就很难一一罗列，而且即便能罗列，人们也难免会有不同的看法。据我所知，前面我说财政不能为"僵尸企业"输血，学界就有人不赞成。有不同观点不要紧，真理会越辩越明。现在要紧的是，要尽快对这一问题展开研究，并把不同观点亮出来，让决策部门参考。

再接着说我的观点。财政投入应该怎样进退？目前我想到的有以下几个方面，不过是一家之言，我姑妄言之，读者姑妄听之吧。

第一个方面是生态环保。毫无疑问，生态环境属公共品，财政应该投入，但财政却不能大包大揽。时下流行的观点认为，环保必须由财政投入。这观点其实不完全对。环境恢复和治理需财政投入，但保护环境应主要靠市场。科斯定理证明，只要政府明确界定产权（如限定排放权），市场会将损害环境的社会成本内化为企业成本。这样财政不用花钱，污染也能控制。否则，全由政府包揽，政府一边治理，企业一边污染，财政投入将是无底洞。

第二个方面是科技创新。财政当然要支持创新，不过对创新也应区别对待。说过多次，基础理论研究成果是公共品，需财政投资；国防军工技术和核心技术创新事关国家安全和国家竞争力，也需财政投资。但民用创新技术不同，其产品是商品，可通过市场取得收益，故此类创新无须财政投资。最近听说有地方用财政资金奖励科技成果转化。莫名其妙，成果既已转让，有市场回报财政何须再奖励？我认为这钱不必花。

第三个方面是扶贫。扶贫助弱政府责无旁贷，但财政扶贫有不同的角度：既可从需求侧投入，也可从供给侧投入。有不少地方官员反映，近几年财政从需求侧扶贫花钱不少，效果却不尽如人意，有的地方甚至出现了争当贫困户的现象。去年夏天我赴西南某市调研，他们通过"三变"（资源变资产、资金变股金、农民变股东）从供给侧扶贫，短短3年带动了30万人脱贫。由此给我们的启示是：需求侧扶贫要精准，财政切莫花钱养懒汉。

最后再作一点说明：我说财政减少投入或不投入也可推动改革，此判断的潜台词是目前财政有些投资超越了政府职能，减少投资或不投资是回归政府职能。政府职能回归是改革；而对原来的投入对象来说，此举则是倒逼改革。

防风险于未然

目前国内债务链呈现双层结构特征,基于此,化解债务链需分开处理;地方政府偿债次序的选择,应该是先民企,再国企,然后是银行;国企偿债次序的选择,则应该是先银行,后民企。

资本是不断增值的价值,而货币是资本的纸制副本,发多了就会贬值,所以,不能将货币与资本混为一谈。事实上,货币并非万能,长远看,货币政策保持稳健方为上策。

自美国1890年颁布《谢尔曼法》后,世界上很多国家也先后颁布了反垄断法,而且矛头大多指向大企业。在很长一个时期,人们认为"竞争"与"垄断"是两种对立状态,其实这是一种误解。

警惕地方债闯祸

二〇一三年十月二十一日

最近中国社科院有专家说，中国地方政府债务已破20万亿元，听来让人震惊！而审计署前几天则公开称此数不实，相关媒体也作了更正。我也不信地方债会有那么多，但认为潜在风险肯定有，若不加管束，可能闯祸不是危言耸听。

我不反对地方发债，缺钱借债无可厚非；但地方举债我认为应该量力而行。据官方消息说：去年重点审计的36个地区，债务率超过100%的就有16个，最高的为188.95%，加上政府所作的担保，债务率达219.57%。怎么会出现这样的局面？所谓债多不愁，难道地方政府当初借债时真的就没想到要还？

令人不解的是，银行不蠢，为何明知地方政府还不起债却还要给贷款呢？对此银行自己的解释是"被逼无奈"。不排除这种可能，之前也确有地方政府给银行施压，扬言不贷款就抽走财政存款。但我个人认为此事绝非像银行说的那么简单。无利不起早,银行一定有自己的考虑,是何考虑暂不讲,容我后面谈。

先说地方债,目前的地方债有三块:一是中央政府代借代还;二是地方自借自还;三是地方政府为"融资平台公司"贷款担保。现在看,风险并不在第一种,中央替地方借债不仅规模可控而且还债有保证,不会出风险;问题是第二、第三种,规模无约束,如脱缰野马一哄而起,结果自是一放不可收。

当然,也并不是说完全没约束,约束还是有的。自古欠债还钱,"还钱"就是约束。可奇怪的是,时下不少地方政府借债似乎不考虑还钱的事,只要能借到,皆来者不拒。之所以如此,原因是"还钱"约束的只是政府,而不是官员。"铁打的营盘流水的官",官员几年一换,不等债务到期人家早就远走高飞了。

说一件我所亲历的事。10年前我在某欠发达地区调研,当地的一位市长告诉我,市政府向国家某商业银行借了30年期的70亿元贷款用于城市改造。我问这么大一笔钱将来怎么还,他说在自己任期内给银行每年付利息就可以了,30年后的事,只有天知道,那时他早已经退休,管不了,也不用管。

一语道破,这正是问题的症结所在。仔细想,那位市长说得没错，为官一任，谁不想造福一方？然而巧妇难为无米之炊，尤其是欠发达地区，财政没钱啥也干不了，岂甘落后？逼不得已，于是政府只好向银行借。有人批评那是地方官员为了追求"政绩"才让政府过度负债，可请问，天下哪有官员不追求政绩的呢？

转谈银行吧。说过了，银行不蠢，银行之所以敢给地方政府过度放贷，除了被逼，我认为另一个重要原因是银行坚信地方政府不会破产。是的，中国不比西方，人家西方联邦制国家，地方政府有可能破产，而中国不会。我们中央政府与地方政府是父子关系，血脉相连，一旦地方出事，中央政府绝不会见死不救。

如此一来，有中央政府做靠山，银行给地方政府贷款风险就几近于零。当然也不是太绝对，实际上，所有贷款都有风险，只是风险大小有不同。而摆明的一点：就政府贷款与企业贷款比，企业只承担有限责任而政府承担无限责任，两害相权，假若你是银行行长你会怎么做？

想多一层，说中央与地方政府是父子关系，中央政府与国有银行又何尝不是？既然大家是一家人，银行把钱借给地方政府，即使将来有啥闪失收不回，中央政府也会兜底。不是吗？当年国企欠银行那么多债，而银行之所以能安然无恙，最后就是有中央政府兜底，将不良贷款拨给了四家"金融资产管理公司"。

问题很清楚,这些年地方债务失控,说来说去原因不过有三:一是地方政府有投资冲动;二是中央财政集中过多而地方财政捉襟见肘;三是银行缺乏风险约束。针对此三点,有学者对症开药:今后地方债只能由中央代发;重新确定中央与地方财政的分配比例;加大国有银行改革力度以强化风险约束。

原则上,以上主张我都赞成,但也有三点疑问:第一,中央替地方发债当然好,问题是中央政府要最后对偿债负责,这样地方政府会不会更加有恃无恐?第二,重新界定中央与地方财政的分配比例做起来很复杂,远水能否解得了近渴?第三,不论银行怎么改,若中央与地方父子关系不变,银行风险怎会变?

在我看来,控制地方债最简便的一招,是约束关键人。具体说是约束地方主官。当下的问题,是"还钱"作为借债的约束只能约束政府而不能约束官员,若能通过某种制度安排约束官员,此事当不难解决。设想一下,假若让地方主官对当地政府欠债负责,比如规定债务率超100%不得升迁,地方断不会再乱借债。

研究经济学数十年,有个看法我始终坚持,即约束政府必须先约束官员。政府由官员掌控,官员不受约束政府行为规范不了。类似例子是银行。20世纪末国内银行坏账率高得离谱,而央行推出"贷款终身负责制"后效果立竿见影。

尽管今天人们对此还有不同看法，但"责任到人"的制度设计理念我认为没有错。

敢问一句：银行可以做到的事，何不让地方政府也做到？

债务风险的警戒线

二〇二一年七月十四日

我曾多次说过,债务问题并不只是经济问题,若管控不当,一旦出现债务风险不仅会引发社会震荡,甚至可能演化成政治问题。事实上,中央高度重视债务风险管控,学界这方面的研究成果也不少。我写这篇文章,是要对管控债务风险的警戒线作分析。债务分企业债务与政府债务,考虑行文方便,让我分别讨论。

先讨论企业债务。目前国内的企业债,主要来自银行贷款。众所周知,银行作为融资中介机构,自有资金仅8%,所用信贷资金大多是储户存款。也正因如此,银行要把信贷安全放在首位。为规避风险,通常要求贷款企业有对应的资产抵押,其资产负债率不得超过50%。时至今日,此指标已成为银行普遍公认的风险警戒线。

对企业负债率为何不能高于50%,当年读大学时教科书作这样的解释:企业总资产=负债+权益资产(自有资产);

资产负债率=负债/总资产。一个企业资产负债率达到50%，表明该企业负债等于自有资产。当企业不能还贷时可用自有资产抵债，银行无风险；若负债率高于50%，表明该企业资不抵债，银行放贷则有风险。

听上去，以上解释无懈可击，而我之前对此也深信不疑。1991年从人民大学毕业后到中央党校任教，为党政干部授课，需常去企业作调研，在调研过程中我发现一个现象：有的企业负债率高达60%，并未出现还贷困难；而另有一些企业，资产负债率不到30%却还不起贷款。此为何故？这现象引起了我对信贷警戒线的反思。

自己思考了很多年，现在得出的答案是，企业资产不能从账面看，而应从资产的市场价值看。我的理由简单，企业账面资产是个存量，而资产的市场价值却是个流量。经济学的资产定价原理说：资产的市场价值=该资产的年收益/银行年利率。而根据此公式可以推定，若资产的年收益不同，等量资产的市场价值也会不同。

举个例子解释。有甲、乙两家企业，账面资产相等，皆为1000万元，但它们的资产年收益不同：甲企业资产的年收益为80万元，乙企业资产的年收益为40万元。假定银行存款年利率为5%，那么按照上面资产定价公式计算，甲企业资产的市场价值（80万元/5%）为1600万元，而乙企业资产的市场价值（40万元/5%）为800万元。

显然，按账面资产计算与按市场价值计算，负债率会大不相同。仍用上面的例子。假定甲企业负债550万元，账面资产负债率（550万元/1000万元×100%）为55%；乙企业负债450万元，账面资产负债率（450万元/1000万元×100%）为45%。若按资产的市场价值计算，甲企业的负债率（550万元/1600万元×100%）为34%，而乙企业的负债率（450万元/800万元×100%）为56%。如此一来，乙的负债率反而高于甲。

从这个角度，我们就不难理解为何有些企业负债率高于50%没有风险，而有些负债率低于50%的企业却出现了偿债困难。原因在于，上面的负债率是账面资产负债率。由此见，将"账面资产负债率不得高于50%"作为警戒线并不可取。我的观点：银行贷款的警戒线，应是企业资产收益率不低于银行利率。因为资产收益率低于利率，表明企业资产缩水，偿债风险加大。

回头再讨论政府债务。国际上通行的说法：政府举债的警戒线，是预算赤字不能高于GDP的3%。为何是3%？学界尚无论证，是经验数据。可经验数据未必就是规律。从证伪的角度讲，只要有一个国家的赤字率超过3%而未发生债务危机，此说法就被推翻。现实中这样的例子很多。2014年，美国赤字率为4.1%，英国为5.7%，日本为8.8%，可这些国家皆未出现偿债危机。

是的，确定政府举债规模，不能单看经验数据，而应分析相关变量的逻辑关系。笔者以为，下面三组变量需重点研究。

第一组变量：国债与税收。"巴罗—李嘉图等价定理"明确讲，政府今天的国债等于企业明天的税负。该定理的逻辑是，政府发行国债，大多是用于基础设施投资，而基础设施投资不直接产生利润，偿还国债最终只能靠企业纳税。所以李嘉图和巴罗认为，政府扩大发债其实就是加税。

第二组变量：税率与税收。国债规模越大，政府还债就得征收更多的税。而"拉弗曲线"却说，税率存在最佳均衡点。当税率低于最佳均衡点时，提高税率能增加政府税收；若税率高过最佳均衡点，提高税率反而会减少税收。这是说，政府能收多少税，并不仅仅取决于税率的高低，更大程度上取决于企业的经营状况。

第三组变量：政府投资与企业投资。经济学家已经证明，政府发行国债对企业投资存在挤出效应。理由是，政府国债的最大买家是银行，当信贷资源一定时，国债规模越大，银行给企业的贷款就会越少。而企业作为重要的纳税人，投资减少，政府税收当然会减少。

通过对上面三组变量的分析，我们可得出这样的结论：国债（预算赤字）规模应该由税收决定，而不能反过来，政府收多少税由国债规模决定。如果说得更明确些，政府每年还本付息的（债务）额度，不得大于当年新增税收。可以肯定，政府只要遵循此原则，举债就不会有风险，也不会为了偿债而加重企业税负。

再顺便多说一句，经济学者可以依据经验事实提炼规律，但是要知道，从经验事实中提炼的规律是"定律"而不是"定理"。"定律"要受时空条件的约束。时空条件改变后，定律就有可能失灵。因此我们在确定债务规模时，大可不必迷信经验数据而作茧自缚。

解开债务链的两个选择

二〇二三年二月十五日

当前国内债务问题盘根错节，剪不断，理还乱，令人头痛。一方面，地方政府欠银行与企业的债，而企业又欠银行的债；另一方面，某些国企既欠银行的债，也欠民企的债，而且民企间也相互欠债。于是在地方政府、企业、银行之间形成了双层"债务链"。

欠债还钱，天经地义。然而，困难在于当下某些地方政府财政捉襟见肘，要想短期还清债务有心无力。可若地方政府和国企不能还欠民企的债，民企就无法如期归还银行贷款。这问题要是久拖不决，不仅会影响民企的生存发展，甚至可能酿成银行系统的风险。

绝非危言耸听。最近我赴南方调研，听一位民营企业主抱怨，春节前都不敢接电话。我问何故，他说怕人催债。我问为何欠债不还，他回答西部某县政府欠他3000万元，年底只还了100万元，他也没钱归还欠别人的债。

另有一位同乡告诉我：他所在的一家民营企业，前些年经营业绩本来不错，可由于地方政府一直欠债未还，去年夏天资金链终于断裂。迫不得已，公司只好大量裁员，年底已基本处于"躺平"状态。今年能否正常开工，尚在等米下锅，若欠债仍收不回，结果将可想而知。

这种相互欠债的现象，其实20年前也曾出现过，人们称之为"三角债"。不过，当年清理"三角债"目的是剥离银行系统的不良资产，防止发生金融风险。国务院采用的办法是"债转股"，具体讲，国家先成立了4家金融资产管理公司，将银行不良资产折价作股装进这四家公司，然后由其逐步消化盘活。

应当说，此举同时救了银行和企业，堪称神来之笔。2009年，欧洲爆发主权债务危机。2011年和2012年，我先后赴意大利和美国参加"中美欧论坛"。会间，欧洲国家代表希望我介绍中国"债转股"的经验，我作了介绍，可国情不同，中国的经验他们无法仿效。

如今想来，"债转股"不仅不适应于西方国家，恐怕也不能用来解决当下国内的债务难题。要知道，当年银行的呆坏账率高，是企业拖累了银行；而今天却是地方政府债台高筑，拖累了企业和银行。债务链形成的原因不同，化解的办法当然不能照葫芦画瓢，沿用老办法。

是的，成功的经验不可能一劳永逸。时过境迁，面对变化了的新情况，需要有新的办法应对。用什么办法呢？我的看法：针对目前存在的双层债务链，应寻找到一种新的"解链"思路。问题是这样的思路如何寻找，我写这篇文章，就是要对这个问题进行讨论。

目前国内存在两层"债务链"：第一层，地方政府欠银行与企业的债，企业欠银行的债；第二层，国有企业欠银行与民营企业的债，而民营企业间也相互欠债。显然，第一层属于地方政府与企业（银行）的债权债务，第二层属于企业与企业之间的债权债务。

现在要研究的是，怎样解开这种双层债务链？近段时间我一直在思考，思来想去，我认为总的原则是要根据两种不同的债务链对症下药，分开处理。下面就说说我的观点，当然是一孔之见，不见得对，权当和读者讨论交流吧。

先分析第一层。显而易见，第一层债务链的源头是地方政府。想问读者，假若地方政府手里有一笔钱可用于还债，你认为应先还银行还是先还企业？也许有人主张先还银行，而我却认为应先还企业。何故？因为先还企业的债，可最大化地避免债务导致的风险。

别误会，不是说欠银行的钱可以不还，而是缓还。理由是地方政府承担无限责任，不会破产。对银行来说，地方政府欠债缓还不存在风险，相当于为地方政府贷款办了展期。假若欠企业（特别是民企）的债不还，企业资金链会中断，再生产难以为继，则有可能导致企业破产。

企业一旦破产，必造成两方面的后果：一方面是员工下岗，加大社会的就业压力；另一方面是企业不能归还银行贷款，增加银行呆坏账，加大银行风险。两害相较取其轻，所以在地方政府财力不足的情况下，针对还债的次序，应将企业放在银行的前面，而且将民企放在国企的前面。

再分析第二层"债务链"。化解国企与银行、民企间的"债务链"，同样也面临选择，国企应先还银行还是还民企的债？我的观点是先偿还银行贷款。事实上，国企也会做这样的选择。原因很简单，国企欠银行的钱若不按期归还，失信于银行，日后将难以从银行取得贷款。

国企会这样考虑，而从银行角度看，在银行眼里，国企不同于地方政府，承担的是有限责任，存在破产风险，故银行绝不会放任国企拖欠贷款。何况银行对国企资金流转了如指掌。要是发现企业有赖账不还的意图，银行必会先发制人，确保自己信贷资产的安全。

再往深处想，让国企先还银行贷款，我认为还有一个理由。众所周知，银行信贷资金主要来自储户存款，若企业不及时归还银行贷款，银行呆坏账率升高，危及的就不单是银行，而是千千万万的储户（家庭）。这样看，银行倒闭的破坏力，比某个企业倒闭不知要大多少倍。

让我总结本文要点：第一，目前国内"债务链"呈现双层结构特征，基于此，化解债务需分开处理；第二，地方政府偿债次序的选择，应该是先民企，再国企，然后是银行；第三，国企偿债次序的选择，则应该是先银行，后民企。读者同意我的观点吗？

何以化解地方债

二〇二三年六月十五日

年前很多人担心今年二季度会通胀,可央行上月公布的数据:5月末货币M2同比增长11.6%,而CPI环比却下降0.2%;PPI环比下降0.9%,同比下降4.6%。货币供应增加而物价不涨反降,究竟发生了什么事?难道国内真的出现了通缩?

我不赞成已经通缩的判断。国际经验表明,判断一个经济体是否出现通缩,有三个观察指标:一是连续半年货币供应紧缩;二是两个季度以上经济负增长;三是社会整体物价持续三个月为负。事实上,这三种情况国内皆不存在,故认定目前已出现通缩不成立。

令人不解的是,央行不断增加货币供应,物价为何回落?人们往往会想到货币政策的"时滞"。当年美国经济学家弗里德曼研究发现,货币政策只有在经历两个"时滞期"才对经济产生影响。首先,货币供应变化需在6—9个月后才引起名义收入变化；而名义收入变化后，要再过6—9个月价格才会变化。这是说，货币政策需要一年到一年半才能见效。

然而我的疑问是，去年我国货币供应（M2）增加了28万亿，增长率为11.8%，而且迄今已经有一年半时间，物价为何还下跌呢？用"时滞期"解释显然缺乏说服力。在我看来，真正原因是货币在金融体系内循环，未能转化为市场需求。

对此，我们可从两个角度看：从固定资产投资看，5月份整体投资同比增速从3.9%降至2.2%；而年初至今，投资同比增速放缓至4.0%，环比为-0.25%，民间投资从0.9%下降到0.6%。由于投资需求萎缩，到5月底，50种生产资料价格环比平均下降了2%，同比平均下跌了19.4%。

从居民消费看，5月份，国内CPI环比下降0.2%，涨幅比上月缩小0.1个百分点。总体上，我国居民消费价格指数环比在1月份、2月份波动幅度较大，3月份、4月份逐步上升，5月份又下降；从2023年1月起，同比则一直呈下降趋势。消费品价格走低，说明居民消费需求不足。

关于消费需求不足，我还有一个例证。据有关部门预测，今年"五一"假期出游人次将超过2.6亿，旅游收入会达到2000亿元以上。结果呢？实际出游人次约2.3亿；旅游收入也远低于预期，仅1132.3亿元，按5天假期算，每人平均消费500元，平均每天消费100元。

需要追问的是，新增加货币为何未能转化为市场需求？也可从两个角度分析。

从货币供给看，央行增加货币供应，当然是为了扩大投资与消费需求，并以此稳增长、稳就业。可商业银行是经营货币存贷的市场主体（企业），虽然希望赚取存贷利差，但首先得考虑信贷安全。若觉得贷款有风险，有可能收不回本金，银行宁肯不赚存贷利差，也不会贸然发放贷款。

从货币需求看，目前确有不少企业，特别是中小企业在等米下锅，急需向银行借钱，可问题在于，由于地方政府欠企业的债未还，企业也无法归还前期银行贷款。而之前的贷款没还上，银行为规避风险，防患于未然，自然不会再给此类企业贷款。

另外还有一类企业，它们虽然不欠银行贷款，可由于市场需求疲软，他们并不打算扩产，甚至想缩小生产规模。此类企业不仅不会从银行借钱，相反为减轻利息负担，还纷纷提前归还贷款。事实上，自去年下半年以来，提前还贷的企业为数不少。

央行当然也看到了这一点，于是继去年三次降息之后，6月13日、15日，又将常备借贷便利（SLF）利率与中期借贷便利（MLF）利率分别下调了10个基点。此举无疑可降低企业融资成本，但最终效果怎样尚待观察。不过可以肯定的是，仅此一招，恐怕不足以破解企业当前的困局。

当前企业遇到的麻烦，主要有三方面：一是人们对民企有偏见。习近平总书记多次讲，民营企业是自己人。可有些地方官员仍不愿走近民企，更不会为民企排忧解难。二是债务链相互掣肘，让部分企业陷入了进退两难境地。三是"需求收缩"尚未得到根本扭转，大多企业家对市场前景未形成稳定预期。

由此见，要破解企业目前面临的困局，当务之急并不是加大货币供应。近两年，我国货币供应增速已大大高于经济增长率，银行不缺流动性。现在的问题，是怎样将新增货币转化为投资与消费贷款。不然货币总在金融系统内打转，不进入市场，货币再多也于事无补。

前面我说过，时下银行不给某些企业贷款，原因是企业未归还到期贷款。而企业出现债务违约，则是地方政府欠债未还。解铃还须系铃人，关键还在地方政府。前不久我赴南方调研，有位民营企业家提问：如果真把民企当自己人，现在民企有难，地方政府能否将欠企业的债还上？

我明白这位企业家的意思。把民企当自己人，地方政府不能只在嘴上说，而应落实到行动上。对他的提问，当时有位县长回应：欠债还钱，天经地义，可是经过三年疫情，地方财政捉襟见肘，连维持运转都不容易，哪有钱还债呢？

这位县长讲的也是实情。据我所知，有些发达地区公务员也在降薪。现在的问题是大家都难,怎么办?思来想去,可选的办法真的不多,而我想到的是用新债换旧债。截至5月底,地方政府新增债发行规模(含专项债与一般债)达到2.2万亿元。其中的一般债应优先用于偿还对企业的欠债。

我主张用新债还旧债,理由是只要地方政府能还企业的债,企业便有钱归还银行贷款,如此,则可满盘皆活。要知道,保企业就是保就业、保税收,对地方政府来说,一举两得,何乐而不为呢!

货币并非多多益善

二〇二三年四月十一日

研究经济学数十年，我从未见过有哪位经济学家否认货币的作用。当年读马克思的《资本论》，其中关于"货币作用"的名言，我至今能背得出。马克思说，在社会资本再生产中，货币"表现为发动整个过程的第一推动力"，并指出，对每一个新开办的企业来说，货币是"第一推动力和持续的动力"。

货币作为商品的一般等价物，具有价值尺度、流通手段、支付手段、贮藏手段、世界货币等五大职能。事实上，在现代市场经济体制下，一切商品交换皆离不开货币，在经济生活中，货币确实起到了举足轻重的作用，这大概也是西方国家每次遇到经济衰退时，皆要用扩张性货币政策刺激经济的原因。

往前追溯。20世纪30年代，西方世界发生经济大萧条。1936年，凯恩斯出版了《就业、利息和货币通论》，他所开出的药方，是国家干预经济，即用扩张性财政政策与货币政策投资公共工程。此主张一度成为欧美国家的国策，凯恩斯也因此被誉为"战后经济繁荣之父"。然而到了20世纪70年代，西方却普遍陷入滞胀。凯恩斯的理论遭到千夫所指，四面楚歌。

2007年，美国又发生了次贷危机。面对大规模失业，奥巴马政府再次采用凯恩斯理论，一方面推行赤字预算（发国债）；另一方面实施量化宽松的货币政策。可遗憾的是，奥巴马执政时期美国经济并无明显起色；特朗普上台后，改用供给学派主张，大手减税，并将公司所得税率从35%降至21%，美国经济才有所恢复。

再看中国，2008年，受美国次贷危机的冲击，国内不少中小企业停产歇业，当时有近2000万农民工提前下岗返乡。为了稳企业保就业，同年11月，国务院推出了四万亿扩需计划，重点投资铁路、公路、机场等基础设施。现在看，四万亿扩需计划对缓解次贷危机冲击，效果立竿见影，但同时也让我们进入了漫长的"前期政策消化期"。

从上面的例子可以看出，货币既能推动经济发展，但也有副作用，甚至可能闯祸。若站在企业的角度看，这样讲似乎不太好理解。对单个企业来说，货币作为商品的固定等价物，手里的货币越多，调动资源的能力就越强，货币当然越多越好。也正是从这个意义上，货币确实是企业的第一推动力和持续动力。

但若从宏观角度看，货币并非多多益善。何以见得？对此需要我们理解"货币"与"资本"的区别。经济学讲得清楚，资本是不断增值的价值，其"实物形态"是各种生产要素（商品）；"价值形态"则为一定数量的货币。这是说，货币本身并非资本，特别是当金银货币退出流通后，货币只是资本的纸制副本。

是的，货币与资本不是一回事。若读者不信，可以去读《资本论》，你会发现马克思说"货币是第一推动力"，这里的"货币"其实是指"货币资本"，而不是指纸币（钱）。当一国发行的货币等于商品流通所需要的货币量时，货币是资本。若货币超发，不仅不会增加资本，反而会导致货币贬值、引发通胀。

让我举个例子解释。根据货币流通公式：流通中所需要的货币量=一定时期社会商品价格总额/同名货币流通速度。假定商品价格总额为50万亿元，货币流通速度5次/年，则流通中所需要的货币量为10万亿元。假定央行发行了12万亿元的货币，这多发的2万亿元则没有对应的商品，就只是钱，而不是资本。

读者看明白没有？资本是不断增值的价值，而纸币发多了会贬值，所以不能将货币与资本混为一谈。准确地讲，货币若要对经济发展起到推动作用，至少应具备以下三大前提。

前提一：货币供求要保持总量平衡。在金银货币流通的前提下，货币是推动经济增长的动力；而当纸币替代金银货币流通后，若货币供给大于需求，必然导致通胀。一旦出现这种情况，则弊大于利；若通胀率过高，会给经济带来灾难性后果。

前提二：商品供求要同时保持总量与结构平衡。经济发展史表明，货币是中性的，货币调节属于总量调节，解决不了结构问题。当商品供给短缺时，增加货币投放只会拉动价格上涨；而当商品供给过剩时，多发货币也只会火上浇油，加剧生产过剩与结构失衡。

前提三：货币资源的分配应由市场起决定作用。有两个重点：一是要尊重市场"等价交换"规则，政府不能管价格；二是要放开市场利率。对某些需要扶持的企业，政府可用财政贴息的办法予以支持，不可用行政手段控制利率。只有让市场化利率引导资金流动，才能将好钢用在刀刃上，提高资金的配置效率。

回到中国的现实，我有三点建议：第一，在当前经济下行压力较大的背景下，财政政策可靠前发力，重点减税；但货币政策则应继续保持稳健，绝不可"大水漫灌"。第二，为了保就业与民生，应把扩内需与调结构结合起来，坚持从供给侧发力扩内需。第三，应重视GDP增速，但不必纠结速度指标，要保持定力，坚持速度服从质量，把高质量发展放在首位。

最后我再强调一遍：货币（特别是纸币）未必就是资本，而且货币也并非万能。长远看，货币政策保持稳健方为上策。

谁是通胀的推手

二〇一一年十一月十二日

这里先声明，我作此文并非秋后算账，更无意主张追究谁的责任。本文的重点，是要对通胀的发生机理做分析。最近消费物价连续3个月下行，人心趋稳，这时候讨论通胀适逢其时，若能把通胀的真实原因弄清楚，不仅可校正视听，还可避免当下某些错误观点被以讹传讹，再误导政府今后的决策。

中国近两年出现通胀，有关专家称是由农产品涨价推动的，其理由言之凿凿：一是农产品涨价先于工业品涨价；二是农产品的价格涨幅也明显高于工业品。不否认，以上说的皆是事实，而且也有数据支持。然而尽管如此，却不能证明通胀就是由农产品涨价推动的判断。在我看来，这些"事实"不过是通胀的表现而非原因，就像人感冒了会咳嗽，但咳嗽并不是感冒的原因，不可倒果为因，混为一谈。

我曾多次说过，通胀只可能由需求拉动。可今天人们为何仍然相信农产品涨价能推动通胀呢？我想，这恐怕与教科书讲"成本可推动通胀"有关。农业作为上游产业，农产品涨价会推高工业产品的成本，成本增加，工业品也势必涨价；价格普涨，于是货币贬值，通胀就出现了。骤然听，这分析似乎在理，但细想却未必对。其实，讨论价格决定有两个分析框架：一是成本决定价格；二是需求决定价格。

举个例子。某食品加工企业生产月饼，如果农产品（月饼原料）涨价，生产月饼的成本会增加，生产成本增加后月饼会否涨价呢？经济学的回答：若月饼供不应求价格当然会涨，因为供应短缺，价格涨了也有人买；反之，若月饼供过于求，成本增加价格却涨不了。想想看，月饼本来就过剩，若再涨价你卖给谁？有个大家熟知的现象，每年中秋节后月饼会立即大减价，为什么？是成本下降了吗？不是。月饼的成本没变，是需求减少了。

由此见，如若商品过剩，价格是由需求定而不由成本定，也正是在这个意义上，所以弗里德曼讲"通胀始终是货币现象"。这是说，如果一个国家经济过剩，而这个国家又同时发生了通胀，那么唯一的可能就是央行多发了钞票，舍此不会有别的原因。换句话讲，只要央行能管住货币发行，不仅成本不可能推动通胀，物价结构性上涨也不可能演变为通胀。

让我用个简化的例子解释吧。假定一个国家一年只生产两种产品：1吨大米与1台冰箱，1吨大米价格为2000元，1台冰箱价格为1000元。而该国央行当年投放的货币也正好是3000元，这样总供给等于总需求，通胀当然不会有。即使物价出现结构性上涨，比如1吨大米从2000元涨到了2500元，通胀也无从发生。因为受货币供应（3000元）约束，1吨大米涨500元，冰箱就得降500元，否则冰箱不降价就只能压库。

可现在奇怪的事情发生了，1吨大米涨价500元，而冰箱的价格却不降反升，涨了200元。何以如此？若照前面专家的说法，是农产品（大米）涨价推动了工业品（冰箱）涨价。这说法可信吗？怎么可能！如果不是央行背后悄悄多发了700元的货币，大米涨价后冰箱价格怎会涨得了？所以我的观点：通胀的推手只能是央行，除了央行谁也没有这样的能量。

这样讲绝无指责央行的意思，多发货币，央行往往有苦衷，同时也是不得已的选择。而我想说的是，不管央行是以何理由发多了货币，都不可移花接木，把通胀归结到农产品涨价上。不然大家都这么说，久而久之政府信以为真，就会去打压农产品价格。这样，板子打错了地方，不仅通胀治不了，到头来还会弄巧成拙，令农产品涨价的压力越来越大。

有前车之鉴。上一轮（2007年）国内物价上涨，就曾有人说是肉禽产品推动，于是政府便出手限制肉价。其实，当年肉价上涨,是因为国际饲料市场价格上涨后农民不愿养猪,而猪肉供不应求价格才涨,这本不必大惊小怪,只要政府不管,肉价放开,供应多了价格自会回落。可结果呢?由于政府管制了肉价,农民更不肯养猪,致使肉价上涨,火上加碳。最后没办法,政府只好一手限价格,一手发补贴,甚至还闹出为母猪上保险的笑话。

无独有偶,另一个例子是粮价。有个问题我之前一直弄不懂,中国13亿多人口,18亿亩耕地,人均一亩多地怎会缺粮食?几年前回老家才知现在耕地撂荒有多严重。当年我在乡下种地时,水稻一年种两季(早稻、晚稻),而现在统统改种一季,耕地等于变相撂荒了一半。问原因,乡亲们说粮价太低,种粮不划算。既如此,政府何不放开粮价呢?原来,政府也是担心粮价上涨推动通胀。

写到这里,读者应该明白我为何要反对"农产品推动通胀说"。这些年,只要国内一出现通胀,人们就把原因归罪于农产品,明明是央行闯的祸,但板子每次都打在农民身上,代人受过,对农民实在不公平。我们天天讲要增加农民收入,可农产品一涨价就大打出手,岂不是叶公好龙?当然,也许有人说农产品涨价会伤及城市低收入者。不错,低收入者应该照顾,政府可以给他们补贴而不必牺牲农民利益呀。

所以我要大声说:通胀只会由央行推动,"农产品推动通胀说"可以休矣!

当心通胀卷土重来

二〇〇九年九月二十二日

大约四个月前,学界就曾有人提出要防通胀,而我却在多个场合表达过不同意见。我并非固执己见,也非未来没有出现通胀的可能,而是那时国内经济刚企稳,我认为"防胀"不是当时的重点。看上半年的物价数据,CPI(1月份除外)与PPI双双为负,"同比""环比"皆如是。形势并不妙,我担心操之过急会令通货紧缩,政府扩需的效果会因此前功尽弃。

然而现在几个月过去,转眼到了9月底,正所谓此一时彼一时也。就在不久前举行的大连达沃斯论坛上,我注意到温家宝总理的讲话。一方面,他强调宏观政策要保持稳定,但又指出要警惕和防范通胀风险。虽寥寥数语,却是重要的政策信号,表明决策层已预感到通胀压力。本来也是,年初央行计划全年新增贷款5万亿元,可上半年贷款达7.4万亿元,年底将突破10万亿元,这么多钱放了出去,怎会不拉高日后物价呢？

　　经济学说过，通胀始终是货币现象。若反过来理解，则是说防通胀其实只需一招：收紧银根。可难题在于，央行并不知道何时收银根才对，而且力度也不好掌握。有前车之鉴：20世纪80年代中期，当时政府为促进商品流通而扩大信贷，想不到1988年却酿成了一场全国性的抢购潮。无奈之下，中央只好急刹车，可一脚踩下去，到1991年经济却又跌入低谷。1992年经济重新启动，但很快又出现过热，物价指数迅速超过20%。

　　1993年再次紧缩，到1996年见效，这次不仅通胀得到了遏制，而且经济增长仍达10%。于是很多人以为宏观经济"软着陆"了。然而好景不长，人们很快发现需求不足悄然降临，企业效益迅速下滑，失业急剧增加。令人懊恼的是，正当我们调整政策试图再将经济拉起的时候，祸不单行，迎面却撞上了亚洲金融危机，1998年遭遇特大洪水。尽管中央采取一系列措施予以弥补，但萧条还是终成定局。

　　由此见，中国经济的确存在这样一个"冷热循环"的怪圈。何以如此？有人试图用经济周期来解释，但问深一层，经济为何会有周期？对此，我倒觉得弗里德曼的解释更有说服力。弗里德曼早年曾研究过多国的货币资料，结果他发现一国货币供应量的增减，并不能马上表现为物价变化，中间的"滞后期"大约为12—18个月。正由于有"滞后期"，所以政府在用货币政策调节经济时往往会做过头，要么刺激过度，要么紧缩过度。

问题就在这里。虽然推断通胀到来的时间并不难，但因为有"滞后期"，我们很难找准紧缩银根的最佳时机。比如从去年11月政府启动扩内需，至今差不多已有10个月，其间中央财政新发债9500亿元（含地方债2000亿元），增加贷款8万亿元，若按弗里德曼说的"滞后期"推算，物价上涨就应该在今年底，最迟也在明年7月。未雨绸缪，央行按理说眼下就应该着手收紧银根，可看上月的数据：CPI仍为-1.2%，PPI为-7.4%，在这样的情况下，谁敢保证收紧银根不会令物价继续大跌呢？

政府目前举棋不定，原因也许就在于此。所以央行最近多次表态：适度宽松的货币政策不会变。作这样的表态，可以说用心良苦，目的无疑是稳定军心。不过表态归表态，若从经济学逻辑看，宽松的货币政策不可能长期不变。容易想到，一旦物价开始回涨，央行怎可能无动于衷？要知道，物价上涨有惯性，若是放任不管，等通胀真的到来政府怕是措手不及。有过多次教训，我想政府这次绝不会再让自己被动的。

很明显，目前政府的处境确实很尴尬：一方面，要保增长不敢轻易收紧银根；另一方面，要防通胀又不得不收紧银根。左右为难怎么办？天下能有两全之策吗？当然有。我曾多次撰文推介过弗里德曼的"单一规则"货币政策。弗里德曼说，调节经济，央行不必频繁动用货币政策工具（利率、准备金率与公开市场业务），而只需在确定货币供应时盯着两个指标：一是经济增长率，二是劳动力增长率。把货币增长控制在两者之和的范围内，除此之外，其他统统不要管。

弗氏的"单一规则"一直受到学界推崇，原因绝不仅仅是他是货币理论大师，重要的是此规则曾在美、英等国试验过，而且结果证明行之有效。既如此，中国经济要跳出"冷热循环"的怪圈，有现成的理论何不借鉴一下？比如按弗里德曼的"单一规则"，今后我国经济增长率若为8%，劳动力增长率为5%，那么，货币供应增长率就应控制在13%左右。可以肯定，只要央行守住此防线，我们既可免通胀之忧，经济也不会出现大幅波动。

令人不解的是，央行作为掌控货币政策的专业机构，藏龙卧虎，而且懂得弗里德曼的专家无数，可不知何故他们却很少提及"单一规则"货币政策，是认为此规则不可行还是另有难言之隐？我不敢猜，也猜不着。问题是，通胀正在向我们逼近，刻不容缓，央行迟早得拿出办法来。这里斗胆说一句，假若"单一规则"不被采用，那么明年二季度必有"紧缩政策"出台。

读者信我吗？不信我们等着瞧。

商业保险与社会保险

二〇二二年十一月五日

每个人要面对生老病死或天灾人祸,也都希望规避风险损失,于是"保险业"应运而生。保险作为风险管理的工具,并不能阻止风险的发生,但却可以分摊风险发生后的损失。说得直白些:保险是利用多数人缴纳的保费建立保险基金,当少数人发生风险时,由所有参保人共同分担损失的一种机制。

从承办主体看,保险可分为商业保险与社会保险。顾名思义,前者由市场主体(保险公司)提供,后者由政府主导。我写这篇文章,是想重点讨论两个问题:第一,从历史上看,商业保险早于社会保险出现,可为何有了商业保险还要有社会保险?第二,社会保险的"功能"如何定位?保费率高低怎样确定?

人类最早的保险,可以追溯到公元前2000年。那时在地中海运输货物的商人,每当遇到海难时,为避免船毁人亡，通常会将部分货物抛入海中，而由此形成的损失，则由相关利益方共同分摊。现在回头看，这种"共同海损分摊"的做法，是商业保险的雏形，也为后来商业保险的发展奠定了理论基础。

据文献记载，第一份真正的商业保单，出现于1347年10月。事情是这样的：意大利商船"圣·科勒拉"号要运送一批货物到马乔卡，航程虽然不远，却极有可能遇到飓风。船长不想冒险，于是找到了勒克维伦，两人约定，船长先放一笔钱在勒克维伦手里，若6个月内货船能顺利抵达目的地，这笔钱就归勒克维伦。否则，勒克维伦将承担货物的损失。

在上面的例子中，船长的那笔钱其实就是"保费"，而勒克维伦则是保险的提供者。也是从那时候起，商业保险迅速发展起来。1435年，西班牙巴塞罗那率先颁布了"海上保险法典"；1556年，颁布了保险经纪人法令；1563年，对保单格式作了明确规定。自此，商业保险成了市场避险的普遍方式。

相对于商业保险，社会保险要晚200多年。社会保险最初起源于英国，直接原因是"圈地运动"后大批农民丧失了土地，成为失业贫民。为了对付农民反抗，英国政府用酷刑镇压，同时也采取救济措施。1601年，英国政府颁布了《济贫法》，规定各地教区要征收"济贫税"，凡是在教区居住一定年限并从事过劳动的失业者，皆可领取救济金。

20世纪30年代，西方世界发生大萧条。由于大规模失业，社会动荡不安，1935年8月，美国颁布了《社会保障法》，规定为老人、残疾人、未成年人、失业者等提供救济金，并为妇女保健、公共卫生等提供补助。同时，政府还建立了社会保障局，专门负责社会保障事宜。1967年，对《社会保障法》作了修订，社保制度得以进一步完善。

以上是保险业的发展简史，现在让我们回到第一个问题：既然商业保险出现在先，为何还会出现社会保险？或者问：为何商业保险机构不提供失业保险、养老保险等，而要由政府提供？读者不要以为这是个简单问题，其实并不简单，不仅关系到商业保险的发展，而且还关系到社会保险的功能定位。

从理论上讲，社会保险与商业保险的关系，背后是政府与市场的关系。市场能提供的保险，当然可以交给市场；若市场不能提供，政府就应发挥作用。问题是，商业机构能提供哪些保险呢？经济学认为，商业保险机构选择险种的前提有三：社会平均出险概率可以确定；个体出险概率存在差异；投保人不能左右出险概率。

理由简单：若平均出险概率不能确定，保险机构将无法设定保费率，定低了保险机构会亏损，定高了投保人不接受。若每个人出险的概率完全相同，保险机构就无法用多数人的保费赔偿少数人损失。再有，若投保人能左右出险概率，防止骗保的成本过高，保险机构岂不是稳赔？

据此分析，也就不难理解为何需要社会保险了。比如养老保险，虽然全社会平均退休率可以确定，可人们到了法定退休年龄都得退休，个体退休概率没有差异。失业保险呢？每个人失业概率虽有差异，可失业概率自己可以左右（如自愿失业），也正因为如此，商业机构通常不会为养老、失业提供保险。

商业机构不提供保险，就只能由政府提供。从这个角度看，社会保险是对商业保险的补充，也是弥补市场失灵。更准确地讲，社会保险的实质是"社会补贴"，属于社会保障。以国内"五险一金"为例，职工个人虽需出钱，但大头则是由用人单位（企业或政府）出。这样就带出另一个问题：社会保险的缴费率怎么确定？

我对这个问题的思考，始于2016年。2015年4月，国务院常务会议提出，自2016年5月1日起两年内，对住房公积金缴存比例高于12%的一律调整，阶段性地降低其缴存比例。2017年又进一步提出，适当降低"五险一金"等人工成本，允许失业保险总费率为1.5%的地区，将总费率阶段性降至1%，同时将养老保险费率降至19%。2019年养老保险费率又降至16%。事实上，这几项调整今天仍在执行。

国务院推出上述政策之初，曾有不少人担心，降低失业保险费率会降低参保人员的待遇。对此，人社部失业保险司负责人回应说:"降低保费率是在确定保险基金运行平稳的基础上作出的决策，不会影响保险金发放和逐步提高。"事实证明的确如此。你知道为什么吗？

经济学的解释：企业承担的社保缴费率，客观上有一个最高点，若超过最高点，会过度推高企业成本，抑制企业生产。相反，若适当调低保费率，可降低企业成本、扩大生产。从动态看，企业利润增加，职工工资也会增加。如此，即便缴费率降低，社保费未必会减少。

据此分析，社保缴费率并非越高越好，也不是越低越好。读者可以想想"拉弗曲线"，降费与减税的道理相通。总的原则：企业承担社保缴费不能影响正常生产，否则企业不堪重负，会得不偿失。我想这才是政府适当降低保费率的重要原因吧。

存款保险不是杞人忧天

二〇〇七年十一月十二日

要是在前些年,如果我说需为储户存款上保险,很多人会认为我讲疯话。把钱存在银行里,既防盗,又生息,比揣在兜里还安全,要上哪门子保险?国家开的银行,还能赖你的账不成?

现在不同了,银行开得多了,出事的也多了,很多地方都发生过支付危机,银行、信用社关门倒闭的也不少。老百姓从自己或别人的教训中咂摸出点味道,对存款保险多少有些理解,而且有了这方面的需求。

说到底,银行是靠信心维系的。你存了钱,银行并不是把钞票锁进保险柜。若是这样,它就无法偿付各种开支和支付存款利息。实际上,银行把大部分存款都贷给了别人,手头只留下很少的一部分,以应付提现。只有每个人都认为自己的存款是安全的,只在真正需要时才提款,这种制度才能良好地运行。

倘非如此，要是人们都想一下子取回所有的存款，银行肯定要出麻烦。这就像电影院的大门，通常情况下，观众再多，也不影响出入；但如果大家正在看电影，有人高喊"失火了"，所有的人一起往外拥，那非得踩死几个人不可。

是的，对银行来说，信心确实重要。为什么银行家在公共场合大都衣着光鲜，表现得器宇轩昂？一个很重要的目的，就是维护公众信心。如果你不相信，可以去查阅一下银行史，看看早期的银行家是不是刻意这样做的。

维护公众信心，并不是一件很容易的事。有时候，一些极偶然的事，甚至会造成对银行的致命打击。前几年有一则消息，国外一家银行被挤兑，原因竟是由于下雨，几个没带伞的人在银行门前躲雨，过往行人以为他们在排队提款，推测可能银行出了问题，于是未做过多的询问，就加入排队者的行列。结果一传十，十传百，人越聚越多，险些把银行挤垮。

更要命的是，公众对银行的恐慌很容易传染。由于银行业务较复杂，大多数人不可能清晰地了解，有时候哪怕只有1%的银行出了问题，所有人都可能认为他们的存款会保不住，都会有一种强烈的冲动去提款，唯恐落在后面，银行的资金用尽，自己血本无归。这样一来，不仅有问题的"坏银行"会被挤垮，即便是一点问题都没有的"好银行"，也可能被挤兑出毛病。到了这个地步，如果不及时采取措施，恢复公众信心，金融体系将会发生"雪崩"，以至酿成一场金融灾难。

翻一翻金融史可以看出，从19世纪到20世纪30年代，大约每隔20年，世界上就会发生一场大的金融恐慌，造成大批银行破产。在20世纪30年代的那场大危机中，仅美国一年就有2000多家银行倒闭。为了应对这种情况，1934年美国成立了联邦存款保险公司，建立了存款保险制度。从此以后，银行吸收存款，要到联邦存款保险公司上保险。如果哪家银行破产，就用保险金来偿付存款人。

在具体偿付上，美国的存款保险制度有两条重要的规定：一是限额偿付，超过10万美元的存款，其超过部分，保险公司不负责赔偿，只能等到银行清盘以后，再统一算账。二是比例偿付，即便是10万美元以内的存款，也不是100%赔偿，而是按比例偿付一部分。这样做的目的，是保护中小储户的利益，同时让受偿人更多一些，使有限的赔偿金覆盖面更广一些。

实践证明，存款保险制度对维护公众信心、防止银行恐慌的确有作用。据统计，自1934年联邦存款保险公司创立至1981年，美国的银行倒闭事件每年不超过15起。虽然这个数字仍令我们中国人吃惊，但相比1934年之前，银行倒闭每年高达600家而言，仍是巨大的进步。

随着中国金融业的对外开放，外资银行纷纷进入中国市场。在可以预见的将来，银行业竞争将更加激烈。那么，我们用什么来保障银行体系的稳定？用什么来保证存款人的利益？显然，存款保险是一项重要的举措。

现在需要研究的是，保险费怎么缴？保险费的费率怎么定？各家银行都有自己的"小算盘"。大银行说，他们家大业大，能抗风雨，偶尔出点问题也不会伤筋动骨，因此费率应该低一些。若是跟小银行一样，适用同样的费率，等于是为整个银行业投保，大银行不乐意。可要是没有四大国有商业银行加入，存款保险制度就建立不起来，即使组建存款保险公司，也收不到多少保费，万一出了问题，还是没钱救急，因而根本起不到保险的作用。

问题是小银行也有自己的看法：规模大不等于资产质量优，大银行有闪失，更是地动山摇，既然按市场原则办事，就不能搞三六九等，偏袒大银行，歧视小银行。争来争去，有人提建议说，按信用级别来定费率，级别高的风险小，费率可以低一些，级别低的风险大，费率要高一些。这跟通行的保险原则是一致的，也许是各方都能接受的方案。

大凡上保险，都免不了会遇到一个基本困难，就是如何克服道德风险。比如有了存款保险，存款人放心了，监督银行的动力没有了，说不定银行更会恣意妄为，冒险经营。这当然违反了存款保险的初衷，于是便产生了道德风险。

为了对付这种情况，人们想了很多办法。前面提到的按比例偿付，就是让所有的人都承担银行破产的一部分损失，以避免他们躺在保险公司的身上睡大觉，对银行经营漠不关心。再比如限额偿付，也是为了引导存款大户监督银行。二者相比，可能后者更有效一些，因为众多的小额储户根本没有监督银行的能力。

对政府决策部门来说，当前的主要问题是偿付比例怎么定、偿付限额定多少。定低了，达不到保险的目的；定得太高，起不到鼓励监督的作用。到底定多少合适，需要考虑收入水平和存款分布，看来还得做一番深入研究才行。

资本会无序扩张吗

二〇二二年五月十一日

为防止资本无序扩张，政府提出要为资本设置"红绿灯"。不瞒读者，近段时间我一直在思考：资本"无序扩张"到底指什么？或者资本怎样扩张才是"有序扩张"？没有规矩难成方圆，对此问题若不从学理层面给出明确说法，投资者将无所适从。

查阅学术文献，西方学者这方面的著述不多，而国内学者对资本"无序扩张"的解释，通常是举例说明，如某互联网企业或某房地产开发商采用欺诈手段"圈钱"等。当然，也有学者试图给出定义，可大多都是将资本"无序扩张"等同于"垄断"，即指大企业利用市场支配地位操纵市场、牟取暴利的行为。

究竟怎样给资本"无序扩张"下定义？我的观点：不能简单根据企业资产规模和利润率判定。追求规模经济是资本的天性，无可指责。我曾撰文分析过，反垄断不等于反大虽然《谢尔曼法》出台后美国曾一度反大，可20世纪70年代以来却改弦更张，不仅不再反大，反而鼓励企业（合并）做大。是的，今非昔比，今天市场竞争是全球竞争，美国当然不会作茧自缚。

可为何不能根据利润率判定呢？其中一个重要的原因，是对"暴利"下定义也同样困难。想问读者，你认为多高的利润是暴利？高于平均利润的"超额利润"是暴利吗？若这样判定，那么我告诉你，反暴利其实就是反竞争。要知道，争取超额利润是企业展开竞争的原动力，若不允许企业获得超额利润，企业之间也就不会存在竞争。

也许有人说，企业可以有超额利润，但利润率不能太高。问题是，"太高"到底是多高？是30%还是50%？恐怕谁也说不清楚。比如对科技创新企业来说，创新有风险，创新失败企业可能血本无归；而一旦成功，则可掌握觅价权，利润率有可能达到50%，甚至更高。若利润率高于50%便受打击，亏损却由企业兜底，你认为合理吗？

往深处想，企业资产规模大或利润率高不过是一种结果。政府要不要反对，应看这种结果是否取之有道，不能一刀切。比如企业凭借自己的市场支配地位欺行霸市，政府当然要亮红灯。相反，若企业诚实守信、合法经营做强做大，政府就应该亮绿灯，予以鼓励。

由此看，我们的确不能简单地将资产规模大和利润率高视为"无序扩张"。那么怎样判定才对？笔者认为，应从公平竞争的角度判定。马克思讲，商品是天生的平等派，市场交换必须等价交换。而要实现等价交换，前提是生产自由与交换自由。这是说，若资本（企业）违背"生产自由与交换自由"进行扩张，即为"无序扩张"。

这里的关键，是怎样理解"生产自由与交换自由"。经济学讲"生产自由"，是指市场不存在准入限制，资本等要素可以自由进出；对价高利大的商品，无论企业大小都可以生产。而所谓"交换自由"，有两层意思：一是交易双方不能用强制或欺骗手段达成交易；二是交易一方不能凭借市场支配地位，将自己的风险转嫁给交易对方。

不知道读者怎么看，要是同意我上面的判定，我们便可沿着这个思路对资本扩张作更深入的讨论。众所周知，资本按照不同职能可分为产业资本、商业资本、金融资本三类。在我看来，这三类资本都有可能无序扩张，而可能性最大的则是金融资本。为什么这样说？让我从资本循环的角度分析，读者会看得很清楚。

首先看产业资本。产业资本是投资于实体经济部门的资本。产业资本循环是先从货币转换为商品（生产要素），经过生产制造出新商品，然后再由商品转换为货币。由于生产规模要由"边际收入等于边际成本"决定，而且商品转化为货币是一次惊险跳跃，若不成功，摔坏的是商品生产者，故产业资本不容易"无序扩张"。

其次看商业资本。顾名思义，商业资本是投入商品流通领域的资本。与产业资本不同，商业资本循环是将货币转换为商品，再将商品直接转换为货币。由于中间没有生产过程，商业资本便有可能无序扩张。比如商家对供应短缺的商品囤积居奇、坐地起价；再比如去年被处罚的某网络物流平台店大欺客，强制客户"二选一"等。

再次看金融资本。金融资本循环更简单，即从货币到货币，也就是人们所说的"以钱生钱"，正因如此，金融资本往往容易脱离实体经济无序扩张。"安邦保险集团"是典型例子。据官方披露，该集团通过关联企业相互投资或以高利率吸收资金，从2004年到2018年资产规模膨胀到了2万亿元。"余额宝"也如此，至2017年10月国家出手对其整顿之前，资产规模扩张到1.43万亿元。

需要解释的是，为何说上面两家公司是无序扩张？我的回答：他们从事金融业务得到了政府特许授权，具有一定的行政垄断权，而他们明知以高利率为诱饵吸收资金有很高的风险，也明知一旦出险将无力偿还本金，可却一意孤行，不惜将风险转嫁给大众投资者。

所以我最后的结论是：第一，资本都有追求扩张的动机，要防止资本无序扩张，应重点管控金融资本；第二，金融机构由政府授权经营，政府应承担监管的主要责任，对失职渎职的相关人员要严肃追责；第三，产业资本与商业资本有可能借助融资平台无序扩张，对各种巧立名目违规融资的行为要坚决打击。

反垄断到底反什么

二〇二二年一月十五日

自美国1890年颁布《谢尔曼法》后，世界上很多国家也先后颁布了反垄断法，而且矛头大多指向大企业。在很长一个时期，人们认为"竞争"与"垄断"是两种对立状态，其实这是一种误解。

市场常态是垄断竞争

1933年，张伯伦出版了《垄断竞争理论》。他指出，市场常态既不是"完全竞争"，也不是"完全垄断"，而是"垄断竞争"。理由是完全竞争需满足四个条件：有大量的买家与卖家，谁也不能独立定价；产品没有差异、完全同质；信息充分，且买卖双方对称；市场没有准入限制，要素可以自由流动。

的确，完全竞争只是理论上的假想状态，真实世界里不可能存在。举浙江义乌小商品市场的例子，12年前我曾到那里考察，看到有多家商铺批发打火机，而其中有一家卖防风打火机，价格高出其他商铺所卖打火机的一倍。同样是打火机，价格为何有差异？原因是产品之间有差异。产品有差异，当然不是完全竞争。

相对于普通打火机，防风打火机的技术含量确实要高一些，也正因如此，生产商才有一定的定价（垄断）权，可这并不意味着该厂商就能独立定价。从需求角度看，由于市场上有大量的替代品，若定价过高，会有消费者转去购买替代品；从供给角度看，防风打火机价高利大，其他厂商也会生产，这样会使竞争更加激烈。

从上面的例子可以看出：现实生活中竞争与垄断并不完全对立。事实上，市场常态是垄断竞争。一方面，由于产品存在差异，或者是市场信息不对称，竞争性企业皆存在不同程度的垄断；另一方面，由于市场上存在大量的生产者，垄断企业也同样要面临竞争。于是就带来了一个问题：既然垄断与竞争无法截然分开，那么在反垄断的同时，怎样才能避免伤及无辜？

进一步分析，垄断又可分为行政垄断、自然垄断、技术垄断等三种类型。行政垄断由政府授权经营，无疑会限制竞争；自然垄断也会在一定程度上限制竞争。而技术垄断不同，市场上存在大量竞争者或潜在竞争者，不可能限制竞争，那么反垄断是否不应针对技术垄断呢？

反垄断不能简单反大

回答上面的问题，首先需弄清市场份额与市场支配地位的关系。有学者说，反垄断主要是反对企业利用其市场支配地位排除竞争的行为。企业间竞争，必然会优胜劣汰。可怎样判断一个企业是否利用了市场支配地位呢？或者问，哪些企业能够拥有市场支配地位？

目前主流的看法，是按照经营者的市场份额判定：市场份额越大，其市场支配能力就越强。反垄断法就是这样判定的：若一个经营者在相关市场的市场份额达到二分之一；两个经营者在相关市场的市场份额合计达到三分之二；三个经营者在相关市场的市场份额合计达到四分之三，则可推定具有市场支配地位。

不能否认经营者市场支配地位与市场份额有关，但我却不赞成上面的这种推定。由市场份额推定市场支配地位，背后的逻辑其实就是反大。事实上，大企业并不一定都会滥用市场支配地位，而且上面所说的"相关市场"到底指什么也不清楚。如某企业在国内市场份额超过50%，而在全球市场份额却不足1%，请问该企业是否具有市场支配地位？退一步，即便该企业全球市场份额超过50%，难道就要反对吗？那样做岂不是令亲者痛仇者快？

看美国反垄断的历史。《谢尔曼法》颁布后的近100年里，其的确一直是在反大。1911年，美国联邦最高法院宣布，美国烟草公司和标准石油公司因"欺行霸市"，违反了反垄断法，勒令两公司解散。1945年，美国铝公司又被判决触犯反垄断法。其实该公司并无不当竞争行为，只是法院认为，它"独占90%的市场，实在太大了"。

然而进入新世纪前后，美国政府却一反常态，不仅不再反大，反而对大企业兼并推波助澜。1997年，波音与麦道联姻，组成了航空业"巨无霸"。1998年，埃克森与美孚在分离了87年之后再度聚首。同一年，美国国民银行与美洲银行合并，缔造出了新的金融帝国。由此见，美国今天反垄断，已经不再一味地反大了。

技术垄断并不排斥创新

今天仍有不少人认为，技术垄断企业会凭借"市场支配地位"锁定现有技术，阻碍效率更高的新技术进入市场。1985年，经济学家保罗·戴维在《美国经济评论》发表论文，并以"键盘"为例对上述观点作了论证。他的分析逻辑是，技术垄断容易让用户对"旧技术"形成路径依赖，从而排斥技术创新，导致市场失灵。

19世纪70年代，当时打字机生产工艺尚不完善，字键击打后弹回速度较慢，若击键过快，字键会绞合在一起而造成堵塞。后来有位叫肖尔斯的编辑设计了一种键盘，将使用频率高的"O""S""A"让最笨拙的无名指或小指击打，而使用频率低的"V""J""U"，却放在最灵活的食指之下，这样便降低了打字员的击键速度，绞键问题迎刃而解。

"QWERTY"键盘进入市场后，大受欢迎，并于1868年获得了专利。可到了20世纪30年代，随着生产工艺的进步，字键弹回速度大大加快。于是德沃夏克（Dvorak）将字母重新排列，设计了一款新的简易键盘（DSK），可提高打字速度，且于1936年也申请了专利。可他没想到，新键盘并不为多数人所接受，市场上无法推广。

新键盘为何难以推广呢？据保罗·戴维分析，是旧键盘市场占有率过高，形成了垄断。可微软创始人比尔·盖茨反驳说："英文打字机和计算机键盘上的字母按'QWERTY'顺序排列，并没有一条法律要求必须这样做，可大多数用户却执着于这种标准。只能说明，这样的排列比其他排列更加行之有效。"

我同意比尔·盖茨的观点，新键盘无法推广，的确不是技术垄断企业锁定旧技术。30多年前，"大哥大"（模拟手机）的市场占有率非常高，可当智能手机推出后，"大哥大"很快就被替代。请问，原来生产"大哥大"的企业为何不锁定旧技术？不是它们不想锁定，而是锁定不了。

新键盘之所以不能替代旧键盘，有两方面的原因：一方面，1946年电脑问世后，人们改用电脑打字，可电脑并非只用于打字,同时也用于工程设计、数据处理、财务管理等。对多数用户来说,打字并非最重要的功能。除了专业打字员,一般用户也不看重打字速度。

另一方面,电脑生产商不采用新键盘,也许有节省成本的考虑,但主要是考虑键盘的通用性。新键盘虽然打英文的速度更快,可是打中文的速度却不见得快。英文使用频率高的字母,与汉语拼音使用频率高的字母并不完全相同,法语、俄语、日语等也如此。电脑生产商要满足全球用户需求,当然没必要改用新键盘。

留心观察,不仅仅键盘是如此,企业作为市场主体,判断其他技术是否先进也不会只看技术的新旧,而会重点看是否具有更高的市场推广价值。受"优胜劣汰"竞争规律的约束,技术垄断企业不可能拒绝使用先进技术。相反,为了取得竞争优势,它们会不断创新技术,所以不应将反垄断的矛头指向技术垄断企业。

反"掠夺性定价"的误区

所谓"掠夺性定价",是指某企业为了排挤竞争对手,故意将产品售价低于成本定价,而等到竞争对手退出市场后,再提高价格,牟取高额利润。现实中真有企业"低于成本定价"吗?当然有。至少美国历史上就曾经出现过,不过最后的结果皆弄巧成拙,成为悲剧。

国际贸易中也有一个对应的概念："倾销"。意思是企业在海外销售商品的价格低于平均市场价格。既然商品在国内可以卖高价，为何要舍近求远到海外市场去卖低价呢？合理的解释是，国家急需外汇，政府补贴了出口。若政府不补贴，企业绝不会做这种赔本赚吆喝的事。

"倾销"的前提是政府补贴。从这个角度看，所谓反"倾销"，其实质是反"政府补贴"。由此类推，国内企业"低于成本定价"是否也有前提？若有，前提为何？对此，学界的解释是企业拥有"市场支配地位"。可我却不这样看，恰恰相反，具有市场支配地位的企业不会掠夺性定价，也无须掠夺性定价。

可分两类情况讨论：

第一类，完全垄断，即市场由某个企业独占。在这种情况下，企业用不着"低于成本定价"：当产品供不应求时，它会提高价格；而当产品供大于求时，则会调减产量，绝不会低于成本定价。读者想想，既然市场上不存在其他竞争对手，企业"低于成本定价"岂不是发神经？我敢肯定，读者不可能举出一个这方面的例子来。

第二类，寡头垄断，即市场有大量中小企业，但主要由几家强势大企业控制。此时市场上既有大企业与中小企业竞争，也有大企业之间竞争。假定甲、乙两个大企业分别为该行业的老大和老二，若老大为了打压小企业"低于成本定价"，代价当然是自己亏损，让老二坐收渔利。问题是，老大为何要那样做呢？

或许有学者会说，寡头企业可以"勾结定价"。不排除这种可能，但它们不可能长期"勾结"。若产品一旦低于成本定价，市场需求会大幅度增加。面对急剧增加的需求，必须提供足够的产品予以满足，否则需求就会拉动价格上升。若要维持"勾结定价"，寡头企业就得不断扩大生产，可是产品销售越多，亏损会越严重。

从中小企业的角度看，明知市场上商品卖价已低于生产成本，此时它们不仅不会退出市场，反而会大量购进商品，等到寡头企业无力负亏时再将商品高价卖出而一举翻盘。再有，市场上还存在大量潜在竞争者，寡头企业一旦提高价格，潜在竞争者也会进入市场。如此一来，寡头企业"勾结定价"的努力必将付诸东流。

据此分析，独占企业无须"低于成本定价"；寡头企业有可能"勾结定价"，但最终不可能成功。若寡头企业长期"低于成本定价"却不倒闭，用经济学逻辑推理，背后一定有"政府补贴"。这种补贴不一定是给钱，更多是提供特殊的优惠政策，由此说，反对"掠夺性定价"，关键是要取消那些妨碍公平竞争的优惠政策。

反垄断是为了维护公平竞争

反垄断不能简单反大，也不能反对技术垄断，那么应该反什么呢？反垄断的目的是维护公平竞争，而公平竞争的核心要义是"等价交换"。所以反垄断应重点打击各种欺行霸市、强买强卖等违背等价交换原则的行为。

何为等价交换？马克思的解释，是指相互交换商品的价值量相等。商品的价值量，等于生产商品的社会必要劳动时间。可困难在于，生产者并不知道各自耗费的社会必要劳动时间是多少。通常的情形，是交换双方通过讨价还价而达成交换。事实上，这种由"自由协商"所达成的交换，即为等价交换。

是的，只要买卖双方自由交换，既不强买也不强卖，彼此就是等价交换。不过往深处想，等价交换还有一层含义，即生产要素能够自由流动。若生产要素不能自由流动，比如某商品只允许你生产而不允许别人生产，别人无法与你竞争，迫不得已，只能由你任意操纵价格。这样的交换，显然不符合等价交换原则。

关于等价交换，有两个问题需要澄清。

第一个问题：怎样看待生产成本不同的商品以相同价格交换？

比如张三和李四都能生产粮食与棉布，假定张三生产1

吨粮食与1匹棉布的成本分别为80小时、90小时，李四的成本分别为110小时、100小时。若按比较优势分工，张三生产2吨粮食，李四生产2匹棉布，然后彼此用1吨粮食与1匹棉布交换。两种商品成本不同，他们是等价交换吗？

经济学说得清楚，商品价格并不是由成本决定，而是由供求决定。张三用1吨粮食交换李四1匹棉布，比自己生产棉布可节省10小时成本；李四用1匹棉布交换张三1吨粮食，比自己生产粮食也可节省10小时成本。双方共赢，只要没有人强买或者强卖，当然是等价交换。

第二个问题：怎样看待生产成本相同的商品以不同价格交换？

现实生活中确有这样的现象，生产成本相同的同一商品，商家却针对不同的消费者制定不同的价格。某餐厅同一道菜，成本完全相同，可卖给包厢内顾客的价格通常高于散座顾客的价格。有人认为，商家的这种做法违背了等价交换原则，对包厢内顾客不公平。

上面这种定价方法，经济学称为"价格歧视"。商家搞"价格歧视"，原因是商品供给稳定而需求不稳定。比如同一品牌的空调，夏天的需求会大于冬天的需求。而人们收入不同，需求也会不同：穷人更看重实惠，富人更看重面子。将同一商品以不同标识分开，用高价满足富人，用低价满足穷人，是商家的营销策略，政府不必反对。

结论

  总结全文分析，可得四点结论：第一，竞争性企业皆存在不同程度的垄断，反垄断应精准定位，防止扩大化；第二，不能根据市场份额推定垄断，反垄断不能简单地反大而伤及无辜；第三，不可将创新企业"觅价"当作"掠夺性定价"处罚；第四，反垄断应重点打击欺行霸市、强买强卖等违背等价交换原则的行为。

政府改革逻辑

中央高层决定再对政府机构"动刀",原因是政府部门的职能重叠、机构臃肿问题至今未解决好。若不将职能相近的部门合并,不仅政府瘦身难,而且政出多门,相互掣肘,决策效率无从提高。

改革本身是利益的再调整,在经济学里,利益配置是否最优通常是用"帕累托最优状态"衡量。凡属"帕累托改进"的改革,可由地方试验;而要打破原有"帕累托最优状态"的改革,则需顶层设计。

行政问责应分主次责任。一个事故发生造成了损失,让谁承担主要责任?有三个要件:1.避免发生事故的成本;2.发生事故的概率;3.事故造成的损失。与事故发生的概率和损失的乘积比较,谁避免事故发生的成本最低,则由谁承担主要责任。

政府的角色定位

二〇〇七年二月十四日

国务院高层最近表态说：要建设服务型政府。看来接下来几年政府会有大的改革举措出台。倘果真如此，将是国家之幸、百姓之福。这20多年，经济发展可圈可点，但若政府职能不转变，未来经济要保持强劲增长免不了会遇到一些麻烦。

前不久到南方某企业调研，听说了一件事让我感慨万千。该企业有一座炼钢高炉，已经过了报废的年限。企业决定自筹资金，另外建一座新高炉。但报告打到政府有关部门，却没有得到批准。这样一来，可就难坏了企业的领导，旧高炉已经在超期服役，而新高炉却不让上马，怎么办呢？后来他们灵机一动，重新打了份报告，不过，这次没说建新高炉的事，只是要求对原来的高炉进行易地改造，结果却很快批了下来。

我们知道，一辆汽车，这儿修不好可以到那儿去修，但一座炼钢高炉，是一砖一瓦砌成的，好几十米高，搬不动，移不走，怎么能易地改造呢？其实所谓的易地改造，跟建一座新高炉完全是一回事。但前者能批，后者却不能批，这不由使我想起了一个成语：朝三暮四。这个成语，最早是指玩弄手法，蒙混过关，现在的含义，是后来引申出来的。据《列子·黄帝篇》记载，宋国有个人爱养猴，后来越养越多，喂不起了，只好"将限其食"。他跟猴子们说："今后我给你们喂橡实，早上给三块，晚上给四块。""众狙（猕猴）皆起而怒"，他一看不行，就换了个说法，"朝四而暮三，足乎？"结果"众狙皆伏而喜"。

这两件事情，一个是养猴子，一个是办企业；一个发生在古代，一个发生在现代，然而二者却有异曲同工之妙。

国企改革已经快30年了，很早就提出政企分开，但直到现在，政府依然管得很多，统得很死，做了很多费力不讨好的事，结果企业万般无奈，才不得不玩文字游戏，弄出上面的笑话。其实，这反映了一个问题，就是我们的政府职能定位不清，不该管的事情揽了一堆，而分内的事，却没有做好。用一句土话说就是，"种了别人的地，荒了自己的田"。

那么，政府应担当什么角色？这个问题很大，笼统地问，还真不好回答。在经济学大师亚当·斯密看来，政府最好什么也别做，只当个"守夜人"，晚上别人睡觉的时候，他出来打一打更，看一看门，报一报"平安无事"就可以了。到了凯恩斯时代，政府的责任更大了，要管的事也更多了。这个时候，看门的老头变成了居委会的老太太，不仅要协助民警搞治安，遇上邻里纠纷、婆媳吵架，还得出面调解一下，或者为下了岗的女工联系个工作，替生活特别困难的家庭争取点救济等，都是她的职责。

20世纪70年代，福利国家兴起，政府就更忙了，从摇篮到坟墓，社会生活的各个方面，它都要管一管。相比之下，这个时候的政府，更像一个家庭保姆，而且是一个受气的保姆，经常遭受来自各方面的批评。富人可能会抱怨，政府是在惩罚成功者，把大量的钱从他们手中拿走，去救济那些不思进取的人。而与此同时，穷人也在嘟哝，说政府缺乏同情心，允许富人们花天酒地，一掷千金，却对他们生活水平的停滞无动于衷。

如果说福利国家的政府扮演的是保姆角色，那么，在改革开放以前，我们的政府承担的则是家长的职能。从油盐酱醋、针头线脑，到职工的生老病死、住房医疗、入学就业，无不在政府的职责范围之内。说是政府的职责，其实有很多事情政府并没有亲自动手，而是交给了企业，也就是所谓的企业办社会。

不过把话说回来，当时我们实行的是计划经济，吃的是"大锅饭"，这些事由企业管也好，由政府办也罢，背着和抱着一样沉，反正企业是国家的企业，职工是国家的职工，不管谁出面，本质上是一样的。现在不同了，我们要实行市场经济，政府和企业，必须丁是丁、卯是卯，分开算账，你的孩子你领走，我的孩子我养大，双方分清职能，各司其职，不能再混在一起，吃"大锅饭"了。那么，政府的职能应如何定位呢？

美国经济学家弗里德曼在他著名的《自由选择》一书中写道，政府的职能主要有四个：保证国家安全、维护司法公正、弥补市场缺陷、保护那些"不能对自己负责"的社会成员。维护国家安全和司法公正，这样的工作必须由政府来做，因为除政府之外，没有任何其他组织和个人能承担起这些职责。

其中的道理，大家都明白，也不用我多说。需要着重解释的是政府的第三项和第四项职能。

市场经济的基本原则是等价交换。我享受了你的产品或服务，我得掏钱；他给我造成了损失，他得赔偿。这个原则虽然很简单，但却是市场效率的源泉。不过，在有些场合，这个原则可能无法执行。比如，你自己掏钱建了一盏路灯，为过往的行人提供照明，行人得到了你的服务，他们应该掏钱，以弥补你建路灯的成本。但如果真的去收费，那可能是很困难的。也许会有人说，我自己能走这段路，根本不需要你照明，你非要向我收费，那是强买强卖；甚至有人会这样讲，我的眼睛怕光，我根本不愿意见到路灯，你在这里弄了盏路灯，损害了我的眼睛，我不让你赔偿就是好事。

大家已经看到，等价交换的原则在这里玩不转，这就是所谓的"市场失灵"。由此造成的结果，就是没有人愿意去建路灯，因为无法收回成本。但我们又的确需要路灯，怎么办呢？一般来说，类似的产品，应由政府来提供。在这里，政府就是在弥补市场的缺陷。

政府的第四个职能，是保护那些"不能对自己负责"的人。这里所谓"不能对自己负责"的人，用一个法律术语讲，就是无行为能力的人。儿童是典型的无行为能力的人，一般来说，我们把他交给父母。但交给父母，并不意味着不需要政府的保护。如果有极端不负责任的父母，对孩子为所欲为——虐待他们、残害他们，就得需要政府出面，来保障孩子的基本权利。

有一点需要说明，政府手中的权力是一柄"双刃剑"，可以用来为民造福，但如果被滥用，就会威胁个人自由。弗里德曼特别提醒人们，要警惕政府权力的滥用，他说："要把政府的活动限制在一定范围内，让政府成为我们的仆人而不让它变成我们的主人。"

大部委制妙不在大

二〇〇八年二月二十二日

学界讨论大部委制改革已有一段时间，早就想写文章，但每次都欲言又止。倒不是我不赞成大部委制，而是认为大部委改革并非始于今日，没有必要过多地予以渲染。远的不说，2003年新组建商务部和国资委，请问不是大部委是什么？我体会，所谓大部委制，说白了就是国务院启动新一轮机构改革。

掐指一算，改革开放30年，大的机构精简至少有5次，其间部委合并也屡见不鲜。此次中央高层决定再对政府机构动刀，原因是政府部门的职能重叠、机构臃肿问题至今未解决好。积重难返，若不将职能相近的部门合并，不仅政府瘦身难，而且由于政出多门，相互掣肘，决策效率无从提高。从这方面看，推行大部委制确有必要。

放眼看，由于国情有别，各国政府机构设置虽无划一模式，但有一点可肯定，市场经济国家皆是"小政府、大社会"。空口无凭，有事实为证：美国目前的部级机构仅15个，英国18个、加拿大19个、澳大利亚16个、法国18个、德国14个、西班牙15个、日本12个、韩国18个、新加坡15个。而目前我们国务院下属部委有28个，特设机构1个、直属机构18个、办事机构4个。

说过多次，我不反对机构改革。问题是改革次序应如何选择，是先改机构还是先改行政审批。我的观点：应先改行政审批。审批制不破，机构改革将事倍功半。曾经有过教训，以往机构改革之所以改一回膨胀一回，究其原因，大家都说是官本位作祟，而官本位背后，其实就是行政审批权。设想一下，假若政府没有审批权，人们怎会千方百计要进政府机关呢？

由此看，推行大部委制最大的困难，是官员分流。据说，仅组建一个"大交通部"，就得多出10个副部级官员，那么局、处以下的官员呢？怕是数以千计吧。不要说让这些人辞官回家，就是降级安排，人家也未必乐意。不是吗？当初国家体委改为体育局，降为副部级，可不久又改为体育总局、恢复正部级，为何？具体背景我不知，但将心比心，谁愿意自己官越做越小呢？

推行大部委制的另一困难，是功能整合。以大交通部为例，据说思路是要把民航总局、交通部、铁道部合并。其实，合并机构并不难，只要国务院点头，操作易如反掌。可机构合并是一回事，功能整合却是另一回事。前几年，国内大学合并一阵风，结果大多貌合神离！据说现在有的大学正副校长达20人之多，人多嘴杂，大小事情都议而难决。大学尚且如此，何况是有职有权的部委官员！

退一步讲，即便政府的官员高风亮节，能以大局为重，功能整合也非易事。想得到的困难首先在体制，民航总局和交通部的企业，现已归属国资委，而铁道部既是政府机构又拥有数千亿资产，体制不同怎可简单拼装？从管理角度看，目前铁道部、交通部和民航总局都有自己的调度中心，受技术限制，这三个中心近期还无法合并，若水陆空交通不能协同调度，整合功能无疑是一句空话。

大交通部如此，而大能源、大农业、大文化等部委的组建，情形亦会差不多。于是就带出了一个问题：大部委究竟应该多大合适？经济学研究政府规模，通常是从"交易成本"看。科斯当年研究政府与企业的边界，曾明确指出是决定于交易成本。毫无疑问，国务院推行大部委制改革，是希望提高行政效率，节省协调成本。如果规模过大，导致协调成本更高，这样的改革会得不偿失。

行文至此，我想对大部委制改革说三点建议：第一，以改革行政审批为突破口。中央推行大部委制，旨在完善政府服务，而不是行政权的简单集中。因此政府机构不管怎么改，归根结底，是转换职能，建设服务型政府。这几年中央一直三令五申，要规范和减少行政审批，并最终将审批制过渡到备案制。可以肯定，若此项改革能先走一步，将行政审批改为备案，迷恋政府机关的人必大大减少，机构改革则可顺水推舟。

第二，切忌刮风。其实大部委制改革的重点不在"大"，而在功能整合。"大"不是改革的目的，机构设置大小，必须充分考虑交易成本，宜大则大，宜小则小，不可一味地求全追大。即便是功能相近的机构，合并也可分步到位。总的说有两个原则：一是先动人后动机构；二是先试验后推广。分流人员若不先作安置，动机构必有阻力；若不试点就推广，全线出击难免会打乱仗。

第三，完善制衡。大部委一旦组建，毫无疑问它所掌握的资源会更多。经验表明，权力失去制衡会滋生腐败，因此，如何对大部委施以制衡是大问题，很紧迫。在下以为，中纪委的纪律检查重要，审计署的财务审计也重要，但更积极的制衡应是行政权分立，即决策、执行、监督分开，让裁判不得打球。对此深圳早年有探索，决策层不妨加以借鉴。

我听到消息，大部委改革方案日前已报送国务院，据说，此次只是试点，将实行分批改革。分批改革当然是明智之选，问题是如何强化新组建部委的服务职能，使其真正成为服务型政府，此事目前正待破题，也是机构改革的重点，让我们拭目以待吧。

事业单位何去何从

二〇〇八年二月十六日

有朋友告诉我,他费尽九牛二虎之力,四处托人,年前终于调进了一家事业单位。可最近听说事业单位要改革,却又不知会如何改,于是想到听听我的建议。其实,我也未见有何具体方案,但研究经济多年,要做些推测不难,不过是个人之见,不能完全作准。考虑问题有普遍性,就写出来和读者一起讨论吧。

中国的事业单位,外国少见。顾名思义,事业单位既不同于政府,也不同于企业。政府负责提供公共管理与服务,经费由财政全额拨;而企业为经济主体,则自主经营,自负盈亏。事业单位介于两者之间,由于承担了部分公共职能,财政要给一定资助;由于不是全额拨款,自己还得创收。当然它不会像企业那样,无需自负盈亏。

据统计,中国现有事业单位120多万个,涉及近3000万人,汇集了中国近三分之一的专业人才,拥有国有资产数万亿，横跨教育、卫生、科技、文化等多个领域。平心而论，事业单位曾提供了大量的就业岗位，不仅替政府分忧，也为企业解难，历史地看，事业单位对社会的贡献可以说是功不可没。

但是，随着体制转轨，事业单位作为计划经济的产物，其弊端也日渐显现，最突出的则是机构臃肿、效率低下。也难怪，目下的事业单位不仅享有财政拨款，而且和政府机构一样，还有行政职级，甚至掌握某些行政权力，所以有人说事业单位是"二衙门"，并非毫无道理。

事业单位虽非政府机构，但待遇却几乎与政府无异，单凭此就自然会对很多人产生吸引力。何以见得？我观察的事实，是前几次政府机构精简后干部转岗，首选大多是事业单位。另一个现象，就是现在的大学生，若考不上公务员也有不少会选择事业单位。这么多人争先恐后往事业单位里挤，机构怎么能不臃肿、不人浮于事呢？

另一弊端，是产权不清。事业单位或由政府出资，或挂靠政府部门，往往会导致公共资源的过度使用。哈丁在《公地的悲剧》中讲述了这样一个故事：一群牧民在一块公共草场放牧，由于草场退化的代价是共同负担，所以人人从私利出发，都选择多养羊。可这样做的后果，却是草场加速退化，最终谁也无法养羊。现在某些事业单位，一手拿着财政的钱胡花乱造；同时又为牟取小团体利益，打着政府的旗号四处拉赞助、发证书，闹得民怨沸腾。

是的，事业单位必须改革，而且大家早有共识。现在的焦点不是改或不改，而是究竟怎么改？对此学界议论了多年，众说纷纭。最近中央指出，要对事业单位进行分类改革。改革不搞一刀切是对的，而我们面临的难题，是对事业单位如何分类。从提供服务的性质看，大的方面无非是私人品和公共品。若再细分，公共品又分纯公共品与准公共品。由此看，事业单位可分三类。

第一类，提供私人品的事业单位。此类单位主要包括报刊社、出版社、艺术院团和各类认证中心等，它们提供的产品或服务虽有公益性，但主要还是私人品。经济学对私人品的定义，即消费有排他性且能通过市场收费。显然，无论报刊出版物、文艺演出还是产品认证，不仅消费排他，而且都是有偿提供，故此类单位应率先改革。当务之急，是让其与政府彻底脱钩，迫使它们作为独立企业走向市场，实行自负盈亏。

第二类，提供准公共品的事业单位。目前中小学校与公立医院等当属此类。虽然它们提供的服务也是私人品，但具有公共品的特性。也正因如此，所以长期以来人们认为这些单位要由政府出资办。对上学与医疗服务，我不反对政府资助，但资助方式必须改。按现行做法，政府直接拨款给学校与医院，但它们服务如何，由于没竞争，政府无从考察。与其如此，还不如减少拨款，而改发教育券给学生，让学生自主择校，同时补充医保，让病人自主就医。只要同行间引入竞争，服务必将大大改善。

第三类，提供纯公共品的事业单位。最典型的是从事基础理论研究的科研院所、公共图书馆以及提供公用设施的部门等。这些单位提供的产品与服务，不仅消费不排他，而且无法收费，是完全的公共品。经济学说，公共品领域市场会失灵，所以政府应全力支持这些提供公共品的部门。但要指出的是，此类单位虽不必大改，但内部应实行企业管理，要有成本核算，不能再吃"大锅饭"。

以上三类，只是大致划分，这里不可能将所有事业单位一一归类。其实，若读者同意我的分类，那么按你所在行业特点，自己便可对号入座。即使具体归类有不同，但改革的目标不应有分歧：这就是提供私人品的事业单位，要完全走向市场；提供准公共品的事业单位要减少拨款、引入竞争；只有提供纯公共品的事业单位会保持原体制而强化内部管理。

最后再多说一句，鉴于过去政府改革滞后，这些年事业单位改革也总是雷大雨小。但凭直觉，新一轮改革将会不同以往，据说有关部门正在紧锣密鼓地制定方案，一旦推出，改革定将势如破竹。开弓没有回头箭，中央下了决心，又得天时地利，相信此番改革一定马到成功！

顶层设计与地方试验

二〇一三年四月五日

最近应邀参加一个学术会,研讨"改革的顶层设计与地方试验",主题好,专家发言也有见地,只可惜听来听去却不见有人说清楚顶层设计与地方试验究竟是何关系。而且对"顶层设计"的理解,大家也说法不一:有人认为顶层设计就是"最高层设计",而有人则认为是泛指"上级设计"。这些问题到底怎么看,见仁见智,我这里也来说说自己的看法。

学界对顶层设计的关注还是近几年的事。不是说以往改革无顶层设计,举世公认,邓小平是中国改革开放的总设计师。这是说,我们的改革早有顶层设计,不仅从前有,而且一直有。既如此,可为何今天要突出强调顶层设计呢?用不着去猜背后的原因,也不必相信道听途说,我的解释,是今天改革已进入深水区,我们不可能也不应该再像以往那样摸着石头过河。风险在加大,若无顶层设计,零打碎敲,改革将难以向纵深展开。

我说中国改革有顶层设计，不过客观地看，过去的诸多改革主要还是靠"地方试验"。所谓"突破在地方，规范在中央"，是对以往30多年改革路径的基本总结。典型的例子是农村改革，当年的家庭联产承包可不是由顶层设计出来的，而是农民的创造。国企改革也如是，政府最初的思路是复制农村承包，以为"包"字进城，一"包"就灵，可实际做起来却事与愿违，企业出现了普遍的短视行为。国企改革真正取得突破，是山东诸城的"股份合作制"试验。

是的，中国的改革能取得骄人的成绩，与地方试验密不可分。换句话说，若没有这些年地方改革的各显神通，就不会有今天的局面。于是人们要问：现在强调顶层设计是否意味着我们的改革已经到了由"地方试验"向"主要靠顶层设计"的转折点呢？如果是，那么促成这一转换的约束条件是什么？再有，如果说未来改革主要靠顶层设计，那么哪些方面的改革由顶层设计，而哪些方面的改革仍应鼓励地方试验？

这些是亟待回答的问题。我的看法：顶层设计与地方试验两者并无冲突，可以并行不悖。改革需要顶层设计，但同时也需要地方实验。理由简单，顶层设计不是拍脑袋，要以地方试验作支撑，若无地方试验，顶层设计则无异于空中建塔，没有根基，设计是难以落地的。同理，地方试验也不可包打天下，有些改革仅靠地方试验难以成事，当初计划体制向市场体制转轨，要是没有中央的顶层设计，靠地方的局部试验怕是无能为力吧？

改革呼唤顶层设计，也离不开地方试验，可顶层设计与地方试验到底怎样分工？从理论上讲，其实就是如何处理"计划与市场"的关系。经济学说，计划与市场的边界取决于交易费用：若计划配置的交易费用比市场配置低就用计划，否则就用市场。同理，改革选择顶层设计还是选择地方试验，归根到底也是要看交易费用。然而困难在于，交易费用难以计量，我们无法直接用交易费用作比对。

不能直接拿交易费用比较，是否可以用其他办法？间接的办法当然有，思来想去，我想到了两个角度。

一个角度是改革的"外部性"。比如说，若某项改革不仅让内部人受益，而且也能让外部人受益，则此改革具有"正外部性"，这样内外受益，皆大欢喜，交易费用自然不会高，于是也就可放手让地方实验；相反，若某项改革只是内部人受益而外部人受损，此改革则有"负外部性"。有"负外部性"的改革，就不宜由地方实验而要通过顶层设计，否则一旦出现利益冲突，交易费用会大增。

另一个角度，即是从利益的分配状态看。改革本身就是利益的再调整，在经济学里，利益配置是否最优通常是以"帕累托最优状态"衡量。而所谓"帕累托最优"，是说利益分配达到这样一个状态，不减少一人的利益就无以增加另一人的利益。若非如此，不减少任何人的利益就能增加另一人的利益则属"帕累托改进"。由此，我的推论是：凡属"帕累托改进"的改革，可由地方试验；而要打破原有"帕累托最优状态"的改革，则需顶层设计。

以上角度虽不同，但结论却一致。若说得更明确些，但凡让他人利益受损的改革，皆需顶层设计，不然不协调好各方利益必产生摩擦，改革会举步维艰。回首以往的改革，农村改革之所以在地方实验成功，重要的原因是联产承包让农民受益而未让城里人受损，无负外部性，是"帕累托改进"。而这些年政府机构改革之所以阻力重重，是由于有人受益而同时有人（那些被精减的人员）受损。也正因此，政府改革需进行顶层设计。

不必多举例，有了上面的原则，其他改革便可依此类推。接下来的问题，是怎样理解顶层设计。我的看法：顶层设计是指"最高层设计"而非"上级设计"。相对乡党委（乡政府），县委（县政府）是上级；相对县委（县政府），市委（市政府）是上级。显然，一旦改革有负外部性，地方政府很难自己平衡好。比如碳排放问题，虽然大家都不会反对限排，可若没有中央顶层设计，一个县、一个市怎会主动限排呢？万一你限排而别人不限排怎么办？再有，地方政府追求利税有投资冲动，请问限排的动力从何而来？

政府的社会责任

二〇一三年九月二十六日

我曾撰文讨论过企业社会责任，这里再说政府，是想换个角度谈社会责任。近几年学界谈企业社会责任的文章多，给人感觉，似乎企业承担社会责任多多益善，而我却不这样看，以往企业办社会我们有过教训，痛定思痛，这问题值得慎重研究。

不隐瞒自己的观点，在我看来，社会责任首先是政府的责任，至少理论上是这样。当年亚当·斯密说政府是守夜人，而弗里德曼讲，让政府成为我们的仆人。这是说，不管作为守夜人还是仆人，政府承担"国家安全、社会公正、公共品（服务）以及助弱扶贫"等社会责任皆义不容辞。

当然，这并不是说政府必须大包大揽，也不是所有社会责任政府都得事必躬亲。比如助弱扶贫，政府可以自己出手，也可让企业相助。典型的例子是养老，早年的养老院皆属政府投资，而今天私人投资的养老院比比皆是。公共品也如此，政府有责任提供公共品，但不等于政府就要直接生产公共品。

是的，社会责任既可由政府承担，也可让企业承担。那么企业怎样才算承担了社会责任呢？我在《追问企业社会责任》（已收入本书）一文中说过，关键是看企业行为是否有主观利他的动机。若企业是为了自己追求盈利，那肯定不是履行社会责任；若主观动机利他，即便有盈利，也是承担社会责任。

这判断我今天仍不变。事实上，企业为了盈利，无论生产什么客观上都利他，不然商品卖不出，企业就不可能赚到钱。亚当·斯密有一句名言："酿酒师酿造香甜的美酒，并非出于他们的恩惠而是出于利己的考虑。"这样看，企业只客观利他不是履行社会责任，而是纯粹的商业行为。

有一种看法认为，企业只有"贴钱行善"才算履行社会责任，这其实是一种误解。企业捐助公益当然是履行社会责任，而且也应得到鼓励；但我不赞成将履行社会责任简单地等同于"贴钱行善"。要知道，企业作为市场主体得自负盈亏，"一次性"贴钱可以，长期贴钱怎么行呢？

于是这就带出了本文要讨论的话题：社会责任在政府与企业间究竟如何划分？经济学通常是从成本与收益两方面作权衡，而我则主张就从成本看。这不仅因为履行社会责任的收益难以考量，而且无论政府还是企业履行社会责任，其收益都一样；所不同的，只是他们各自的成本。

毫无疑问，以成本划分社会责任，思路肯定对。难题是生活中的成本种类多，五花八门，我们该选哪些成本作比较？这些天思来想去，与此相关的成本我认为有两种：一是沉没成本；另一是交易成本。沉没成本是指付出后难以回收的投资。比如装地暖，设备一经安装投资就算"沉没"了，日后地暖不用，成本也收不回。

交易成本大家不陌生，简单说，是指达成一笔交易所花费的成本，其中包括信息收集、广告推介以及与市场有关的运输、谈判、协商、签约、合约监督等费用。显然，除了直接生产成本外，所有其他费用皆是交易成本。为了与生产成本相区别，也有人称此为"制度成本"。

为何用这两种成本划分社会责任？为方便理解，让我用案例做解释。

7年前我访问法国，听法国电力公司高管说，"法电"承担了社会责任。事情是这样，法国有边远地区的穷人用不上电，希望政府解决，而政府却就把这件事交给了"法电"，"法电"也欣然接受。为什么？"法电"的回答是，政府直接供电需架设专线，而"法电"有输电网，只要政府按成本价给企业补贴，企业不赔又能履行社会责任何乐不为？

听明白没？在这件事上政府与企业之所以一拍即合：第一，是企业有现成的输电网，而当初建输电网的投资是沉没成本。既然投资已沉没，给穷人送电对企业来说不过是举手之劳。第二，政府按成本价给企业结算，政府节省了（架专线）投资，企业也赢得了声誉，各得其所自然一拍即合。

由此看，企业乐意承担社会责任，是因为存在相关的沉没成本，若非如此，企业恐怕就不会那么爽快了。这里我想到的另一个例子是垃圾焚烧。垃圾处理事关公共环境，显然属于社会责任。可这责任该由谁承担呢？按上面的分析，若企业有焚烧设备（沉没成本）可交给企业，但若政府与企业均没设备怎么办？

这的确是棘手的问题，不过我认为仍可通过比较"交易成本"作选择。比如新建一间垃圾焚烧厂，设备投资（沉没成本）政府与私企也许相同，但政府投资建的是国企，私人投资建的是民企。前者花的是公款，后者是自掏腰包，预算约束不同交易成本定然不同，若国企的交易成本低就由国企承担，反之则由民企承担。

不过据我多年观察，一般来讲，民企的交易费用普遍要比国企低。也正因如此，诸如垃圾焚烧一类的社会责任我认为可交给民企。但要让民企肯接受，政府有两件事必须做：一是要承诺用财政资金购买民企的"服务"；二是明确界定权利，允许民企向垃圾排放方收取适当费用。二者可选其一，也可双管齐下，而总的原则，是要让履行社会责任的民企有盈利。

最后我要强调的是：企业可以承担社会责任，但政府也不应置身事外，一推了之。天下无免费午餐，事可由企业办，钱得政府出。我这样讲，读者同意吗？

公共品不能收费吗

二〇二三年二月十日

当年读大学时就曾听教授讲，公共品由于存在收费困难，市场会失灵，必须由政府提供。起初我对此深信不疑，后来读到科斯的一篇文章，却让我对"公共品难以收费"的说法产生了疑惑，而且意识到此事关系政府职能定位，是一个亟待澄清的问题。

照经济学的定义，公共品是指消费不排他的产品，灯塔是其经典的例子。1848年，穆勒在《政治经济学原理》中写道："虽然海中船只都能从灯塔的指引中获益，但要向他们收费却办不到。除非政府强制收税，否则，灯塔会因无利可图而无人建造。"应该说，此乃"公共品需政府提供"最早的论证。

1974年，科斯针对穆勒的观点发表了《经济学中的灯塔》一文。科斯说，只要政府授权，让灯塔提供者收费，市场就会有人建造灯塔。不过他的观点并未得到学界广泛认同。萨缪尔森质疑说，即便给灯塔提供者授权，收费也照样困难。由于灯塔消费增加而边际成本为零，灯塔（服务）怎样定价？何况灯塔消费不排他，过往船只是否消费了灯塔又怎样识别？

萨缪尔森的质疑，似乎不无道理。首先，政府授权灯塔提供者收费，可提供灯塔服务没有边际成本，谁能保证灯塔提供者不会漫天要价？退一步，即使灯塔服务能够合理定价，但如果船主说他凭借经验就可安全通行，用不着灯塔服务，灯塔提供者凭啥向他收费呢？

不过收费难归难，并不代表公共品不能收费。近些年我赴各地调研，见过不少公共品收费的案例。西南山区有个风景秀丽的乡村，望得见山，看得见水，记得住乡愁。风景观赏不排他，属于公共品，可村里组建了旅游公司后，为游客提供吃、住、行服务，我发现，该村服务收费明显高于别处，且游人如织。

此为何故？我的解释是旅游公司将"风景"委托到了服务项目上，对公共品间接收费。现实中类似的例子多，中央电视台播放电视节目，我收看不妨碍你收看，属公共品，电视台虽不向你我直接收费，却可通过插播广告，向做产品宣传的企业收费。由此见，只要找到委托品，公共品是可以收费的。

将公共品委托在某私人物品上，确实可以解决收费困难。而且通过委托品不仅可以间接收费，也可以直接收费。今年春节期间上映的电影《满江红》，其历史故事无疑是公共品，但拍成了电影，则可委托电影院向观众收费。前几天从网上看到数据，该片票房已突破40亿元。

从经济学角度讲，寻找委托品，目的是解决公共品的收费难题。而为了尽可能地多收费，公共品提供者往往会借助多种委托品将市场细分。比如电影《满江红》，既可委托电影院收费，也可委托网络电视（App）收费。电影院收费相对高，电视收费相对低，这样，用"价格歧视"的办法便可扩大销售，争取最大化盈利。

读者也许要问，公共品可委托收费，由于不存在边际成本，假若提供者漫天要价怎么办？我认为不会出现这种情况。经济学讲得清楚，价格是由买卖双方共同决定的。若供应方定价过高，消费者不认可，必会有行无市，最终价格一定会降下来。再说，公共品提供者存在竞争，谁敢无视市场需求定价呢？

行文至此，似可得到三点共识：1.公共品消费不排他，会导致收费困难；2.解决公共品收费困难，需借助于委托品（私人品）；3.公共品促销，可通过"价格歧视"将中高收入消费者与普通消费者分开，按不同价格收费。事实上，只要满足后两点，收费难题可迎刃而解。

关于公共品收费问题，就说这些。前面说过，公共品能否收费事关政府职能定位。而我写这篇文章，其实是要讨论怎样定位政府职能。照经济学流行的说法，政府有四项职能：保护国家安全、维护社会公正、提供公共品（服务）、助弱扶贫。想问读者：假若公共品可以收费，还必须由政府提供吗？

回头再说"灯塔"，科斯写那篇雄文，试图用史实证明穆勒"灯塔不能收费"的观点是错的；而萨缪尔森质疑科斯，坚持认为公共品会令市场失灵，只能由政府提供。客观地讲，在穆勒那个时代，受技术条件限制，公共品确实难以收费。然而今非昔比，有了互联网后，原本属于公共品的电视剧现在可由私人提供。随着大数据、云计算、区块链等新技术的出现，大量公共品也可委托收费了。

既然如此，"公共品必须由政府提供"的说法便不再成立。当然不是说政府不能提供公共品，若找不到合适的"私人品"委托收费，或者委托收费的交易成本过高，公共品仍需政府提供。反之，若寻找委托品的交易成本并不高，则可由企业提供。总的原则是：但凡有企业愿意投资（提供）公共品，政府应逐步退出，并允许投资者委托收费。

让企业生产提供公共品（服务），政府便可腾出财力，加大对国家安全、社会公正、助弱扶贫等领域的投入，更好发挥政府的作用。比如某些基础理论研究，其成果属公共品，但若企业能找到委托品收费，国家应为其开绿灯，支持企业投资。国外名牌大学之所以重视基础理论研究，是因为他们可以委托收费。

需要指出的是：基础设施具有消费排他性，并非真正意义上的公共品，过去人们将基础设施当作公共品是误解，政府应抓紧改革和完善基础设施投资的相关政策机制，鼓励企业参与基础设施特别是"新基建"项目投资。

为哪些"失误"容错

二〇二二年十二月十一日

我早就想写这篇文章,却一直没有动笔,原因是讨论这个问题确实有一定的难度。鼓励人们干事创业需要容错,可具体应为哪些"失误"容错,却又不容易说得清楚。

让我从三个真实的案例说起。

案例一:大约五年前,某国企供暖锅炉房需要改造,工程预算为300万元。按有关规定,该工程由谁承建,需在央企中经过招标决定。可由于工程量小、利润少,央企无意参与投标。后经多方动员,有三家央企答应投标,可递交的投标文件皆不规范,结果导致流标。

这样难题就来了。当时已近11月中旬,若再次招标,至少需等两个月才出结果;如果不招标,由领导指定承建人,取暖问题虽可解决,却违反了政策规定,将来有可能被问责。此事如何处理?是否应为这位敢拍板的领导容错?

案例二:某央企办公楼门锁年久失修,需要更换。按照规定，购买门锁应走集中采购程序，即从政府确定的"供应商目录库"中采购。而公司财务人员询价发现，市场上同类门锁，价格为500元/把；而通过"集采平台"购买，价格却为1000元/把。于是财务人员将此情况报告给了领导，让领导定夺。

假若你是该公司的领导，你会怎么做？事情明摆着：若直接从市场上采买，成本会低一半；可若不走集中采购程序，就得担风险，日后要是有人举报你无视政策规定，极有可能挨处分。面对这样的选择，你是否会心存顾虑？而我想问的是，倘若该公司领导真的选择了从市场上采购，是否应该为他容错？

案例三：某地方国企生产的产品亟待升级换代，不然会失去市场竞争力。可产品升级在技术上遇到了瓶颈，需要投入1000万元进行技术研发，而且最后不一定能成功。此时，企业内部出现了两派完全相反的意见：一派不主张冒险，继续维持原来产品生产；另一派则主张冒险，拿出资金做技术研发攻关。

事实上，无论企业作何种选择，都有代价。不投资技术研发，产品会滞销，并且会慢慢出现亏损；而投资技术研发，要是不成功，将直接损失1000万元。从长远看，企业要想立于不败之地，当然应该投资技术研发，问题是一旦研发失败，别人指责决策失误怎么办？请问：是否应为支持研发的决策者容错？

对上面三个案例，不知读者怎么看。其实早在2016年初，习近平总书记就曾提出，要把干部在推进改革中因缺乏经验、先行先试出现的失误和错误，同明知故犯的违纪违法行为区分开来；把上级尚无明确限制的探索性试验中的失误和错误，同上级明令禁止后依然我行我素的违纪违法行为区分开来；把为推动发展的无意过失，同为谋取私利的违纪违法行为区分开来。

显然，"三个区分开来"划定了"容错"的边界，也是负面清单。可据我所知，在现实生活中，人们对"三个区分开来"往往难以达成一致认识。比如案例一的锅炉改造，最后未招标是否算"明知故犯"？案例二的门锁采购，不经过集中采购是否算"我行我素"？案例三的研发投资失败，是否算"无意过失"？

先不说我的观点。这里想问读者一个问题：时下某些官员为何"为官不为"？你可能会答：干事有出错的风险，为了不出事，宁肯不干事。是的，中央提出为干事创业者容错，正是为了鼓励官员担当作为。可现在的难题是，哪些失误可以容错而哪些失误不能容错呢？

既然"为官不为"与风险有关，我们不妨看看经济学是如何分析风险的。奈特在1921年出版的《风险、不确定性与利润》一书中将风险分为两类：确定性风险与不确定性风险。顾名思义，前者是指"出险概率"可以量度，后者不可以量度。奈特指出，可以确定的风险不是风险，只有不确定的风险才是真正的风险。

举个例子解释：在市内驾车存在一定的风险。据统计，城市发生交通事故的概率为万分之三。奈特认为，只要事前知道了出险概率，便可通过购买"保险"规避损失，事实上也就没有风险；相反，技术创新失败的概率不确定，所以没有任何一家保险公司为创新提供保险，故创新失败的损失至今无法规避。

从这个角度看容错，我的观点：凡是可以预知的风险而未采取措施规避损失，此类失误不能容错；而对不确定性造成的风险损失，应该容错。比如案例一，不招标虽然是事出有因，但若有人从中拿了回扣，就必须追责，因为拿回扣是明知故犯；再比如案例二，从市场采购门锁并无不妥，但若购买的是伪劣产品，则属我行我素，不能容错。

真正的困难，是案例三。前面说过，创新能否成功具有不确定性，无法规避失败的损失，对此类决策失误，应该容错。但要指出的是，应同时防止有人钻容错的空子，比如打着技术创新的旗号套取国家财政资金，中饱私囊。国内芯片研发有前车之鉴，一旦发现这种违纪违法行为，必须严惩不贷！

归纳以上分析，可得三点结论：第一，国家作出某些程序性规定，是为了避免风险损失。若不按程序办也可确保不出现损失，则不必拘泥于程序，上级部门应为敢于担当者担当；第二，明知存在潜在风险却不按程序办，造成了损失应对决策者问责；第三，对具有不确定性的创新作决策，只要不存在"利益输送"行为，即便失败了也应该为其容错。

　　这里再多说一句：任何政策性规定都不是一成不变的。改革的任务之一，就是从实际出发对不合理的规定进行调整或创新。比如前不久国务院办公厅就发文，明令取消各地设置的"供应商预选库、资格库、名录库"。国务院为何发布这样的禁令，就无须我解释了吧！

行政问责的"三个要件"

二〇二一年五月十九日

我赞成对不作为、不担当的官员问责，但却不主张简单地搞"一票否决"。作为一种制度安排，"一票否决"在某些特定场合是必要的；可要是被滥用，效果却往往适得其反。这些年我在各地调研，耳闻目睹，知道不少基层官员对此颇有微词。我写这篇文章，并不是要为谁开脱责任，以理论理，让我先从一个真实案例说起。

12年前，有一位相熟的县委书记告诉我，他们县有一公务员退休，希望儿子顶职，结果他儿子却未能通过公务员招录考试。于是他跟县委书记讲，若他儿子当不了公务员，就要在两会期间去北京上访。按有关规定，一个地区若出现越级上访，地方主官的政绩将一票否决。无奈，县里只好派专人看住他。类似的事情多，据说该县每年截访费用达近百万元。

上面的案例具有普遍性，恐怕读者也曾经遇到过或者听说过。此事不知读者怎么看，我认为有两个问题值得我们思考。

第一，问责的对象应该是谁？照理讲，是谁的过失导致了不良后果的产生，就应对谁问责。比如有人越级上访，是因为地方政府该办的事而未办或者没办好，当然要追究政府的责任；但若非如此，越级上访是因为某些人不合理的诉求未得到满足，追究政府责任无疑会推波助澜，令越级上访愈演愈盛。

现实中确实有这样的情况。某人本来没打算越级上访，可当他知道领导害怕群众越级上访后，为达到某种私人目的就以"越级上访"相要挟，令地方主官左右为难：要是不答应他，他真的会去越级上访；要是答应了他，又会带动更多人仿而效之。别误会，不是说所有越级上访皆如此，但时下越级上访者中，这样的人也为数不少。

第二，追究责任是否应该分主次？有果必有因，比如某企业发生了生产安全事故，一定是管理上存在重大疏漏。惩前毖后，理当对相关责任人问责。可如果不分青红皂白，将主要责任归于一把手，而且是一票否决，那样显然失之偏颇。我的看法：地方一把手对此应负有责任，但责任应分大小。若动辄一票否决，换位思考，假如你是地方主官，你觉得合理吗？

我曾看到一份调研报告，说一个乡党委书记需与上级部门同时签20多份"责任状"，且全是"一票否决"。问题是，上级部门千条线，基层一根针。一个上级部门一票否决，到了基层便是票票否决，基层干部压力有多大可想而知。其实，不同时期的工作是有轻重缓急的，若凡事皆重点，也就没有重点。基层干部并无三头六臂，要求事事都是重点，无疑是强人所难。

再从经济学角度看，"一票否决"不过是投票选择的规则之一。事实上，投票选择有两种规则：一种是"一致同意"规则；另一种是"多数同意"规则。所谓"一致同意"，其实也就是"一票否决"。这里我想问读者：当人们用投票作选择时，规则应该怎样制定？或者问：在何条件下可以采用"一致同意"规则，而在何条件下应该采用"多数同意"规则呢？

对这个问题，经济学的答案是，投票规则决定于产权安排。具体地讲：私权领域的选择，需采用"一致同意"规则。比如你和朋友去商场购物，大家使用货币"投票"，买什么或买多少皆各自作主，谁也不能强迫谁。而公权领域的选择，由于达成"一致同意"的成本太高，通常只能采用"多数同意"规则。比如民选村主任，要是采用"一致同意"规则，怕是很难选出村主任来的。于是只好退而求其次，尊重多数人选择的结果。

公权领域既然不宜采用"一致同意"规则，而对干部的考核（上级部门给下级投票）则明显属公权范畴，那么也就不宜搞"一票否决"。有人也许会问：中央不也对某些官员就地免职吗？对此我的解释是，中央作为最广大人民利益的代表，行使否决权看似是"一票否决"，而其实不是，中央代表的是多数人意志。

很显然，政府各部门并不具有这种广泛的代表性，所以除非中央授权，否则任何部门都是无权搞"一票否决"的。读者如若不信，可去看看2018年10月中办印发的《关于统筹规范督查检查考核工作的通知》。中央明确要求：不能简单以问责代替整改，也不能简单搞终身问责。而且规定：部门督查检查考核不能打着中央的旗号，日常调研指导工作不能随意冠以督查、检查、巡查、督察、督导等名义。

回头再讨论如何划分主次责任。一个事故发生造成了损失，相关的责任人可能很多，那么应由谁承担主要责任呢？20世纪50年代美国的汉德法官曾对此作过研究，他认为有三个要件：1.避免发生事故的成本；2.发生事故的概率；3.事故造成的损失。汉德的结论是：谁避免发生事故的成本小于发生事故的概率与事故损失的乘积，就由谁承担主要责任。

还是让我用例子解释：A君花20万元从古玩市场买回一只清代瓷碗，然后去参加朋友聚会。可装瓷碗的木箱并未上锁，朋友好奇而争相欣赏，结果掉在地上摔碎了。请问谁应承担主要责任？按照汉德的观点：A君应承担主要责任。

因为只要给木箱加锁,则可避免事故发生;而且只要事故发生概率有1%,加锁的成本都会低于事故概率与损失(20万元)的乘积。

由此引申到行政问责,对我们至少有两点启示:第一,对造成事故的相关责任人皆应问责,但同时应区分主次责任;第二,划分主次责任,关键要看避免事故发生的成本,谁的成本最低,谁就是主要责任人。若按照上面这一原则,上级部门对基层主官显然是不能搞"一票否决"的;而且基层主官也会明白,自己应对哪些工作承担主要责任。如此岂非善哉!

防止"层层加码"只需一招

二〇二二年十月七日

前段时间,人们对某些地区疫情防控搞"层层加码"颇有怨言;国务院也通报批评过。事实上,"层层加码"现象并非始于今天,计划经济时期更是司空见惯,为落实上级规定,越往基层越苛刻,而到了最基层,往往变成"一刀切"。那时人们常有抱怨:国家政策好,却被当地"歪嘴和尚"把"经"念歪了。

我写此文并非只针对疫情防控,而是要从体制层面讨论两个问题:基层为何要搞"层层加码"?怎样才能扭转这种现象?理论上讲,任何一种现象都有存在的原因。那么造成"层层加码"的原因是什么呢?见仁见智,读者都有自己的分析视角。我以研究经济为职业,就用经济学来解释吧。

首先要明确一点,"层层加码"是基层官员的行为选择。若用经济学解释这种行为,就得借助"需求定律"。需求定律说,人们做选择,皆是在成本约束下追求利益最大化。读者不要小看了此定律，它是经济学解释或推断人类行为的基本工具，也是独门绝技。

说得具体些，需求定律有两个关键词：第一个关键词，是"利益最大化"，即人们做选择，目的是争取自己最大化收益；第二个关键词，是"成本约束"。但凡做一种选择，皆有机会成本（放弃另一选择的收益）。这是说，人们在做选择时，一定会考虑成本约束，任何一个理性的人都不会不计成本做选择。

相比起来，"利益最大化"好理解。一般地讲：企业家会追求利润最大化；教师会追求职称最大化；行政官员会追求职级（政绩）最大化。难点在于，如何理解成本？约束选择的成本，并非财务成本（人财物耗费），而是机会成本。比如张三选择进城务工，其成本是放弃在家种地的收益。种地收益越高，务工成本越高。若种地收益高于务工，张三不会选择务工。

约束选择的成本是机会成本，从这个角度看，就不难理解现实生活中为何出现那些貌似不合理的现象。20世纪90年代末，有些外地的家长，想方设法将孩子户口迁入北京，似乎不计成本。此为何故？其实，并不是那些家长不计成本，而是北京高考录取线相对低，让孩子在原地参加高考，机会成本更高。

也许读者要问：机会成本约束个人选择，那么机会成本由谁决定？经济学的答案是由别人决定。在前面的例子中，张三进城务工的成本，是由种地农民的收入决定；而孩子参加高考的成本，是由规定录取分数线的部门决定。以我自己为例，30年前我选择到中央党校任教，是因为当时高校收入并不高，选择党校的成本低。而高校的收入，却不是我决定的。

我说上面这些，不过是想告诉读者，用"需求定律"分析人的行为，应把握三个重点：第一，人们做选择的动机是追求利益最大化；第二，追求利益最大化要受机会成本约束；第三，机会成本的高低要由别人决定。读者要记住这三条，后面的讨论将以此作为分析框架。

回头再说现实。下级对执行上级规定为何会"层层加码"？为方便理解，还是让我结合"疫情防控"作分析。早在2020年2月中央就曾明确强调，要统筹疫情防控和经济社会发展，推动尽快复工复产达产。今年6月，国务院联防联控机制又出台了"九不准"，可为何有的地方还是要"一封了之"呢？

根据上面的分析框架，回答此问题需从分析行为动机入手。毫无疑问，基层官员追求的是职级晋升，而职级晋升需要有政绩。疫情当前，防止疫情扩散不仅是基层官员的职责所在，同时也容易体现政绩。这样看，基层官员重视疫情防控是对的，而且无论怎样重视也不为过。相反，要是松懈怠惰却是渎职。

可往深处想，疫情防控的关键在于精准有效，并不一定要"一封了之"。而且地方官员也都清楚，简单封控会造成人流、物流不畅，影响经济社会发展。顾此失彼，显然弊大于利。可某些地方为何要简单封控呢？我的解释：那是地方官员在成本约束下的理性选择。

为何这样说？冷静想，地方官员面临两种选择：一是"一封了之"，但会放缓经济发展速度；二是有针对性地防控，可那样有可能百密一疏，增多社会面感染人数。对地方官员来说，两种选择都会影响到自己的政绩。可从机会成本看，经济发展慢虽不能提拔，但感染人数多，却可能被降职甚至免职。两相比较，前一种选择的成本明显低得多。

是的，地方官员选择"层层加码"，的确与成本约束有关。前面分析过，机会成本是由别人决定的，自己不能左右，所以他们才做这种选择。设想一下，假若上级对下级不搞"一票否决"，下级会"层层加码"吗？当然不会。从经济学角度讲，行政问责实行"一票否决"，就意味着放弃某种选择的机会成本会无穷大。

由此见，要扭转"层层加码"现象，其实只需一招：上级部门对下级要慎用"一票否决"，降低基层做选择的机会成本。对下级出现的失误，当然还是要问责；但应根据规避风险损失的成本，划清主次责任。总的原则：谁规避损失的成本最低，就由谁承担主要责任。

本文最后的结论是：地方搞"层层加码"，是基层官员在成本约束下追求利益最大化的结果。推及至体制层面，上级部门若不希望基层搞"层层加码"，就得改变成本约束的强度，尽量不用或少用"一票否决"。经济学逻辑是如此，不知道读者怎么看？

不必担心独董辞职

二〇二一年十二月一日

最近独董密集辞职引起热议，起因是康美药业财务造假案。法院判决该公司赔偿投资者24.59亿元，而在财务报告上签字的13名高管要承担连带赔偿责任，其中包括5名独董，赔偿比例为5%—10%，赔偿总额达3.69亿元。判决公布后，短短一周则有50多家A股独董辞职。

事发突然，出乎很多人意料，于是有媒体称：国内出现了"独董辞职潮"。对此官方回应：今年独董辞职人数和往年比大体相当，并无显著差异，"辞职潮"的说法不准确。其实，是不是"辞职潮"并不重要，也用不着争论。重要的是，要弄清楚"独董辞职"对我国未来公司治理究竟会产生怎样的影响。

塞翁失马，焉知非福？在我看来，这次"独董辞职"不完全是坏事，相反却是一个积极信号：预示着我国独董制度将发生一场深刻变革，公司治理会因此进一步规范。何以得出这种判断？让我先简要介绍"独董制度"的背景和设计初衷，要是明白了设立"独董"的目的，读者应该会同意我的判断。

独董制度最初起源于美国，主要针对当时公司治理存在的两大难题：一是内部人（经理）控制；二是小股东权益缺乏保障。1978年，纽约证交所规定，凡上市公司皆需设立独董。独董职责是：当股东和经理层发生利益冲突时，独董应从专业角度对管理层质疑并提出建议；而遇到"公司兼并、重组、破产"等重大事项时，则应站在小股东立场，维护小股东的利益。

独董制度建立后，一个时期确实保护了股东，特别是小股东的利益，各界好评如潮。于是此制度便很快风靡欧美，有人称此为"独董革命"。1999年，董事会中独董的比例：美国为62%，英国为34%，法国为29%。而在大公司中，这一数字更高。据《财富》杂志调查，美国公司1000强中，董事会平均规模为11人，其中独董9人。

公司设立了独董，当然对独董要有相应的激励约束。在激励方面，独董不仅可在公司领取薪酬，也可接受公司一定比例的期权；而在约束方面，独董则需承担相关法律责任。如英、美等国法律规定，独董应履行受托责任，如果因为没有及时揭露虚假信息而给股东造成了重大损失，独董应作相应的赔偿。

举个例子。若某公司刚上市股票便跌破发行价，董事会就有"不负责任"的嫌疑，会被投资者告上法庭。若法庭判决确属董事会失职，独董也要分担赔偿，而且可能会因此倾家荡产。不仅如此，独董通常是名人，名人的亮点容易被放大，污点也容易被放大。而名声有了污点，轻则口碑不好，重则遭人唾弃。可见，对独董的约束力度其实不小。

转谈中国的独董。我国引入独董制度是在1993年，而第一家企业，是在香港上市的"青岛啤酒"。当时学界也讨论过一阵，有寄予厚望的，也有不看好的。我属于后者，并发表过质疑文章。不幸的是，事实被我言中。这些年我常听到有人抱怨"独立董事不懂事"，甚至有人说"独董不过是个花瓶，中看不中用"。

说实话，听到这样的议论我并不意外。用经济学逻辑推理，是必然的结果。前面说过，建立独董制度的初衷，是让独董维护小股东的利益。可目前国内独董的选聘，却是由董事长和大股东说了算。如此，独董基本是董事长或大股东的熟人（朋友）。"屁股"指挥"脑袋"，独董怎会为小股东利益而得罪大股东呢？

最近有一份调研报告说，对公司高管决策提出异议的独董，近20年来寥寥无几；而2018年，竟无一人提出反对意见。换位思考，出现这种现象也不奇怪。独董不在公司上班，对公司的了解仅限于公司财务资料；而独董的任免权又在高管层手里。假若你是独董，当你与高管层的意见相左时，恐怕也不会直陈己见吧。

事实上，这种现象美国也一样存在。当年安然公司负债累累，靠做假账虚增利润。2001年11月终于东窗事发，股价一落千丈，从85美元跌到了1美元。而此前29名高管早已抛出手中股票，赚了11亿美元，中小股东却损失惨重。安然公司也有独董，为何事发前三缄其口？原来，独董也从中得了好处，倒戈转向了高管层。

回头再说"独董辞职"。前面我说独董辞职不是坏事。其理由很简单：此次独董密集辞职，是因为他们从法院对"康美"的判决中感受到了"责任"。十年前，国内也出现过财务造假案，可那时并未让独董承担赔偿，独董自然不会辞职。而现在不同了，此例一开，不愿担责的独董会辞职，而不辞职的独董不敢再当"花瓶"。这样看，对规范公司治理的确是好事。

所以，我的观点：政府不必担心独董辞职，中国并不缺有担当的专业人才，大浪淘沙，剩下来的才是金子；也不必改变现行独董的选聘，之前由董事长（大股东）选聘有弊端，是因为未依法追究独董责任。只要严格执法，独董由谁选聘都一样。现在要做的是对上市公司"章程"作清理，凡"独董免责条款"与国家法律冲突的，要责令限期修订。

我最后还要提醒一点，独董制度并非灵丹妙药，不能包治百病。独董不过就是个"裁判",虽然能使比赛更规范,但却不能阻止运动员犯规,更不能指望他能提高比赛成绩;当比赛规则不完善时,他也可能吹黑哨。因此,还得有其他措施看住大股东。特别是中小股东,切不可因为有了独董就觉得能高枕无忧了。

数据产权归谁

二〇二三年二月十日

一件商品进入市场交换，前提是有明确的产权界定。若产权不明确，没有监护人，意味着该商品可免费享用。既然可免费享用，人们当然不会花钱购买。同样道理，发展数字经济，数据作为生产要素也需界定产权，否则数据无法交易，长此会导致"公地悲剧"。

时至今日，对界定数据产权的重要性，似乎已无异议。然而问题在于：数据不同于一般的有形商品，并且数据可同时供多个用户使用而不排他。在这个意义上，数据具有一定的"公共品"性质。相对于有形的私人品，界定数据产权要复杂得多，也困难得多。

举个例子：张三从网上购买了一块名表，价格十万元。平台企业将张三的购买行为记录下来，便形成了数据。请问此数据的产权怎样界定？是归张三还是归平台企业？难点是，要是没有张三的购买行为，不会产生数据；若平台企业不记录，也不会有这个数据。

　　读者不要以为讨论此数据的产权界定是小题大做。不错，一个孤立的数据确实没多大用处，但若将它们累积起来变成大数据，则用途无穷。比如根据客户交易数据，银行可建立征信系统、降低信贷风险；平台企业则可根据客户偏好，有针对性地推送商品。

　　事实上，经济学研究现实问题，通常需从个案入手，然后由个案推导到更复杂的层面。假若我们能以个案为样本，研究对数据产权的界定，并从中提炼出产权界定的一般规则，此类难题皆可迎刃而解，比如将张三替换为工商企业，产权界定的规则也同样适用。

　　回到前面的例子。对张三购买名表的数据产权归谁，每个人的利益站位不同，答案往往不同。但如果借助经济理论作分析，也许能帮助我们达成共识。问题是借助什么经济理论。研究产权界定，当然绕不开科斯定理，让我们先来看看科斯是怎样分析的。

　　科斯定理说："只要交易成本为零，将产权界定清晰，产权的初始分配与经济效率无关。"此为何意？用更通俗的语言表述：假若界定产权不存在交易成本，那么将产权最初界定给谁并不重要；只要对产权作了界定，市场便能引导资源配置达到高效率。

　　当年科斯提出此观点后，曾遭到众多学者的质疑。有学者指出，现实中交易成本不可能为零，科斯定理不成立。其实，这是对科斯定理的误解。科斯的意思是：若交易成本为零，无论产权怎样界定都不影响经济效率；但若交易成本不为零，则会影响经济效率。

交易成本不可能处处为零，这一点科斯当然清楚，所以他强调要重视产权界定。他举过一个经典的例子：甲与乙两家相邻而居，甲家养牛，乙家种小麦，不料有一天，甲家的牛吃了乙家的小麦，乙要求甲予以赔偿，而甲却不肯赔偿，于是两人产生了纠纷。

在科斯看来，甲与乙之所以产生纠纷，原因是产权没有明确界定。假若政府明文规定，甲有自由放养牛的权利，甲则无须给乙赔偿。相反，若规定乙具有拒绝麦地被牛进入的权利，那么甲就得赔偿乙的损失。由此看，避免纠纷的关键，是明确界定产权。

也许有人要问：既然产权界定如此重要，可科斯为何说产权的初始界定与经济效率无关呢？我的解释是因为科斯假定交易成本为零。而他作此假定，目的是要推出产权界定的第一规则：谁使用效率高，产权就界定给谁。

不妨设想一下：假若养牛与种小麦的不是两个人，而是乙自己，他是否会让牛吃小麦？乙与甲不存在利益冲突，即界定产权的交易成本为零，此时乙只需权衡种小麦与养牛的收益：若种小麦的收益高于养牛，他不会让牛吃小麦；反之，则可让牛吃小麦。

当然，这是乙一个人的选择。若回到之前的设定，甲与乙分别养牛和种小麦，两人间存在利益冲突，界定产权必产生交易成本。在交易成本不为零的情况下，产权应该怎样界定？科斯的观点：要看交易成本。产权界定给谁的交易成本低，就界定给谁。

写到这里，再来讨论数据产权的界定。根据科斯定理，可作两个推定。推定一：若交易成本为零，谁使用数据的效率高，产权就界定给谁。在前例中，张三购买名表产生了数据，而平台企业使用数据的效率无疑比张三高，则产权应界定给平台企业。

可事情并非这样简单。假若张三认为自己购买名表的行为属于个人隐私，不同意平台企业记录（使用）相关数据，将平台企业告上法庭，于是产生了交易成本。这样，便有了第二个推定：若存在交易成本，界定数据产权应以交易成本为依归。

在理论上，第二个推定肯定没错，困难的是怎样比较交易成本。我的观点：可从数据使用的外部性判断。若某数据使用对张三有损害（负外部性），而张三又无法规避损害，显然，将产权界定给张三的交易成本会相对低；反过来，若对张三没有损害，则不存在交易成本，产权应界定给平台。

需要指出的是，将数据的初始产权界定给了张三，并不代表张三的个性化数据别人绝对不能使用,只要给张三支付相应的对价(如通过提供某种服务)购买产权,签订"用户协议"后,平台企业可以将个性化数据整理脱敏,合并为大数据使用。

综上述析,可归纳四条规则:第一,作为生产要素的数据要进入市场交易,必须界定产权;第二,若数据使用不存在负外部性,产权应依据效率规则界定;第三,若数据使用存在负外部性,产权界定应看交易成本;第四,数据初始产权界定后,应允许自由交易。

让市场作主

肉禽产品价格上涨，对中高收入者的影响微不足道，真正需要政府照顾的是低收入者。只要低收入者生活水平不下降，肉禽涨价无伤大局，政府没必要为了让中高收入者买到便宜的肉禽产品而牺牲农民的利益。

牵牛要牵牛鼻子。城市交通要治堵，关键在"限用"而不是"限购"。若用车成本大幅提高，人们用车必减少，而用车被约束了，买不买车，消费者自会盘算，不用劳政府大驾亲自去管。

政府高层多次强调推动工业文明转型，当下的难题是怎样做。总的思路，是设法将社会成本内化为企业（私人）成本。具体讲，就是根据交易费用的高低，将污染造成的社会成本分摊由企业承担。

缓解油荒应放开价格

二〇〇六年十二月十九日

生活中有些怪事，让人匪夷所思。有些商品明明供不应求，价格却不让涨。而且越是短缺的东西，价格控制越严。价格不涨，当然不是商家不想多赚钱。真正的原因，是人们对价格理论吃不透，对价格的作用机理不明就里。

还是从具体的事说起吧。这两年，中国电力短缺，于是政府说高能耗产业发展快了，要对钢铁、水泥、电解铝等行业布控。可生产厂家说，他们发展并不快。理由很简单，他们的产品能赚钱。的确，凭常识就知道，能赚钱的商品，肯定是有销路。既然有人需要，就不能平白无故地说它多了。商家盯住的是利润，要是有钱可赚，无论政府说多说少，投资者都不会罢手。去年政府严控电解铝，可顶风上的项目仍不少，原因正在于此。

电力吃紧，高能耗项目为何还能赚钱？我的看法是电价不够高。若是电价足够高，令其无利可图，投资商自会望而却步。因此，控制高能耗，政府只需一招，放开电价即可立竿见影。而且，政府不管制价格，允许电价上涨，不仅可遏制投资，还可抑制消费。日常生活里，为什么总有人浪费水却少见浪费油？那是因为油比水贵。若是水价贵于油价，人们也不会浪费水。这就是价格的作用，价格上升，需求就一定下降。

最近几月，深圳闹"油荒"。油是稀缺资源，厉行节约是对的。但不管怎么说，国内汽油供应并没有到山穷水尽的地步。而且油品紧俏，也并非深圳一市，可为何独独深圳会断供？个中原因去深圳打听，普通市民就能告诉你。深圳比邻香港，香港今日的油价，要高出深圳不止一倍。于是不少香港司机舍近求远，纷纷跑来深圳加油，甚至有人见财起意，利用两地价差牟利。试想，以一地的油源，同时供两地消费，深圳怎会不"油荒"呢？

看来"油荒"的起因，还在价格。倘若政府允许油价上浮，哪怕只涨至香港的八成，深圳的油供也会大大缓解。问题是，听任油价上涨，必有人反对。而反对最强烈的，是那些拥有私家车的家庭。的确，若令深圳油价看齐香港，一般工薪阶层将无力承受。加不起油，私家车就得在车库里闲着。可换个角度想，即使政府控制了油价，难道供应就能增加吗？当然不能。市场上无油可供，油价再低，私家车也照样开不动。所以要想缓解"油荒"，控制油价也是徒劳。

奇怪的是，于今却有人相信，控制价格，可保护消费者的利益。其实，这个看法不对。还是以汽油为例，汽油短缺，若油价不涨，那么就总有人买不到油。本来，市场配置资源，是出价高者得。可若限制油价，人们争用资源，就得改用非价格手段。比如花时间去排队，或是给供油的主事人送礼。无论排队还是送礼，缺油的现实都变不了。相反，排队要耗费时间，送礼要支付费用。假定每升油市场价6元，而政府限价4元，此种情形下，若你不给主事人2元好处，他怎会把油卖给你？可见，控制油价只会导致腐败，不可能保护消费者。

多年以来，学界流行一种观点，说政府不控制能源价格，下游企业成本会上升，成本上升会推动物价上涨、引发通胀。不错，成本上升是有可能推动物价上涨的。但要指出的是，这也仅仅是一种可能。在某些情况下，成本可以决定价格，成本涨价格会涨；但在另一些情况下，价格则由需求决定，成本涨，价格却不一定涨。

举个例子。徐悲鸿的画今天的卖价要大大高于从前，但这并非画的成本有何变化，而是物以稀为贵，人们对作品的需求变了。要是我王某的画，不管投入了多大的成本，没人肯收藏，也是一文不值。

是的，马歇尔早就说过，价格既要由成本定，也要由需求定。所谓由成本定，指的是卖方价格。比如你生产一件上衣，定价时你得先考虑成本，再加上适当利润。可市场价格，不能全由卖方说了算，还得顾及买方需求。假如你定价太高，顾客没有需求，你就得把价格降下来，转按需求来定。所以按成本定价只有一种可能，那就是商品匮乏，无论成本多高，都有人肯买。若是商品过剩，价格就只能按需求定。不然脱离了需求，产品卖不动，赔钱的最后还是卖家。

明白了这层道理，回头再说通胀。我有个判断：只要经济总体上过剩，能源价格上涨，就不会导致通胀。上文已说明，在过剩经济下，对价格起决定作用的不是成本，而是需求。尽管能源价格上涨会引起成本上升，但由于需求不足，价格就涨不上去。比如现在电视机过剩，电价上涨，生产电视机的成本会升，但受需求约束，电视机的价格却不会涨。同理，随着电价上涨，汽车的生产成本会上升，若汽车供大于求，汽车的价格也不会涨。

分析至此，可得三点结论：第一，控制高能耗产业，政府不必搞行政管制，放开价格比搞行政管制更有效。第二，限制油价不能缓解油荒，也保护不了消费者。正确的做法，是让油价随行就市。油价上涨，可以让石油企业多盈利。企业有了钱，就可以开发油源或进口石油，这样反而对消费者更有利。第三，国内经济正逢内需不足，能源短缺，放开价格既可调结构，又可免通胀之忧。

涨价未必就是通胀

二〇〇七年六月二十二日

人民日报社《环球人物》的记者要采访我,郑重其事,事前给我一个采访提纲。大意是问,居民消费品涨价会否导致通胀?笼统地说,不好答。但如果问近期CPI上涨能否带动通胀,我的答案是肯定的。当下消费品价格上涨不会带动全面物价上涨,更不会诱发通胀。

很多人以为,涨价就是通胀。其实不然,通胀会涨价,但涨价未必是通胀。经济学大师弗里德曼说,通胀始终是货币现象。只有当货币供应过量而导致货币贬值时,物价上涨才是通胀;反之,若是由于某些商品短缺引起价格上升,则不是通胀。此为经济学常识,大学教科书白纸黑字写得清楚,无须我多费笔墨。

国家统计局公布,5月份的CPI同比上涨3.4%,是通胀吗?应该不是。从数据看,上月的物价上涨,主要是食品涨价所致。据中金公司估计,食品涨价对CPI的贡献为

0.24%。其中，肉禽涨价对CPI的贡献为0.6%，水产品为0.14%，蔬菜为-0.5%；而非食品仅占0.07%。综合起来，食品与非食品使CPI上涨了0.3%，加上去年5月份CPI环比是-0.1%，故今年5月份CPI与4月份环比提高0.4%。

由此看，近期物价上涨有三个特点：一是肉禽涨幅最大；二是食品涨幅超过非食品；三是消费品涨幅超过服务品。究其原因，一方面，是去年饲料价格居高不下，生猪饲养成本高，出栏价格低，养猪无利可图，造成今年供给减少；另一方面，城市肉类需求有增无减，供不应求，肉类价格自然陡升。受其影响，部分消费者转向禽类和水产品消费，于是这类产品价格也随之升高。

显然，5月份CPI上涨是由于肉禽供应减少，不是通胀。但问题是，肉禽产品涨价，会不会带动下游产品涨价？比如，猪肉涨价，会不会令猪肉罐头涨价？猪肉罐头涨价，会不会令全社会工资上升而加大工业成本，从而诱发价格普遍上涨？理论上说，通胀既可由需求拉动，也可由成本推动。而我的看法：需求拉动通胀是对的，但成本推动通胀却大可商榷。

不是说成本不能推动通胀，而是这样必须有一个前提：就是商品全面短缺。马歇尔讲，供求决定价格，没有错。但若商品短缺，价格则由卖方定。道理简单，既然供给不足，皇帝女儿不愁嫁，价格当然要由卖家说了算。通行的做法，是成本加利润。如此一来，上游产品涨价，必使下游产品成本增加，而成本增加又推动价格上涨，如多米诺骨牌般产生连锁反应，最终会导致物价全面上涨，货币贬值。

反过来，假如社会上商品普遍过剩，成本则不会推动通胀。比如猪肉罐头过剩，肉价上涨，罐头价格不会涨。因为天下没有那样蠢的商家，产品卖不动还加价，即便敢加，消费者不肯买，高价也就形同虚设。同样的道理，假若汽车过剩，钢材涨价汽车不会涨价；纺织品过剩，棉花涨价纺织品不会涨价；家具过剩，木材涨价家具不会涨价。由此类推，上游产品涨价，下游产品不涨，通胀则不会发生。

是的，商品供大于求，价格转由买方定，是需求决定价格，价格决定成本。举猪肉罐头的例子，若消费者只肯花10元买一听罐头，猪肉涨价，罐头的成本从原来的9.5元增至10.5元，此时厂家若要赚钱，唯一办法是压成本，否则就只能天天赔钱，直到停产关门。从这个角度看，上游产品涨价，不会带动通胀，而是迫使下游企业改善管理，降低成本。

照此分析，当前中国经济整体过剩，肉禽等食品类价格上涨，当不会引起通胀。再说，近年来我们的经济增速达10%，而物价上涨年均不到3%，相比之下，涨幅不算大，经济学说，只要把物价涨幅控制在经济增速之下，都是适度的。既如此，那么人们为何对上月CPI同比涨幅3.4%如此敏感、谈"涨"色变呢？

我猜测，有两个原因：一是对通胀理论不明就里，以为任何时候成本都会推动通胀；二是传统思维定式，认为食品关系国计民生，价格不能涨。第一点已解释，不再说；而对第二点，我不赞成。不错，一直以来，农民都是在用廉价农产品保障城市供应，尤其是计划经济时期，政府通过价格剪刀差，让农业为工业积累大量资金。可今非昔比，现在是市场经济，我们为何不把农产品价格交给市场调节呢？

说农产品价格不能涨，是偏见。可以理解，吃惯了便宜的大米、肉禽，现在陡然涨价很多人会不适应。但不适应并不意味着农产品就不能涨。只要供不应求，工业品价格可以涨，农产品照样可以涨，此乃市场规律，天经地义。过去农产品过剩，价格下跌，是农民吃亏；现在农产品短缺，价格该涨却不让涨，还是农民吃亏。换位思考，站在农民的角度想，你觉得这样公平吗？

其实，农产品价格适度上涨，不是坏事，至少有利于农民增收。多年来我们希望农民增收，政府也千方百计增加农民收入，差不多把政策用到了尽头。而眼下农民有增收的机会，我们何不顺水推舟呢？说过多次，农产品比价低，农民不富裕，不是农业天生弱质，更不是农民不勤劳。相反，是为了保证城市需要，政府不仅让农民多增加供应，而且还不断地调控产品价格。

面对肉禽价格上涨，愚见以为，政府最应该做的不是动用储备平抑价格，而是补贴低收入群体。食品适度涨价，对中高收入者的影响其实微不足道，因此，真正需要政府照顾的只是低收入者。只要低收入者生活水平不下降，食品涨价则无伤大局。至少，政府不应该，也没必要为了让中高收入者买到便宜的肉禽而牺牲农民的利益。

加息不能压缩流动性

二〇〇七年五月二十四日

最近几个月"流动性过剩"已成社会关注的焦点,而我对货币供应过多的判断,不怀疑。可观察的指标为银行存贷差,手头有两个月前的数据,整个银行体系存款余额为35.9万亿元,而贷款余额为24.8万亿元,闲置资金达11万亿元。经济学说,流动性过剩会引发通胀、导致经济过热,因此,对流动性过剩政府不可能不重视。

要讨论的是,减少流动性,政府该如何处理?学界一直有人支着儿,建议央行大幅加息。我的看法:央行发行定向票据或提高存款准备金,可回笼货币,办法对。但我不明白,加息怎能减少流动性?简单地推理,流动性过剩,表明货币供给过多,而推高利率,只会减少货币需求,供应未变,难道流动性能不翼而飞?

我与"加息派"的分歧,在对利率的认识。现在的经济学教科书众口一词,说利率是政府调节经济的工具。利率是工具吗？老实说，我有疑问。因为按教科书的解释，利率是货币的价格。既然是货币之价，利率得由货币供求定，政府怎可人为加减？奇怪的是，对一般商品价格，大家反对政府插手，可为何对货币的价格却反而希望政府干预呢？

以错攻错乃辩论术，雕虫小技而已。不过只此一问，便可见"利率工具论"错得明显。其实，我并不同意"利率是货币的价格"的说法。我的观点：货币的价格，不是利率，而是它的购买力。比如，1把斧头的价格是10元，那么反过来，则可说10元货币的价格，是1把斧头。是的，货币作为固定充当等价物的商品，它的价格只能用所购得的物品数量去表现。

还有个证据，可以支持上述观点。读经济史便知，利息的出现，不仅要早于货币，而且在没有货币的地方，付息现象也比比皆是。早年在中国民间，实物借贷很普遍，春借粮两斗，秋还两斗半。那多还的半斗，其实就是利息。半斗除以原来借的两斗，比值就是利率。在这里，我们根本看不见货币，但利率却照样有。显然，"利率是货币的价格"的说法不可信。

利率不是货币的价格，但这也不是说，利率就可由政府操控。说过了，决定利率高低的，除了借贷之数，还有利息之量。那么利息为何物？它如何定？对此，有两位经济学家不可不提。一位是19世纪末奥地利的庞巴维克。他说，由于现在的钱贵于将来的钱，若现在想要预支将来的钱，就须付价差，这个价差就是利息。即是说，利息是货币的时滞之价。

另一位是美国经济学家费雪。与庞氏比，费雪的观点大同小异，但角度不同，所推出的含义也不同。费雪说，虽然人性普遍不耐，但程度却有高低之分，有人很不耐，有人稍耐些。于是，不耐的人要即时享受，就得用将来的期货交换稍耐人的现货，为达此目的，不耐的一方必须给稍耐的一方付息。简言之，费雪认为，利息是"耐"的报酬，"不耐"的代价。一个人越是不耐，所付的利息就越多，利率也就越高。

我赞成费雪的分析。仔细想，的确是不耐程度决定了利率。比如战乱时期，人们生死难卜，前景黯淡，于是不耐上升，利率通常被推高；反之，太平盛世，人们丰衣足食，人心安定，不耐下降，利率也下降。另一个例子，是国债利率与银行利率。为何国债利率通常要高于银行利率？原因是政府不耐，要着急借钱弥补赤字。再有，当下国内民间借贷利率为何也普遍高于银行利率？答案是银行审贷烦琐，有人不耐等待，宁愿支付更高的利息。

类似的例子多，不必再罗列。重要的是费雪的利息理论究竟能给我们哪些启示。大致说，我认为有三点：首先，利率由不耐决定，与货币供应无关。上面的例子，国债利率与民间利率均高于银行利率，并非货币供应有何改变，而是政府与厂商的不耐导致了利率差别。由此可推出的政策含义是，央行提高利率，不能减少货币供给。换句话说，流动性过剩，不能用加息来解决。

其次，影响不耐的因素都会影响利率。比如出现通胀后，人们预期未来物价会大涨，不耐程度加剧，于是纷纷贷款消费，甚至寅吃卯粮，如此利率肯定被拉高。这也是通胀时期美联储要加息的原因。很多人以为，美联储加息是为了控制通胀，其实不然，恰恰是通胀才引起加息，加息只是通胀的结果，不是压制通胀的手段。弗里德曼说，通胀始终是货币现象，控制通胀的唯一办法，是收紧货币供应。

最后，脱离不耐加高利率对经济有害无益。还是举通胀的例子。假如基点利率为4%，而通胀指数为2%，那么市场利率应升至6%。但如果为了压制通胀，央行把利率提高到8%会怎样？结果一定是贷少存多。问题是，银行高息吸存却不能贷出，岂不要被憋死？若银行不想关门，自会设法变通。但只要银行把钱贷出去，需求就不会减少，政府控制通胀仍是竹篮打水一场空。

综上分析，利率只是市场信号，并非政府可以操控的工具，因此，那种认为加息可压缩流动性的观点是错的；认为加息可压缩通胀的观点也是错的。对付通胀，关键在压缩流动性；而压缩流动性，治本之策是控制货币发行。不然，货币源头管不住，总在下游动脑筋，东堵西堵，流动性仍会泛滥成灾。对此，政府当有清醒的认识。

汽车限购能走多远

二〇〇八年十一月四日

经历过计划经济的人，对政府"限购"应该不陌生。记得1979年我上大学时，大米、棉布、白糖等还一律凭计划票证供应，若是有钱没票，商店绝不会卖给你。可奇怪的是，当时并不见有多少人怨天尤人。想不到，年前北京推出汽车限购令却立即议论四起，有人拍手叫好，有人愤愤不平。近来有多家媒体问我怎么看，思之再三，就说说我的看法吧。

说实话，对北京启动汽车限购，起初我并未在意。一是这仅是地方土政策，涉及面不宽；二是我本人不急于买车，事不关己也就没多留心。可年初列席海淀区人民代表大会，听到不少代表对汽车限购有意见。不过大家当时针对的还不是限购本身，而是认为目前摇号买车的做法不可取。比如一个三口之家已经买了两辆车，而另一家庭一辆车也没买，现在凭身份证摇号，由于中签率太低，觉得对没买车的家庭不公平。

后来参加北京市人民代表大会,会上又有人对汽车限购提出疑问,指出市政府此举初衷虽好,是想缓解城市交通压力,但从效果看却顾此失彼,会引发一系列负面反应。是的,限购令实施仅数月,某些弊端已显现出来。有专家估算,此政策若不立即更改,北京市的销售收入将每年减少600亿元,财政收入每年减少60亿元。至于会有多少人失业,未见官方数字,但可想到的是,随着大批4S店关门,很多人要失业,而最终会牵累多少汽车工人下岗,眼下还说不准,也不好推测。

我这样讲并不是指北京不该治堵。自己生活在北京,交通拥堵苦不堪言,要治堵我当然赞成。这里要讨论的是,治堵是否非限购不可?或者说限购是否就是最好的办法?老实讲,我本人对限购并不看好。

不否认,汽车限购对治堵有助,至少可减轻日后城市的交通压力,但有两个问题仍解决不了:第一,当下北京早已车满为患,即使不再增新车还会照堵不误,怎么办?第二,摇号购车虽是机会平等,但却不分轻重缓急,某些人急需用车而总也不中签怎么办?

若往深处想,这里有两组利益要权衡:一是有车群体与无车群体的利益;二是有车群体与想买车群体的利益。经济学讲资源配置,最优状态是大家熟知的帕累托标准。而该标准说,福利配置的最优状态,是指在某种既定的资源配置状态下，任何改变都不可能使至少一个人的状况变好而不使任何人的状况变坏。从这个角度看，汽车限购固然照顾了不买车群体的利益，也照顾了有车群体的利益，但同时却约束了想买车群体的利益。有人欢喜有人愁，显然不是最佳利益配置。

的确，这是一个两难选择。设想一下，假若政府对购车不加限制，让人们敞开购买又如何呢？想买车的人当然皆大欢喜，但不买车的人就得承受交通拥堵，会怨声载道。由此看，不论政府限购与否，都会伤及一些人的利益，说得专业点，都有悖于资源配置的帕累托标准。左右为难，政府该怎样处理才对？我的看法：政府其实大可不必限购，或者说限购原本就不是治堵的唯一选择，也不是最优的选择。起码的一点，市场经济主张买卖自由，而政府用行政办法限购算怎么回事？

我能理解政府的苦衷，之所以如此，市政府也是迫于无奈，不得已而为之。不过最近看报纸，有不少人为治堵献计献策。给我印象深的，一是主张对上下班等高峰期的机动车辆收费；二是建议错开上下班时间。应该说，这两个办法皆可取，不过操作起来会有困难。比如高峰期怎么收费？是否要在城里再设收费站？若那样无疑火上浇油，交通会更拥堵。若采用电子系统收费，那又得有一笔不菲的投资。至于错开上下班，好是好，车辆能分流，但上下班时间不同，政府运转必将多有不便。

还是说我的观点吧。称不上奇思妙想，但做起来很简单。依在下看，交通治堵只需一招，那就是大幅提高停车收费标准。近来与朋友讨论，有人问：北京停车不是早有收费吗？为何交通还拥挤不堪？我的答复：那是因为收费标准不够高。设身处地想，假如你现在开车上班，停车费每小时5元，一天40元，汽油费10元，总共50元；如果打出租车需70元，你当然要自己开车。但若停车费每小时从5元提高到15元，一天仅停车费就是120元，请问你还会开车上班吗？

在那次市人民代表大会上，有代表提到一种情况，说有的政府机关或商厦设有内部停车场，即便提高了收费标准，人家也未必会执行，如有些商场为招徕顾客，停车至今还是免费的。骤然听，这事的确有些不好办，但仔细琢磨，解决其实也不难。我想到的，是对停车场课重税，只要收税够重，"免费停车"肯定持续不了。而且还可一石二鸟：不仅限制人们驾车上班，同时还能用所得税改善公共交通，在某种意义上，这也是有车群体对无车群体的一种间接补偿。

俗语说，牵牛要牵牛鼻子。北京要治堵，关键在"限用"而不是"限购"。试想，若用车成本大幅提高，人们用车必减少，而用车被约束了，买不买车，消费者自会盘算，哪用得着劳政府大驾亲自去管呢！

商品房限购有利有弊

二〇一二年十一月十一日

对政府限购商品房，学界褒贬不一，地方官员也颇有微词。不久前国家统计局发布数据，第三季度GDP增长7.4%，明显低于人们的预期，于是不少人把经济放缓的原因归咎于商品房限购，这样说不是没一点道理，作为地方的支柱产业，房地产不济当然经济会受拖累。

这里要讨论的，是政府为何要限购商品房。原因其实路人皆知，政府旨在控房价。前几年房价高企，有人买不起房怨声载道，于是千夫所指，批评开发商牟取暴利，要求政府打压房价。而开发商回应，由于地价高房价才会高，是地价推高了房价，地价不降房价降不了，所以开发商要求政府首先降地价。

是这样吗？我不赞成开发商的观点。曾说过多次，房价与地价之间，绝非地价推高房价；恰恰相反，是房价拉高了地价。倘若市场房价不高，地价不可能高得了。说来简单，开发商不蠢，如果房子卖不起价他们怎会高价去从政府手里买地？君不见，2008年下半年受美国次贷危机影响，国内房价下跌，地价立即下跌；而2009年房价回升，地价这才跟着涨起来。

困难就在这里，地价不降开发商房价不降。那么地价有可能降吗？我看很难。两个原因：一是现行财政体制下地方只留存增值税25%，所得税仅40%。分税制前，地方财政收入占比是70%，现在仅为50%；而地方财政支出占比却从原来的70%上升为85%。这样地方财政入不敷出。巧妇难为无米之炊，地方政府只好靠卖地弥补。有数据说，土地出让金目前已占到地方本级财政收入的60%。

另一个原因，是地方政府既然要卖地筹钱，地价当然是越高越好。由于市场房价高，地价高开发商也接受，想想看，土地能卖高价，政府怎会卖低价呢？再说现在土地出让都是招拍挂，若开发商愿出高价而地方政府却坚持低价卖，别人会怎么看？是不是会怀疑主事的官员在从中渔利？考虑到这一点，除非真有猫腻，不然地方官员是不敢低价出让土地的。

写到这里，读者应明白国务院为何要对商品房实行限购了。一方面，房价居高不下有人要求政府控房价；另一方面，地方政府不降地价而开发商不肯降房价。没办法，国务院只好"下猛药"，抑制购房需求。早几年中央政府其实也曾出台政策调房价，如2005年颁发"国八条"，2008年底颁发"国十条"，可惜那些措施皆和风细雨，调控的效果似乎并不明显。

经济学说，市场价格由供求决定。是的，商品房涨价，原因无他，一定是供不应求。所以抑制房价无非用两招：一是增加土地供应，让开发商多建房；二是抑制购房需求，让消费者少买房。如何选择？由于政府要守18亿亩耕地红线，土地不可能敞开建房。而短期内房供短缺不改变，当然就只能抑制需求。这样看，国务院下令限购其实也是无奈之举。

不必怀疑，房屋限购对控价肯定有帮助，这两年各地房价相继回落是明证。不过对限购效果得辩证地看，在抑制房价的同时，它也可能会抑制经济。目前欧美经济疲软，中国出口受阻，经济要保持7%的增长必须扩内需（重点是扩消费），而国内居民的大宗消费是购房，购房被限制，对扩消费岂非作茧自缚？

确实是棘手的问题。一方面房价要控制，另一方面经济要发展。故当务之急是要另辟蹊径，找到一个两全其美的办法，既能控房价而又不损害经济。这样的办法有吗？这些日子我思来想去，想到的就是将住房与买房分开处理。所谓"居者有其屋"，是说人人能住房，而非人人能买房。就连今天欧美发达国家，也并非人人都是买房住。

最近看到一份资料，说德国人平均到42岁才买房；而法国人买房的只占59%；美国人高一些，买房的占70%。可见，发达国家也有不少人租房住。事实上，政府要照顾穷人住房，可以提供廉租房，而不必将房价压低到让人人都买得起。这既不现实，也没必要。顾名思义，商品房就是商品。是商品，价格就得随行就市。退一步讲，即便今天房价降30%，那些低收入者也未必买得起。

再想多一层。若限购政策不松动，长此以往房价一旦大跌（比如跌50%），拖累的怕不单是经济，一大批有房户可能会变成无房户。举个例子。某家庭买了一套价格100万元的房子，自己首付25万元，从银行贷款75万元。结果房价跌了一半，原来100万元的房子现在就值50万元，你说这个家庭怎么还贷款？就算净身出门，用房子抵贷款还欠银行25万元。

我不主张政府打压房价，当然不是指房价可无限度上涨。对当下政府来讲，我认为上策是稳房价。对此我有专文分析（见《稳定房价才是上策》，已收入本书），恕不重复，这里要说的是怎样稳房价。前几天与钦州市委张书记讨论，他认为可借鉴新加坡的做法，用差别交易税抑制炒房，即买房后持有时间越短，征收交易税就越高。

我觉得此法很妙，妙就妙在鼓励租房限制炒房。设想一下，假如交易税这样设计，凡买房后当年卖出的，交易税征收其差价的95%，第二年卖出的征收85%，第三年卖出的征收75%，第四年卖出的征收65%……如此一来，将来还会有人对炒房乐此不疲吗？就算急病投医，政府不妨用这个办法试试吧。

工业文明的代价

二〇一三年十一月四日

我对"文明"的理解与大家一样。若说某人行为不文明，那一定是批评。据专家称，"文明"一词在中国最早出自《易经》，泛指文化涵养；而英文中的"文明（Civilization）"则源自拉丁文"Civis"，直译为城市居民，寓意是指先进的文化状态。若对文明作这样的解释，那么我写"工业文明的代价"是否有点文理不通了？

是的，读者完全有可能会问，文明有代价吗？我的回答：当然有。特别是工业文明，不仅有代价而且代价还非常高。今天学界之所以要讨论文明转型，不论出于何原因，归根到底我认为就是因为工业文明的代价已不堪重负，若非如此大家怎会如此重视这个问题呢？至于工业文明为何会有代价，我后面谈，这里先从文明转型的一般规律说起。

迄今为止，学界认为人类文明已经历了农耕文明与工业文明两个阶段，目前正向生态文明迈进。当然也有人说农耕文明前还有一个原始文明阶段，不过此观点有争议，我不是这方面的专家，且与本文关系不大，暂存而不论。而我所关心的是人类文明为什么会转型，或者说推动农耕文明转向工业文明、工业文明转向生态文明的动力究竟是什么。

研究这个问题，西方学者在分析社会转型时有个视角我认为可借鉴。基本观点是，一个社会哪个阶层拥有最稀缺的资源，他们就会成为主导阶级，社会性质也由此而定。比如奴隶社会，由于当时生产力低下，最稀缺的是人手，所以拥有奴隶的奴隶主就成了社会主导阶级。后来随着人口增长，人手不再稀缺而土地变得稀缺，则地主成了统治阶级；再后来发现了新大陆，土地不再稀缺而资本稀缺，于是资本家成了统治阶级。

当然，用"稀缺"解释社会转型只是一个角度，我们还可从另外的角度（如生产力与生产关系相适应）解释，而且那样也许会更科学。不过即便如此，我则认为用"稀缺"解释文明转型可取。比如封建社会产生农耕文明，原因就是粮食短缺。马尔萨斯当年主张控制人口，理由是粮食增长要比人口增长慢。也正由于粮食短缺，所以封建社会的文化风俗以及各类祭祀活动皆与粮食生产相关，这样就产生了农耕文明。

事实上，马尔萨斯只说对了一半。封建社会前期乃至中后期，人口确实比粮食增长快，但到了末期，由于工具改进与耕作技术进步，温饱基本解决，人们需求层次提升，"奢侈品"就显得稀缺，这样便催生了工业文明。如穿的方面有了缝纫机、尼龙、涤纶；吃的方面有了甜菜糖、罐头、汽水、巧克力；住的方面有了电梯、钢筋混凝土建筑和摩天大楼；行的方面有了汽车、火车、轮船、飞机等。

工业社会的到来，无疑极大地丰富了人类的物质供应，但同时也损坏了生态。相对物质供应来说，好的环境反而稀缺了，今天人们更需要洁净的空气、健康的食品与优美的环境，于是工业文明又开始向生态文明转型。事实的确是这样，就在30年前，国人还把"烟囱林立"作为文明的标志，可如今显然不同了，媒体时有报道，有地方招商引资由于项目有污染而遭居民抵制。

分析了文明转型，下面再谈工业文明的代价。所谓工业文明的代价，其实就是指对生态环境的损害。众所周知，工业的载体是企业，工业之所以会损害环境，经济学认为根源在企业私人成本与社会成本的分离。举个例子，一家造纸的工厂，其私人成本是企业的直接成本（原材料、工资及管理费），而排放废水废气对环境的损害企业不补偿，故称社会成本。问题就在这里，由于社会成本企业不承担，企业自然是不会去顾及环境的。

由此有人可能会问，既然企业损害了环境，社会成本何不让企业承担？是的，环境成本是该由企业承担，可事实上却没让企业承担。何以如此？个中原因我认为一方面是以往人们对环保的需求并不强，如首钢当年建在北京就足以说明这一点；另一方面，工业化初期若社会成本让企业承担，有些产业怕搞不起来。仍以钢铁为例，若环境成本皆让企业支付，"一五"时期的各大钢厂绝对生存不到今天。

不过这都是以往的事了。今非昔比，随着中国工业化进入中期，工业文明的代价已越来越高，人们不可能再熟视无睹。当然，不是说今天企业的污染比过去严重，现在企业处理排污的技术要比从前先进很多。我这里所说的代价，是从机会成本的角度看，由于今天人们更加重视环境，或者说环境已变得更值钱，这样，发展工业的机会成本比以前就更高了。

正由于这种环境的压力，所以政府高层多次强调推动工业文明转型。当下的难题是我们该怎样做。对此我的观点很明确，总的思路，是设法将社会成本内化为企业（私人）成本。我曾多次说过，社会成本分担实际就是科斯讲的界定产权（排污权）；而产权的界定则以交易费用为依归。说得直白些，社会成本内化不必一刀切，应依交易费用的高低相机抉择。只要把住这原则，具体怎么做，政府决策者应该比我清楚。

丽江空气该收费吗

二〇〇九年八月二十三日

去年暑期赴丽江调研，一天夜晚得闲，便与几位同行一起去听纳西古乐。纳西古乐我并不懂，但对宣科先生的名气早有耳闻，慕名而去，当然也不虚此行。那晚不仅乐队演奏得好，宣科的主持更是别具一格。他操淡淡的滇西口音，谈古说今，风趣诙谐，不时令全场捧腹。而给我印象最深的是宣科先生说丽江空气清新，应让我们这些外来客每人缴一元空气呼吸费。

说者无心，听者有意，他一番调侃，当时让我想到了生态补偿那方面。

丽江作为历史文化名城，常年游人如织，靠旅游已赚得钵满盆满，自然不在乎向游客再多收一元钱，也许正因如此，当地政府对宣科先生的建议未加重视。不过不收归不收，但不等于丽江就不该收，两回事。不妨设想一下，假如丽江财政很差钱，政府硬要向游客收费，你有理由反对吗？

天下无免费午餐。你享用了人家优质的空气，让你支付一元钱不多吧？何况丽江要保持这样的空气质量也有代价，比如放弃上重化工业项目就是他们的机会成本。

先不说丽江，若从广大西部地区看，生态补偿会显得更紧迫。几年前我应邀赴陕西汉中讲学，那里自古乃兵家必争之地，山川秀美、物产丰富。可遗憾的是，汉中今天经济仍不发达。何以如此？当地官员说，汉中被国家划定为"限发展地区"，为保护生态，很多工业项目不许上，看着人家赚钱，他们只能束手无策。是的，汉中不比丽江，旅游未兴，虽说也是山青水绿，可没有营利模式，环境再好老百姓也得受穷。为官一任，造福一方，当地官员所承受的压力可想而知。

另一个例子是山西。山西是资源大省，盛产煤。论对国家工业化的贡献，这些年山西当记头功。可就是这个地方，由于资源的过度开采，近年不仅矿难频仍，生态环境也每况愈下。为恢复生态，省委提出要转型发展。转型发展当然对，也迫在眉睫。问题是产业转型不能空手套狼，要有大笔投资才行。比如山西的文化旅游，据说地上文物占全国的70%，潜力之大无人能比。可由于地方财政拮据，基础设施差，旅游业却难成气候。

这样的例子西部很多，不胜枚举。不过我认为以上两例皆典型，也有代表性：汉中是国家为保护生态限制了发展；山西则是为国家提供能源而损坏了生态，而且能源过去多年都是计划调拨。由此看，无论汉中还是山西，他们都有理由要求国家补偿。所不同的是，前者是弥补发展的机会成本；后者则属于还账。欠账还钱，国家对资源性地区补偿理所应当。事实上，中央财政这些年也一直对山西提供支持。眼前要研究的是，国家对像汉中这类限发展地区怎样补偿？

我说过了，国家限制某地上重化工项目。从经济学角度看，发展重化工的收益就是该地区保护生态的机会成本。国家给补偿，不过是为了降低其生态保护的成本。显然，补偿对限发展地区来说是好事，多多益善。可困难在于，目前中央财政并不宽裕，家大业大而又千头万绪，要花钱的地方多，单靠中央给钱恐怕力不从心。

是以为难，于是几年前就有专家建议，将工业废气排放指标分解到地方，允许各地上市拍卖，那些排放超标的工业发达地区，就得向西部地区买指标，这样可由市场再提供一些补偿。

市场补偿的思路我赞成。是的，由财政与市场同时补，双管齐下，多一份力量总比财政一家独补强。但要提点的是，不论是财政补还是市场补，我认为不能单单给钱。古人云，授人以鱼不如授人以渔，与其补贴吃饭，不如帮助发展赚钱的产业。一个地方要是没有产业，不能以钱生钱，补贴再多也会坐吃山空，至少我没见有哪个地区是靠吃补贴而致富的。可麻烦在于，限发展地区受政策限制，很多产业又上不了。两难选择出路何在？

要解决此难题，我想到了两个办法。第一个办法称之为"借鸡下蛋"，操作起来也相对容易。比如发达地区向限发展地区购买废气排放指标，后者不必直接收钱，而是去占有对方的股份，然后每年按股分红取得相应收益。比如某地区可转让的排放指标值1000万元，一次性转让20年，那么就可拥有2亿元的工业股权。这是说，限发展地区虽不能在当地办工厂，但仍可易地投资办工业，至于投向哪类产业，限发展地区有主动权，天南地北可任由选择，把排放指标卖给哪家企业，就可以拥有那个企业的股权。

第二个办法是改税制，主要是将增值税改为消费税。时下各地争先恐后上项目，说白了其实就是争税收。增值税属地征税，作为中央与地方共享税，其中有25%留给地方。如此一来，项目上得多，税收也就多，这无疑对限发展地区不公平。我曾多次写文章，建议将增值税改为消费税。因为消费税是在消费地纳税，不仅可避免大家为争税而重复上项目，而且也维护了限发展地区的利益。

回头再说丽江。上周到丽江做讲座，与古城区周书记谈起空气收费的事，他赞成收费，却又担心上头管理部门不会批。我说批不批倒在其次，不重要；重要的是表达出这种诉求可推动国家生态补偿机制改革，同时也可大大提高丽江的知名度。举手之劳，何不试试呢？

气候问题的经济分析

二〇一〇年一月二十日

哥本哈根气候峰会上月落幕,曲终人散,遗憾多多。不过我对这次会议的期望不高,结果也在意料中。这样说并非我先知先觉,而是此结果实在容易推断得出。想想吧,每个国家都有自己的利益,怎免得了唇枪舌剑?争论本来没什么,可参会代表各为其主,谁也没有足够权威让别人听自己的,结果当然可想而知。

坦率地讲,对"气候何以变暖"我所知不多,应是高深的学问吧!前几天环境保护部一位专家在中央党校讲"气候",慕名而去,可谁知人家上说天文,下说地理,名词术语多而专,听得我如坠云里雾里。不过有一点我倒听明白了,气候变暖原因虽多,但主要还是二氧化碳排放增多所致,若想遏制气候变暖,必须减少碳排放。

据专家说,气候变暖,不仅会使海平面上升,而且会令降雨、降雪的数量和样式发生改变。而这些变动又会引起连锁反应：使极端天气事件更频繁，譬如洪水、旱灾、热浪、飓风等。除此之外，还有其他后果，包括更高或更低的农产量、冰河撤退、夏天河流流量减少、物种消失及疾病肆虐等。

由此看，气候变暖是整个地球的灾难，人类当联手应对才是，可让人不解的是，灾难当前，人类怎会如此不理智呢？

其实，这是经济学说的典型的"公地悲剧"。照理，地球是人类的共同家园，保持生态和谐乃各国共同的职责，义不容辞。然而问题就在这里，既然地球是大家的地球，而一国所追求的则是本国利益最大化，只要工业能发展，国家能富裕，往往对碳排放听之任之。而所以会如此，原因是碳排放所造成的后果，并非由排放国独自承担，而是全人类一起买单。

为便于理解，我举一家工厂的例子来解释。假如某炼钢厂预算的年经营成本为5亿元，而年收益是6亿元，对企业主来说，利润率20%，有利可图，该项目就有可能上马投资。但要指出的是，企业所谓的经营成本，实际只是内部的"私人成本"，炼钢污染（碳排放）给社会造成的损失（即社会成本）并未计算在内，若社会成本是2亿元，这样两项成本加在一起，该项目则得不偿失。

是的，这正是经济"负外部性"带来的困扰。一家工厂如此，一个国家也是如此。对解决"负外部性"问题，经济学早期的设想是"庇古方案"，即由政府向钢厂征税（两亿元），然后再补偿给受害者。这样处理，当然能使私人成本与社会成本一致，也公平；但论效率却未必可取。第一，政府事先不对"碳排"设限而事后征税，说穿了是先污染、后治理；第二，从成本看，若政府先限定排放标准，企业也许花一亿元改造工艺就能达标，这样，也就用不着交两亿元的税。

事实上，所谓"污染问题"，在我看来实质就是产权界定问题。说得明白些，只要政府明确界定企业是否具有碳排放权，污染就不难解决。这方面，科斯教授的研究应对我们有启发。科斯定理说，只要交易成本为零，产权界定清晰，产权分配不影响经济的效率。这是说：若交易成本为零，产权界定重要，但产权给谁不重要；反之，若交易成本不为零，产权界定重要，产权给谁也重要。推论是，产权界定应以交易费用为依归。

还是举例说吧。某钢厂每天冒黑烟，令附近五户居民晒衣服受到了损失，若每户损失75元，五户共损失375元。假定现在有两个方案解决这个问题：一是每户买一台50元的烘干机，总费用为250元；二是在工厂安除尘器，费用为150元。两相比较，显然安除尘器合算，问题是，怎样才能让人选择此方案呢？科斯说关键在产权界定。比如，如果政府明确钢厂有冒烟权，居民会出资给工厂安除尘器；若政府说居民有不受污染的权利，工厂自己就会安除尘器，因为买烘干机成本更高。

当然，以上是假设交易费用为零的情形，若交易费用不为零，产权界定给谁就变得敏感了。我观察过，但凡工厂排烟给居民造成污染，此时若把产权界定给工厂，居民通常就会寻衅滋事。多年前我在湖北省襄樊市曾目睹过居民围堵某化纤厂，原因是工厂排烟，邻近居民生病认为是工厂排烟的缘故，要求工厂给报销医药费。当地政府多次斡旋协调，交易成本奇高，可结果还是麻烦不断。于是我想，要是当初政府把产权界定给居民，让工厂自行解决污染问题，纠纷也许就不会发生。

让我们回头再来讨论地球变暖问题。哥本哈根气候峰会最后不了了之，依我看，关键的原因是忽视了碳排放权（产权）的界定。换句话说，是各国政府没有首先就是否限制碳排放达成一致意见。若大家有一致立场，都同意限制碳排放，并把地球可接受的碳排量按比例（比如按人口或国土面积）分配给各个国家（地区），接下来的问题则将迎刃而解。

我想到的有两招：第一，增量调剂。即今后所有碳排超标的国家都必须先从"市场"买到排放指标，否则，没有指标就不得再继续排放。第二，存量补偿。意思是，发达国家在工业化过程中已经排放了大量的二氧化碳，他们应该对此承担补偿的责任。

这里有个误会要澄清,发展中国家要求发达国家予以资金与技术支持,有人以为是让发达国家提供援助,其实,这不是援助而是补偿。损坏东西要赔,天经地义,发达国家有何理由拒绝呢?

绿水青山的盈利模式

二〇一八年八月二十八日

前不久回湖南做乡村调研，一路走访了14个县、28个村，看到贫困地区农民开始富起来，由衷地欣喜；对习近平总书记提出的"绿水青山就是金山银山"也有了更深的领悟。40年前离开家乡，那时候家乡也是山青水绿，可农民当时却连饭都吃不饱。今天绿水青山怎就变成了金山银山呢？是有趣的经济现象，值得为文分析。

不知读者怎么看，我的看法是经济发展所处的阶段不同。40年前，中国刚改革开放，工业化进程尚处于初期阶段，衣食住行样样短缺。相对于物质供给，生态环境并不稀缺。然而今非昔比，经过40年改革开放，中国的工业化已进入中后期，商品供应极大丰富，今天人们更需要洁净的空气和水，于是生态环境成为稀缺资源。物以稀为贵，绿水青山当然就是金山银山了。

是的，工业化的推进改变了人们的观念。过去人们盼温饱，现在盼环保；过去求生存，现在求生态。正由于人们对生态环境有了需求，绿水青山才可能变成金山银山。不过有个问题要思考，这次我走访的乡村大多山清水秀，有的地方农民已经脱贫，而为何有的地方农民却并未脱贫？通过比较我发现，绿水青山要变成金山银山，还需要有相应的盈利模式作支撑。

众所周知，中央提出乡村振兴战略讲了五点：产业兴旺、生态宜居、乡风文明、治理有效、生活富裕。乡村振兴落脚点是富裕农民，富裕农民当然要发展产业。那么生态宜居与富裕农民是何关系？在永州祁阳县调研时县委书记介绍说，祁阳乡村振兴选择的是从"生态宜居"破题。我问何故，他的解释是，祁阳的农业产业基础好，抓生态环境可进一步提升农产品品质。

我认同他的解释。其实换个角度看，美丽乡村的生态环境也是可帮助农民致富的。何为美丽乡村？习近平总书记讲，要看得见山，望得见水，记得住乡愁。问题是美丽的山水、乡愁如何协助农民致富？这里的关键，是要有办法将美丽乡村变成卖点，将山水和乡愁转换成农民收入。若非如此，对农民来说，绿水青山就成不了金山银山，农民也就不会有保护生态的内生动力。

怎样为绿水青山设计盈利模式？这个话题曾与湘西州的几位县委书记讨论过。他们感到有两个方面的困难：一是生态环境属公共品，如洁净的空气，由于空气消费不排他，无法向游客收费；二是环境消费属文化或精神消费，计价有困难。比如乡愁是游客的主观感受，游客享受了多少乡愁说不清，乡愁值多少钱也说不清。

骤然听确实是个难题。不过深入想，说难也不难。经济学处理此类问题，办法是寻找委托品，将那些不能计量或计价的商品（服务）借助委托品去交易。想问读者，商家卖矿泉水是卖什么？若你认为只是卖水就错了。事实上，商家既是卖水，同时也是卖"方便"。由于"方便"不好计量，商家就将"方便"委托到了矿泉水上。1瓶矿泉水300毫升卖2元，600毫升卖3元，水多1倍而价格未高1倍，那是因为"水"增加了而"方便"没增加。

留心观察，现实中类似的例子很多。在永州江华县调研时县委书记告诉我，今年全县拆空心房整理出了一批耕地，最近他们将"耕地指标"卖到了长沙，首批签约资金4亿元，已到账1.2亿元。耕地指标何以能卖钱？原因是国家要守18亿亩耕地红线以确保粮食安全。农民提供了粮食安全，可粮食安全是公共品，不能直接卖，于是国家推出了耕地占补平衡政策，将粮食安全委托到了耕地指标上。

我举上面的例子，是想表达这样的一个观点：绿水青山要变成金山银山，必须找到委托品。在这方面我认为科斯定理可以借鉴。科斯定理说，只要政府明确界定产权（碳排放权），洁净空气便可借助"碳排指标"进行交易。由此给我们的启示是，不同的生态要素都应先找到委托品，否则就形成不了盈利模式。我所想到的是，乡愁可委托到古村、古树、古井的门票上，特色山水可委托到特色农产品上。

农民未必知道科斯定理，可是从永州到湘西，我看到的大多农民却都是寻找委托品的高手。在永州新塘村，农民把无污染的土壤环境委托到蔬菜上，高价卖到了粤港澳；湘西隘口村，将当地特殊的气候、土质委托到茶叶上，也远销全国；马王溪村发展观光农业，将田园风光委托到生态产业上，赚得盆满钵满。据村支书讲，当地黄桃每斤4元，若观光客自己采摘，每斤8元不会打折。

这里我要指出的是，变绿水青山为金山银山，寻找委托品是一方面；另一方面，政府也要积极作为。首先，政府应加大对乡村基础设施的投资，不然路桥不通，即便山再青、水再绿，游客进不去也不可能变成钱；其次，政府应立即推动修改有关法律，允许农民用土地经营权抵押贷款。若土地经营权不能用于融资抵押，不仅对农民不公平，最终还会拖乡村振兴的后腿。

以研究经济学为职业，我当然明白政府在担心什么。政府的担心是农民一旦还不起贷款会长期失地。这种担心大可不必。以湖南永州、湘西为例，今天大部分农民已将土地流转给了村集体合作社，若允许合作社用耕地经营权分期（如

3—5年）抵押，贷款额度会小一些，但农民不会长期失地。办法总比困难多，只要大胆改革、积极探索，我想这个问题应该不难解决。

国企怎样去行政化

二〇一六年十二月五日

近来学界对国企"去行政化"的呼声很高,矛头直指国企行政级别。其实,三年前中国铁路总公司组建时就有人对其定为正部级提出过质疑。而我当时撰文回应:别的国企有行政级别为何铁路总公司不能有?铁路总公司要是没级别,铁道部撤分后的官员何以安置?

这是我三年前的看法。我现在认为,安置政府分流官员只是给国企定级的一个理由,背后其实还有更深层的原因。原因具体为何我暂不说,让我们先讨论下面三个问题:第一,国家当初为何要给国企定行政级别?第二,国企有行政级别是否就一定是政府的行政附属物?第三,凡事有利有弊,取消国企行政级别的利弊如何评估?

对第一个问题,我的回答是与中国的国情有关。新中国成立之初,一穷二白,加上西方对我们搞封锁,为避免落后挨打,中国急需发展工业。可那时民间资本太弱小,无力建设大工业项目，逼不得已，国家只好自己出手。政府投资办了企业，当然就要派人去管理。问题是这些管理者都是国家干部，有行政级别，为了保留他们的级别，于是企业也就跟着有了级别。

以上是历史原因。再从国企自身特点看，既然国企是国家投资，就不是一般的企业。事实上，国家当初办企业一方面是为了加速工业化，另一方面则是希望国企作为国家的"长子"控制国家经济命脉。而要达此目的，最直接的办法当然是将企业管理者纳入行政管理。管理者是国家干部，令行禁止，无疑可降低管理成本。无论算政治账还是算经济账，此举都不失为明智之选。

这样就带出了第二个问题：国企有了行政级别是否会成为政府的行政附属物？对此问题不能笼统地回答。毋庸讳言，在以往计划经济时期，国企的确是政府的行政附属物。那时候企业生产什么、生产多少以及怎样生产皆由国家定计划；生产的产品也由国家统购统销。企业既无自主经营权，也无须自负盈亏。正因如此，所以当时国家投资的企业皆称国营企业。

然而经过30多年的改革，原来的"国营企业"早已改称"国有企业"。不要以为只是称谓的变化，"国有"与"国营"虽仅一字之差，但两者却有本质的区别。作为改革的见证人，我亲历了20世纪80年代的承包制、90年代的股份制以及目前的混合所有制改革，这一系列改革，其实都在推动所有权与经营权分离，实行政企分开。

并非我的个人揣测，读者想想，从最初承包制给企业扩权，到股份制确立企业法人地位，再到混合所有制完善法人治理结构，哪一项改革不是在去行政化？有目共睹，尽管今天国企有行政级别，但国资委作为出资人代表已从过去管人、管事、管资产退回到现在只管资本，企业重大决策皆由董事会定，经营权也在经理手里。可见国企有行政级别也未必就是政府的行政附属物。

对取消国企行政级别的利弊怎么评估？这个问题稍复杂些。据我所知，很多人认为取消行政级别的最大好处是可让国企享有充分的人事任免权。说实话，这正是我的担心所在。政府作为出资人，若对企业高管任免完全放手，请问将来谁来对出资人负责？又如何保证企业不出现内部人控制？换位思考，假若你投资办企业，你作为老板会对企业人事安排不闻不问吗？

在我看来，将国企高管纳入行政系列管理既是一种低成本激励，也是政府的特有机制。经济学说，人的行为都要追求最大化利益。这里的利益不单指货币收入，也包括行政职级。比如，近几年国企高管限薪后为何仅有少数人跳槽而多数人不离开？说明在薪酬与职级之间多数人更看重的是职级。既如此，又何必取消国企的行政职级呢？

事实上，给国企定行政级别还有一个好处，那就是有助于政府与国企的干部交流。目前不少省市和国家部委的官员来自国企，你知道为什么吗？因为国企的高管懂经济。若国企行政级别被取消，高管没有对等的级别，无疑就堵住了国企与政府交流干部的通道。以后国企高管进不了政府，政府官员也进不了国企，这显然对政府与国企皆不利。

现在我们似可得到三点结论：第一，给国企定行政级别既有历史原因，同时也是由国企的特点所决定的；第二，保留国企行政级别不等于政府需直接经营企业，企业也未必就是政府的行政附属物，是两码事，不可混为一谈；第三，国企去行政化，重点不是取消行政级别，而是完善法人治理结构，实行政企职责分开。

由此看，去行政化的焦点是完善治理结构。对此中央的思路很明确：让国有资本与非公资本混合，通过投资多元化改组董事会。混合所有制改革肯定没错，可问题是企业由国家控股非公资本是否愿加入。最近我看到一篇报告，说非公企业主目前正犹豫不决，总担心入股后自己没有话语权。有此担心情有可原，关键是怎么解决。

我的观点：国企由国家控股不能含糊，但控股要分绝对控股与相对控股。对国家安全与自然垄断领域的国企，国家应绝对控股；对其他国企，国家只需相对控股，比如有十个股东，国家持股28%而其他每人持股8%，结果仍由国家控股。所不同的是，非公资本加总占72%，这样他们在董事会就有了话语权，有了话语权，当然也就不会有后顾之忧。

公平自在民心

解决"三农"问题,重点是要做好三篇文章:落后地区的文章到发达地区做;农业的文章到工业中做;农村的文章到城市做。

扶贫助弱,政府责无旁贷,然而政府并不会点石成金。财力所限,脱困得有先后。对暂时不能脱困的低收入者,应引导人们正视现实,而不能过度渲染"收入差距",助长不满情绪。

共同富裕不能"均贫富",应重点做好三件事:严格保护私人财产权,让企业家放手投资,将财富"蛋糕"做大;引导企业家合法经营,依法纳税,切实履行社会责任;政府应承担扶贫的主要职责,用财政资金扶持贫困群体发展生产、提高收入。

定义"公平"的困难

二〇〇三年十月十一日

我研读经济学数十年,发现有个奇怪现象:政府历来重视公平,学界研究公平的专家也很多,可不知何故,至今对公平却不见有普遍认同的定义。英国经济学家庇古被认为是较早关注公平的学者之一,1920年出版了《福利经济学》,但学界对他提出的"收入均等化定理"是否能反映公平却一直有争议,有人甚至持相反的看法。

公平是一种价值判断。由于人们的文化背景、利益取向、收入状况不同,对公平的理解也不同。不信你到大街上去问路上行人什么是公平,三个人没准会告诉你四种答案。最近我查阅相关文献,想不到专家对公平的看法也是五花八门、大相径庭。本人有自知之明,不敢贸然给公平下定义,不过有一点我清楚,知道目前公平定义的缺陷在哪里。

学界看公平,大致有三个角度:一是结果公平;二是机会平等;三是起点平等。从结果看公平,通常的做法是用基尼系数去判断。基尼系数是衡量收入差距的指标，反映的是收入平均化状况。主流的观点说，基尼系数大于0.45即为差距过大，则收入分配不公平。这做法是将公平等同于平均，但想深一层，平均分配其实未必就公平。比如你比我能干，贡献也比我大，如果我和你平均分配收入，你觉得对你公平吗？

机会平等貌似公平，但若起点不平等，机会平等也未必公平。假如有一幅名人字画拍卖，你我都有机会竞买。不同的是，你整天游手好闲，却靠祖上遗产富甲一方；而我前辈一贫如洗，自己勤扒苦做，收入仍不及你的九牛一毛。尽管我比你懂得欣赏字画，可和你竞买，但我成功的概率是零。再比如，政府斥巨资建造体育馆，并免费向公众开放，说起来大家享用体育馆的机会平等，但若体育馆建在城市，对乡下的农民显然就不公平。

可见，机会平等是否公平，关键要看起点是否平等。问题在于，真实世界里人们的起点是不可能平等的。参加歌手大赛，宋祖英嗓音甜美，你五音不全，你凭啥要求人家宋祖英与你起点平等？你天生聪慧，我愚笨如牛，一起参加高考，我却要求你的智商和我一样低，你也不会答应对不对？其实，五个手指伸出来不一般齐，人的禀赋不同，要求起点平等，无疑对秉赋高的人不公平。

说过了，我能指出现行公平定义的缺陷，但却不知怎样给公平下定义。近来日思夜想，一直有个疑问：公平是否就不能被准确定义？或者说，公平的标准本来就不该人为设计？定义不清楚，想设计也设计不了。当然，这并不是说政府对公平就束手无策，对公平虽然不能准确定义，但对不公平的事却很容易看得出，尤其对身边的不公平，人们的判断往往能高度一致。

举例说，高考分数线的划定。对边疆民族地区录取线低一些大家没意见，而且觉得合情合理；但对北京地区考生享受照顾却大为不满。是为何故？因为北京地区有一流的师资与教学设施，考生的条件得天独厚反而录取线比外地低，人们当然认为不公平。前几年，有外地家长为把孩子户口办进北京，来北京买房置地，可政府一纸禁令要求彻查高考移民，结果反而加剧了不公平。

搞市场经济，有收入差距在所难免。别以为收入有差距就是不公平，其实老百姓并不这么看。你诚实劳动、守法经营致富，大家会羡慕你；你走私贩私、制假卖假，大家会痛恨你；你以权谋私、受贿敛财，大家会反对你。因为后两种人损人利己，搞的是邪门歪道。还有，即便是合法致富，但若贫富差距过大，有人挥金如土，而有人吃不饱肚子却得不到扶助，人们也会觉得不公平。

再说城乡差别。现行的户籍制度限制人们迁移自由，不仅对农民不公平，特别是对农民子女也不公平。比如义务教育，本来是要由政府免费提供，不论城市还是农村的孩子，九年义务教育皆应一视同仁。可现实却是，城里的孩子上学不收学费，而农民工子女却要交借读费。同样是医病，城里人可以报销，农民却要自掏腰包；同样是养老，城里人有社保，农民却只能养儿防老；城里修路政府拿钱，农村修路却让农民集资。

诸如此类的不公平，若不是故意视而不见，谁都可以再列举一些。有趣的是，学界不能恰当地定义公平，可老百姓却对公平与否看得一清二楚。这就应了那句古话，"公道自在人心"。若将此推展到政策层面，其含义是，政府求公平，大可不必事先设计出什么框框，而是要相机调节，不断消除多数人认定的不公平。这是说，追求公平是一个渐进的过程，不可一蹴而就，也不能一劳永逸。

若以上分析成立，政府追求公平我认为要把握好以下三个原则：第一，公平要以民意为依归。对社会反应强烈的不公平现象，政府应及时化解，不可听之任之。第二，要优先照顾弱势群体。搞市场经济难免有收入差距，有差距不要紧，要紧的是政府要对低收入者予以补贴。第三，要维护平等竞争的权利。目前的户籍管制、行政垄断等皆有悖于平等竞争原则，政府应尽早解除。

以城带乡是大战略

二〇〇六年七月十一日

政府关注"三农"问题，重视程度可谓前所未见，是幸事。我刚从意大利回国，看了人家的农村，不胜感慨。表面看，中国与发达国家的差距，似乎在农村；但往深处想，根源还是在城市。可以说，没有城市的繁荣，绝不会有农村的富庶。

哪怕粗通社会发展史的人，都知道这样一组关系：在狩猎和采集食物的时代，我们的祖先过着流浪生活；农耕时代，人类开始在广袤的原野上定居下来；而伴随着工商业发展的是城市的崛起和城市文明的传播。时至今日，一国的城市化水平，已成为经济发达与否的标志。

其实，早在农耕时代，城市就出现了。但那时，它的作用主要是军事防御和举行祭祀仪式，并不具有生产功能，只是个消费中心。城市的规模很小，因为周围的农村提供的余粮不多。每个城市和它控制的农村，构成一个小单位，相对封闭，自给自足。很多学者认为，真正意义上的城市是工商业发展的产物。如13世纪的地中海岸，米兰、威尼斯、巴黎等，都是重要的商业和贸易中心，其中威尼斯在繁盛时期，人口超过20万。

工业革命之后，世界城市化进程大大加快了，由于大工厂打败了手工作坊，那些破了产的手工业者、丧失了土地的农民，不断涌向新的工业中心，城市获得了前所未有的发展。到第一次世界大战前夕，英、美、德等西方国家，绝大多数人都已生活在城市里。这不仅是富足的标志，而且是文明的象征。

勾勒出城市的起源，道理只讲了一半。另一半是，城市像个"加油站"，可以为工商业的发展不断注入新的动力。法国经济学家弗朗索瓦·配鲁克斯把城市比作"发展极"，它能像磁场一样，把生产要素聚集起来，在扩大生产规模的同时，酝酿创新的冲动，造就新的需求。

回想英国的工业革命，当曼彻斯特的棉纺机取代了手摇纺车时，资本家迫切需要新型的动力，这最终促成詹姆斯·瓦特改进了蒸汽机；制造棉纺机和蒸汽机，需要更多的钢铁和煤，因此带动了采矿和冶金业的发展；为了运送煤和矿石，人们又疏通河道，改进筑路技术，发明了汽船和火车。便捷的交通扩大了市场范围，反过来又支持了更大规模的工业生产。

在这一系列改变世界的变革中，城市的作用是中枢性的，和手工作坊相比，它把变革的要求更集中地呈现在人们面前，并展示了广阔的商业前景。没有它的整合效应，创新就不会持续不断地发生，生产力就不会实现"自驱动发展的起飞"。其实，在曼彻斯特成为欧洲著名的工业中心之前，埃及人就懂得了蒸汽机的原理，并学会了运用它。不过，不是用来纺棉花，而是用来驱动寺庙沉重的大门。

工业化和城市化应该是同步推进的。迄今为止，还没有哪一个工业国家，未能迈过城市化的门槛；也没有哪一个国家，能够绕过城市化走上工业化的道路。而恰恰在这方面，我们是吃过大亏的。远的不必说，光是新中国成立后，就走过不少弯路。不仅用户籍制度"卡脖子"，人为地制造城乡分割，三年困难时期，还搞职工下放，"文革"期间上山下乡。原指望通过这种方式，用农业来补贴工业，能超英赶美，更快实现工业化，可历史开了大玩笑，不仅没赶上人家，反而被拉得更远了。贻误了工业，耽搁了农业，留下一个很大的遗憾。

直到现在，中国仍然是个城市短缺的国家，城市化率（城镇人口在总人口中的比重）只有30%多，不仅落后于45%的世界平均水平，即使和我们自己的工业化水平相比，也落后20个百分点。这是个畸形的结构，好比一个人，一条腿长，一条腿短，走起路来必然一跛一拐，气喘吁吁。现在我国人均GDP不过1000多美元，就遇上了生产过剩。何以如此？其中一个重要原因是城乡结构失衡。

控制城市的发展，阻碍了生产要素的聚集，无形中扼杀了许多商业机会，自然会造成对投资的压抑；短腿的城市化水平，吸纳不了农村多余的劳动力，制约了农业现代化，农民分享不到工业化的好处，又提高不了种地的效益，收入增长慢，消费自然上不去。投资乏力，消费不旺，哪有不过剩的道理？所以，与其说是农业落后，拖了工业的后腿，不如说城市化滞后，影响了农业，连累了工业。

乡镇企业是中国人的一大发明，短短20多年间，曾创造过1/3的GDP，安置下1亿多劳动力，可谓异军突起，成就辉煌。我们从中受到鼓舞，并一度认为，离开城市，在农村照样可以实现工业化。现在来看，这条路恐怕还是走不通。实践证明，没有城市做依托，乡镇企业要上新台阶，实在是困难多多：交通不便，信息不灵，人文环境、员工素质都跟不上，别说升级换代，就是维持生存都不容易。

摆明的事实是，当一些企业做大后，不少都琢磨着要往城里迁。像杉杉、雅戈尔，原本是浙江的牌子，现在都搬到了上海。我有个朋友，搞校办工厂起家，前两年不惜斥巨资迁到北京。一开始，我还笑话他发神经，后来他跟我解释说，企业做到他这份儿上，小地方根本容不下。单说资金，在北京，只要符合贷款条件，哪怕找一家信用社，贷款三五千万元根本不成问题；可在当地，即使500万元，都告贷无门，因为银行根本拿不出那么多钱。其实，他说的还是城市的资源聚集优势。

现在大家都抱怨农业市场化程度低，农产品的商品化比率只有30%，担心这种状况，没法与外人竞争。其实，这也是没有办法的事。三个农民，养活一个城里人，商品化比率能高到哪里去？即使农民愿意卖，有多少人愿意买？要是反过来，让一个农民养活三个城里人，情况肯定会大不一样。一来是吃商品粮的人多了，二来是农民的数量少了，土地就可以相对集中，发展规模经营，农业的市场化程度自然会提高。

所以从某种意义上说，城镇化就是市场化，激活一个点，能辐射一大片。就像电话局，虽然只是通信网上的一个节点，但却能覆盖千家万户。要不是通过它，我们能如此方便地与外界沟通吗？城市化正是这个道理，而且西方国家也是沿着这条轨迹兴起的，中国要融入世界，创造新的富足和繁荣，城镇化恐怕是不二法门。

行文至此，我陡然想起年初在云南临沧调研时李国伟书记的话，他说临沧解决"三农"问题，重点是做好三篇文章：落后地区的文章到发达地区做；农业的文章到工业中做；农村的文章到城市做。是的，就农村论农村，头痛医头，不可能找到解决中国农村问题的灵丹妙药。出路只一条，加快推进城镇化进程。否则，离开城镇化建设农村，只能是舍本逐末，事倍功半。

幸福的参照

二〇〇七年一月十一日

小时候读《三字经》，我倒背如流，对开篇讲"人之初，性本善"没有怀疑过。后来进大学读经济，知道亚当·斯密说人性自私，则大惑不解。问过教授，教授说，要推断人的经济行为，就应该做这样的假设。

"性善"到底是不是人类与生俱来的，非本文重点，不讨论。人到中年，经历的事多，见过光明磊落的君子，也遇过心底阴暗的小人。但不论哪一类，我个人的看法，多数人都有同情心。古代劫富济贫的绿林好汉，现代乐善好施的阔佬，不是说他们都有高尚的情操，但用同情心解释其善举，不会错到哪里去。

同情是人的天性。敢打赌，假如有人撰文，大声疾呼政府加多社会福利，不管用何理由，也不管说得是否在理，拍手叫好的一定多；相反，若有人不识时务，指出其逻辑纰漏，就算说得对，也会千夫所指。现成的例子，当年撒切尔首相为医治英国"福利病",曾有意削减福利,结果触犯众怒,连她的母校牛津大学都不肯授她荣誉博士学位。

所以我担心,今天我们讨论扶贫,会不会一样缺乏理性?扶贫我当然赞成,也写过文章。但以国家现有的财力,究竟怎样做才能既帮助穷人,又促进社会和谐?这无疑是一个非常重要的问题,应冷静处理。可令人遗憾的是,当下学界关注的重心,似乎只在收入差距方面。参加了几次学术会议,听学者谈"差距",大开眼界,没想到的是,有人根据中国的基尼系数得出了"两极分化"的结论。

相信这些学者的善意,也不否认他们的责任感。但我不明白,过度地张扬"差距",对社会和谐有何好处?中央提出"注重公平",无论如何是要提升国民的幸福感,促进社会和谐,而不是搞贫富对立。何况经济学说得清楚,幸福虽与收入有关,但不完全是一回事,诺奖得主卡尼曼教授做过调查,美国人的收入与50年前比多了3倍,但今天美国人的幸福程度,却并不见得比二战前高。

其实,幸福作为一种感受,不仅决定于收入,也来自人们比较的参照。说我个人的经验。早年在乡下种地,面朝黄土背朝天,煞是辛苦,但那时只要能吃饱肚子,就会觉得幸福。为何?因为经常挨饥挨饿,对比的是穷日子。改革开放后人们丰衣足食,不承想不满足的人反而更多了,端起碗来吃肉,放下筷子骂娘。何故?是比较的参照变了。我现在做教授，月入数千元，比之从前心满意足；但若硬要我去跟那些日进斗金的明星大腕比，岂不郁闷得要跳楼？

幸福是来自比较的参照，读者应该有类似的感受。比如去一家小店就餐，一杯清茶收你30元，也许你会不乐意；但到五星级酒店，同样一杯清茶收你30元，你为何可以接受呢？原因是你觉得五星级酒店的环境与服务好，物有所值。但只要你这么看，就有了固定的参照，而且一旦形成，则会影响到你日后的幸福感受。曾读过奚恺元先生大作，题目记不准了，但他介绍芝加哥大学塞勒教授的一项实验，印象深，恕我借用一下。

塞勒教授设计了一个场景，一帮躺在海滩上的朋友想喝啤酒，刚好切尼要去附近的杂货店办事，于是说，他可为大家去买啤酒，但不知多少钱一瓶可接受。经过合计，最后出价是1.5美元。切尼又问，如果杂货店不卖，而去旁边的酒店买，各位肯出多少钱？又一番合计，出价竟是2.65美元。想问读者，啤酒是标准品，从不同的地方买同样的啤酒，出价为何会有差异？答案是，人们对比的参照不同。

接下来的实验，是切尼以两美元的价格买回了啤酒。起初他告诉朋友，说啤酒是从酒店买来的，大家听了很高兴，比预期的价格低，认为得了便宜，于是开怀畅饮。可没等大家喝完，切尼道出真相，说啤酒是买自杂货店，结果大家垂头丧气，一个个都觉得吃亏。有趣吧？同样的啤酒，同样的花费，只要说不是买自酒店，人们的幸福感陡然消失。

这让我想起早年"忆苦思甜"的例子。今天的年轻人不知，在我的中学时代，学校常有忆苦会。主讲人都是旧中国苦大仇深的穷人，听他们讲日本人在中国如何烧杀抢夺，国民党如何横征暴敛，地主老财如何欺压百姓，辛酸的故事曾令我泪流不止。于今回顾，当年的忆苦会，我受益良多。至少在当时缺吃少穿的年代，感觉自己是幸福的。

今非昔比，社会在进步，当然不能教人安于贫困。写这篇文章，也无意为政府开脱。相反，我的观点是，扶贫助弱，政府责无旁贷，理当竭尽全力。但困难的是，政府不会点石成金，财力所限，脱困得有先后，不能毕其功于一役。既如此，对暂时不能脱困的低收入者，学界应做的，是引导人们正视现实，而不是过度渲染"差距"，助长不满。那样除了博得掌声，对社会和谐有害无益。

空谈误国。真正关心穷人的学者，献爱心最好拿出点行动来。

基尼系数的经济含义

二〇一一年十月五日

当下国内基尼系数究竟有多高？版本好几个。为了稳妥，这里选用官方的。据称，目前中国的基尼系数为0.48。这数字怎么算出来我不知，也不见公开细节，但既然是官方发布，权威性毋庸置疑。不过身边朋友皆说此数不可信，认为实际差距比这大得多。数字准不准不管它，收入存在差距的确是事实，老百姓对此不满也是真的。

大家希望缩小收入差距，我赞成。但为了把问题说明白，我认为应先讨论什么是收入，或者收入差距到底应该怎么算。举个例子，某民营企业一年利润2000万元，而某员工一年工资10万元，请问企业2000万元利润算企业主收入吗？倘若这么算，企业主收入就是员工工资的200倍，差距可谓大矣。

然而问题是，员工工资多数用于个人消费，而企业利润少量会用于企业主消费，大量则用于投资，两者肯定有不同，读者是否注意到其中的分别呢？

说到收入，我们不能不提到经济学家费雪。当年费雪写那本大名鼎鼎的《利息理论》，开篇就讲"收入"。何为收入？费雪用三个概念解释。一是享用收入。费雪强调，货币只有用于购买食物、衣服、汽车等进行享受时才成为收入。二是实际收入。享用收入是心理感受，没法度量，所以他认为可用实际收入（生活费用）来近似反映，比如我们用晚餐或看电影，其享受虽无法用数字衡量表示，却知道花了多少钱。三是货币收入。这个简单，就是指用于支付生活费用所得到的货币。

很显然，在费雪那里，所谓收入，其实是指一连串的消费（享受）。他讲得很形象，以家庭门限为界，不管你赚多少钱，把面包、黄油、衣服、汽车等买进家门并立即消费了是收入，否则就不是收入。还是上面的例子，某企业主一年进账2000万元，若支付生活费用为20万元，那么这20万元是他的收入；剩下的钱若存银行是储蓄，买了机器是投资。但无论储蓄还是投资，都是企业主财产（资产）而非收入。

费雪如此界定收入，或许有人不同意，因为不仅教科书上不这么说，而且与人们惯常理解也大相径庭。不过我却完全认同费雪的解释，并非盲目崇拜，而是觉得只有从他的收入视角才能解通世事。

我自己的例子，当年从中国人民大学毕业求职，本可去一家外企就业，月薪3000元；也可到党校任教，月薪300元。可我最后选择了党校而放弃外企，你知道为什么吗？外企薪酬虽是党校的10倍，可党校能提供住房而外企却没有，在我看来，在党校教书的收入（消费）并不低于外企。

以上说的是自己选择职业，若再换个角度，让我与那些私企老板比又如何？昔日师友今天在商界的成功者不乏其人，人家开公司日进斗金，而我做教授月入仅数千元，你认为我会羡慕他们吗？说一点没有是骗你，但如果你认为我会后悔当初自己没下海那就错了。曾与一位做老板的师兄探讨过，表面看，他的收入（生活费用）确实比我高，但除开商业应酬，单论个人收入（消费）其实也相差无几，至少没有原来想象的那么高。

绝非阿Q精神，也不是吃不着葡萄就说葡萄酸。我说自己与老板（师兄）收入相若，那仅是从个人消费看；若转从财产看就不同了，他资产过亿，而我呢？除了手头那点微不足道的股票和所住的房子，别无其他，两者当然没法比。

由此见，我等工薪阶层与私企老板的差距，主要是在"财产"而不在"收入"。不信你再去读马克思的《资本论》，会发现马克思揭示资本积累趋势也是从财产角度讲的，所谓财富积累与贫困积累，比较的并不是资本家与劳动者的个人收入。

回头再说基尼系数。有个误会需澄清：不少人以为，基尼系数反映的是收入差距，学界也有人这么看。事实上，这看法是错的。基尼系数虽也包含收入差距，但那仅是一小部分，无足轻重，它所反映的主要还是财产差距。比如有人讲中国20%的人口拥有80%的财富，显然说的是财产而非收入。既如此，于是就带来了一个问题，若基尼系数高是指财产差距大，我们如果只单调收入不调财产岂不是避重就轻？

是的，比起收入差距来，目前的财产差距的确更大，也正因如此，所以我认为与其调收入还不如调财产。再说，政府调收入的办法也并不多。前面讲，收入即消费。这样调收入实际是要调消费。问题是消费怎么调？最近拜读了不少学者的文章，来来去去似乎就两条：对工资"限高"或者"提低"，可难题在于工资乃劳动力价格，高低要由市场定。政府"限高"只能针对国企，对私企鞭长莫及。当然，政府可提高最低法定工资，但前提是得先减税，若只加工资不减税，失业增多反而麻烦更大。

至于如何调财产，我这里只说重点：第一，明晰农民耕地产权。咄咄怪事，目前中国农民有房有地却无财产，究其原因，是国家没给农民界定耕地产权。第二，对财产课税。现在不少富人到处买房置地，你钱多买什么别人管不了，但要调财产，政府应对其征税。第三，开征遗产税。此事已讨论多年，若再久拖不决，财产差距会越来越大。

勿误解"共同富裕"

二〇二一年十一月二三日

我曾写过多篇关于收入分配的文章,在前面《基尼系数的经济含义》一文中我说,经济学者在研究收入差距时,应将企业家财产与收入分开。企业家所拥有的厂房、机器设备等是他的财产;而用于衣食住行等方面的费用,才是他的收入。两者不可混为一谈,不然会夸大企业家与普通人的收入差距,误导视听。

10多年前,我还写过一篇《幸福的参照》。该文的主要观点是:人们的幸福感受,不仅取决于自己收入的高低,同时还取决于收入比较的参照。要是自己与自己比,增加了工资他会感觉到幸福;但要是告诉他,其他同事的工资比他增加更多,就属他最低,他可能立刻转喜为忧,愤愤不平,之前的幸福感荡然无存。

所以,我一贯的观点:在现阶段,我们既不能无视收入差距,也不宜过度渲染收入差距,更不能夸大收入差距。最近学界正在讨论"三次分配",为参与讨论我写了《"三次分配"的制度安排》,不料文章发表后有位相熟的企业家打电话问:"三次分配"何时启动?我明白他担心什么,他是担心"三次分配"是否会"均贫富"。

事实上,中央讲得很清楚,"三次分配"是鼓励人们自愿捐助,不是"均贫富"。可人们为何会有此担心呢?在我看来,是人们一直对"共同富裕"有误解。何为共同富裕?传统观点认为,共同富裕就是同等富裕,不存在收入差距。而要消除收入差距,不仅要调节收入增量,也要调节财产存量。而调节财产存量,就得"均贫富"。

从理论上追溯,此观念最早来自英国学者莫尔。1516年,莫尔出版了《乌托邦》,指出人类理想社会是消灭了财产私有、人人平等的社会。后来法国学者巴贝夫等人指出,人人平等的社会,收入应该平均分配。再后来,英国经济学家庇古提出了"收入均等化定理",说收入分配越平均,社会福利就越接近最大化。

这当然是学者的看法。令人不解的是,普通民众知道莫尔、巴贝夫、庇古的并不多,人们"平均分配"的观念从何而来?对此,美国学者罗尔斯在《正义论》中作过讨论。他认为,"平均分配"是人类普遍的价值认同,或者说是人的天性。其实,中国民间也流行"不患寡而患不均"的说法,意思与罗尔斯的解释不谋而合。

有大量事实可以佐证。远的不说，以中国为例：改革开放之前的30年，国家实行的是按劳分配制度，可那时实际搞的是平均主义分配，吃"大锅饭"。改革开放后，国家鼓励一部分人先富起来，虽然人们的收入都有提高，但却出现了"端起碗来吃肉，放下筷子骂娘"的现象。究其原因，是有人对"收入差距"不满，产生了仇富心理。

由此见，目前社会上确实有人存在"平均主义"观念，而且根深蒂固，短期内不可能根除。也正因如此，对推动共同富裕，人们往往会想到"均贫富"。而我要指出的是，共同富裕绝不是"均贫富"。那样做既不符合中央的精神，也有悖于市场经济分配原则，最终不仅不能共同富裕，反而会导致共同贫穷。

早在改革开放之初，邓小平就讲，我们坚持走社会主义道路，根本目标是实现共同富裕。他还说，平均发展是不可能的。按照他的构想，要鼓励一部分人先富起来，然后让先富带后富。当年上大学时，有位教授对邓小平的构想作过形象解释。他说好比坐公交车，若乘客不排队，一窝蜂地挤，堵死了车门谁也上不去；要是分先后排队，反而容易上车。

回头看，邓小平当初的构想是正确的。现在的问题是，经过40多年改革开放，已经有人先富起来了，中等收入人口超过了4亿，那么怎样让先富带后富呢？中央明确讲，非公有制经济财产权不可侵犯；国家宪法也规定，公民的合法的私有财产不受侵犯。这是说，先富带后富，绝对不能"均贫富"。

有人说，政府可以鼓励富人捐助。富人愿意捐助当然好，可低收入人口多，捐助怕是杯水车薪。我的观点：政府应支持富人投资创业。要知道，支持富人投资就是先富带后富，而且可取长效。投资增加，生产的财富会增加，政府税收和就业岗位也会增加。读者想想，社会财富越来越多，国家税收越来越多，政府是不是可以更好地照顾低收入人口？

倘若不是这样，反过来让人们"均贫富"，效果必事与愿违。听朋友讲过一件真事。张大爷有两个儿子，大儿子在城里打工多年，后来回乡办养鸡场，收入可观，小儿子一直在家种地，至今没娶上媳妇。于是张大爷让大儿子先富带后富，拿出10万元资助弟弟做生意。结果呢，弟弟不善经营，不到半年便血本无归，而哥哥资金周转不灵，收益也大不如前。

一个家庭如此，一个国家也一样，不能简单"均贫富"。经济学讲，人的行为选择是在特定约束下追求利益最大化。站在富人的角度，国家若不保护私人财产权，富人没有安全感，自然不会放手投资；站在穷人的角度，如果允许"均贫富"，可以坐享其成，他们也不会勤劳致富。

我最后的结论：推动共同富裕不能"均贫富"，应重点做好三件事：第一，严格保护私人财产权，让企业家有安全感，支持他们放手投资，将财富"蛋糕"做大；第二，引导企业家合法经营，依法纳税，切实履行社会责任；第三，政府应承担起扶贫的主要职责，用财政资金扶持贫困群体发展生产、提高收入。

政府不必补贴富人

二〇〇八年一月四日

看题目,读者多数应该会同意。本人虽不是富人,但也不是穷人,不会有嫉富之嫌,我写这篇文章,只是为了给政府提个醒。按理说,富人有房、有车、有存款,衣食无忧,应多多接济穷人才是。可生活中偏偏有些怪事,穷人收入低,而当下某些政策反而补贴富人,甚至某些时候还会让穷人去补贴富人。

并非危言耸听。留心观察,身边政府补贴富人的例子不少见。我相信,抽瘦补肥不是政府初衷,但政策实施的结果却如是。空口无凭,且让我说几点个人的观察。为避免偏见,尽量就事论事,必要时稍作评点,但也力求客观。另外有个不情之请,读者不论是否赞同,请少安毋躁,多点耐心,等读完全文再作评论。

第一个例子,是肉禽价格。几乎一致的看法,此番物价上涨是由肉禽价格带动的。进一步的原因,是前年饲料涨价，农民养猪赔了钱，去年养猪少了，市场供不应求，所以价格要上涨。肉禽价格居高不下，经济学说，应对办法是鼓励农民多养猪，增加供给。可想不到政府却出招平抑价格。肉价受打压，农民心有余悸，不敢放手养猪，供求缺口补不上，肉价当然会持续地涨。

政府打压肉价，扬汤止沸，不仅价格下不来，反而压制了农民增收。若政府不管价格，农民养猪能多赚钱，猪养多了，市场供应充足，价格自会回落。困难在于，价格短期下不来，城里有人吃不起肉，政府总不能袖手旁观。怎么办？见效快的办法，是平抑价格。但政府这样做，无疑是让农民为城里人提供补贴。殊不知，城里吃不起肉的是少数，政府直接补贴那些低收入者即可。而对那些高收入者来说，肉价高低无所谓。可管制价格，不论收入高低皆买廉价肉，这不是让农民补贴富人是什么？

第二个例子，是大学收费。很多人以为，大学低收费是对穷人有利，其实这个看法是错的。早几年，国内就有学者呼吁提高大学收费标准，结果引来一片责骂声。我的观点：现行大学的低收费，不仅只是照顾穷人，同时也照顾了富人，是让富人搭了穷人的便车。说严重点，是富人挤占了穷人的福利，才令一部分穷人的孩子上不了大学。

看看人家国外，大学通常分私立与公立。私立大学高收费，富人有钱可送孩子上私立大学，穷人的孩子若成绩好，也可靠奖学金上私立大学；而公立大学，则学费全免，穷人个个上得起。反观我们的高校，名义上是公立，却要收费。所以如此，是因为公立大学多，财政养不起，故穷人上公立也得交钱。这几年，媒体时有报道，穷人的孩子考上了大学，却因交不起学费望而却步。与其这样，还不如分而治之，把清华、北大等一批名牌大学推向市场，许其高收费；而政府集中财力办公立大学，学费分文不取，岂不是对穷人更有利？

第三个例子，是居民住宅。近年来国内房价急升，老百姓意见大，是事实。俗语说，安居乐业，天下和谐。可人们买不起房，怎会不怨天尤人？面对过高的房价，现在的问题是就看政府如何处理。我的看法：用行政办法限制房价，不要说做不到，即便能做到也未必能让穷人得益。道理简单，房价越低，升值空间越大，买房的需求就越高。富人比穷人钱多，手段也多，只要房价低于市场价，必会大量购房，囤积居奇，以待日后转手盈利。

这方面，经济适用房是明证。政府补贴开发商建经适房，目的是照顾穷人买房，可结果呢？能买到经适房的多是富人，而非穷人。别处我不知，看一看北京天通苑，在那里落户的有多少是穷人？据我所知，在那里买房的不少是明星大腕、豪商富贾和政府官员。这种补贴富人的结果，当初政府怕是始料不及。其实，照顾穷人买房，大可不必建经适房，补砖头不如补人头，给穷人发购房券，一竿子到底，才能让穷人得到真正的实惠。

第四个例子，是汽油供应。中国人口多，资源匮乏，能耗高，污染重，所以中央要求节能减排。但要研究的是，如何推动节能呢？以节油为例，有两个办法：一是用行政措施管制价格、限制油供；二是放开价格，用价格调节供求。从经济学角度看，第二个办法可取，既能减少交易费用，又能令稀缺资源实现高效配置。

让人费解的是，政府一面要求节油，但同时又不肯放开价格。何以如此？我猜测，政府是担心油价放开，有私家车的人会因加不起油而怨声载道。麻烦也在于此，价格不放开，大家都加得起油，可汽油短缺怎么解决？事实上，眼下国内有私家车的都是中高收入者，限制油价，说白了也是在补贴富人。富人不仅享用了廉价汽油，而且造成的污染还得让穷人一起买单。

不用再举例，以上足以表明，补贴富人虽非政府本意，但政府管制价格，结果却让富人受益。我们既然搞市场经济，价格是市场信号，高低就只能由市场供求定，哪怕是照顾穷人，政府也不必管制价格。经验说，政府管制价格，效果则不如直接给穷人补贴。补贴穷人可点对点，是雪中送炭，且富人搭不了便车。

延迟退休不必强行

二〇一二年七月十六日

最近政府拟研究延迟退休的消息传开，舆论哗然。看网上言论，反对者明显多，而集中的意见是说政府不该出尔反尔，定好的退休年龄怎能想延就延？其实，延迟退休目前还只是动议，并未拍板，最后怎么定尚待研究。我理解，政府是在投石问路，希望多听意见，既如此，这里我就来说说自己的看法。

无须说，政府出此动议，背后一定有苦衷。而容易想到的是社会养老金账户存在资金缺口。据专家推测，目前的缺口是1.8万亿元，而政府说缺口没那么大，可究竟多大却没说。说不说不要紧，至少有一点可以肯定，现在的养老金账户已入不敷出。读者想想，20世纪90年代中期我国才建立社会养老账户，起步晚，迄今不到20年，人口却进入老龄化，近年来退休人数与日俱增，僧多粥少，养老金当然要捉襟见肘了。

是的，当下政府确实很尴尬：一方面，离退休职工要吃饭，政府不能不给退休金；另一方面，养老金账户囊中羞涩而又无力支付。左右为难怎么办？巧妇难为无米之炊，从这个角度看，政府要考虑延迟退休也是无奈之举。可问题是，当初建立社会养老账户时政府有过承诺，答应职工退休时即可领取退休金，若政府之前说过的话不算数，政府公信力何在？日后老百姓还怎么信你？

说我的观点吧。弥补养老金账户缺口，延迟退休是一个办法，但我认为并非上选。不否认，延迟退休可减少眼前的养老金支付，但这样做政府不仅要失信于民，而且会令就业形势更严峻。有人说，延迟退休是当今很多国家的通行做法。这说的确实也是事实，可要知道国家与国家不同，人家能通行，我们却未必行得通。我国人多就业压力大，一刀切地延迟退休，就业压力恐怕会雪上加霜。

别误会，不是说退休绝对不能延，既然延退可解眼前之急，有人愿意延我没理由反对。而我想说的是，延退与否应充分尊重当事人的意愿，不能由政府强制规定。比如，某人年满60岁应该退休，但若用人单位想留，他本人也同意，再延五年当然没问题。这是说，政府只要不再限定60岁退休，剩下的事（如具体到某人是否延退）就不要管了。把选择权交给当事人，效果殊途同归，而且政府还可免遭不必要的非议。

设身处地想，倘若你到了60岁原本可退休，可政府突然说你不能退，得干到65岁才能领退休金，你是不是会有意见？如果政府说，你可以退也可不退，你又会怎么做？若换了是我，就要看：第一，自己身体状况能否胜任；第二，单位是否肯留用；第三，工资是否高过退休金。这第三点尤为重要，若工资与退休金相若，我会退；若工资高过退休金，我会考虑延，高出越多我越愿意延。

由此见，延迟退休大可不必强求，政府只需做三件事：第一，落实工资递增计划。国务院曾明确说，今后工资增长要与实际经济增长同步，每年经济增长7%，则工资增长不得低于7%。如果有通胀（比如CPI为4%），名义工资每年应增长11%。第二，为鼓励延退，国家可考虑在税收上网开一面，对60岁以上劳动者的工资免征个税。第三，限定退休者自领取退休金之日起不得再就业。有了这三条，多数人是不是会选择延退？

不过话要说回来，即便将来多数人愿意延退，养老金缺口也不可能补得上。延退只是扬汤止沸，不是治本的办法，治本的办法是什么？10年前我曾撰文主张将一部分国有股本划入社会养老账户，到今天我的观点仍不变，而且于情于理我认为都应该这样做。众所周知，国有资本是全民资本，既然是全民资本，按谁投资谁受益原则，用国有资本的部分收益补充养老就是天经地义的事，旁人不应该有任何反对的理由。

当下的困难，是政府要花钱的地方太多，科技要投资，农业要扶持，基础设施也要建。但不管怎么说，对政府来讲民生应该是第一位的。我在中央党校工作20年，深知中央高层历来重视民生，何况为稳增长目前政府又有意拉动消费。所以，我的看法：我们与其大把花钱去建铁路、公路、机场，倒不如多用些钱来改善民生。尤其是养老，若是老有所养，无后顾之忧，人们就会消费，这样同样也能扩大内需带动经济增长。

最后说一些题外话。多年来学界一直有个观点，认为像"铁、公、机"这类基础设施必须政府投资。其实不然，在经济学看来，"铁、公、机"是基础设施，但并非公共品。政府的职责是提供公共品，基础设施不一定都得由政府投资。事实上，现在很多国家的"铁、公、机"都是企业投资的，既然人家可以由企业投资，我们为什么不可以？至少政府不该大包大揽，若将省下的钱投入养老，岂不利在当代、功在千秋？

谁在制造性别歧视

二〇一二年八月五日

社会性别平等问题我研究不多,更没想过要写文章,可上周在贵阳参加座谈会,听了别人的发言,忽然间觉得自己有话要说。当然不是人家讲得不对,或是我不赞成性别平等,我想说的是,讨论此问题必须先对"性别平等"作界定。否则,大家对概念理解不一,各说各话,怎么讨论也怕难以达成共识。

据我所知,早年人们批评性别歧视,多指生育方面的重男轻女以及生活中的男尊女卑。而当下人们讲男女不平等,则重点是在职业分工方面。比如政界,男性的人数就明显多于女性;今天农村到城市的务工者也多为男性,妇女则通常留在家中照顾孩子。

不能否认,这两种情况的确存在,是事实;但这事实是否真的就是性别歧视呢?前一种情形复杂些,先存而不论;对后一种情形我清楚,若将其归入性别歧视我不同意。

我自小长在农村，对农民算有了解。别看他们没读过亚当·斯密和李嘉图，但对分工的认识不比你我浅。中国农耕社会几千年，一直奉行男耕女织，你知道为什么吗？那是因为男性体力大，女性手艺巧，是基于男女比较优势的分工。同理，今天男性外出务工者多于女性，也是家庭内分工的一种理性安排，旁人大可不必说三道四。不信你去问问那些留守在家的妇女，她们中有多少人是认为性别不平等的？

是的，发挥比较优势是家庭内分工的一个基本原则。这是说，只要没有外部强制，任家庭成员自由分工，不论最后的结果为何——是妻子留守还是丈夫留守，都是争取家庭收入最大化的优选。说我亲眼所见的例子，几年前我在福建邵武市调研，曾遇到一位四川的妇女到邵武打工而丈夫却留在家中，我问何故，她答是丈夫身体不好，自己打工要比丈夫挣得更多。听明白了吗？原来决定家庭内分工的并不是性别，而是比较优势。

一个家庭这样，其实社会层面的分工也如此。假若社会对女性择业没有制度性限制，分工也必是基于人们各自的比较优势。经济学说，按比较优势分工是有助于社会财富最大化的。既如此，那么在社会层面我们判断某行业是否有性别歧视，就不能光看男女比例，关键是要看是否有限制自由择业的制度。比如某用人单位明文规定只用男性不用女性，这当然是性别歧视；反之，若没有这种规定，该行业即便全是男性没有女性，也非性别歧视。

不是吗？想深一层吧，煤矿行业男性明显地多于女性，可大家为何不认为是性别歧视？答案简单，那是因为煤矿业很特殊，即使不限制女性进入，自由选择的结果也会是男性多于女性。所以，我的观点：社会性别平等，男女人数相等。设想一下，假若各行各业皆要求男女人数相等会是啥结果？肯定的，为了照顾男女平衡，用人单位就不得不"拉郎配"或"拉女配"。这样一来，很多人的比较优势将难以发挥，整个社会生产效率也必大大降低。

由此见，男女比例并非判定社会性别是否平等的重点，甚至也不应该作为标准。若读者同意，我便可回答前面第一个问题：当下政界男多女少是不是性别歧视？很多人认为是，但我认为不是。为什么？因为在制度上国家对女性从政并无任何限制性规定，她们是否从政可以完全自愿，既然如此，政界男多女少怎可归咎于性别歧视呢？我们总不能强人所难，硬逼着那些不想从政的女性从政吧？

学界另有一种观点，说政界男多女少是因为目前人大代表中的女性占比偏低。意思是说，人大代表中若再多些女性，政界的性别比就会改变。是这样吗？听起来好像是，但其实不是。我自己做北京市人大代表多年，我的经验：在选举时女代表其实并不一定就投票给女性，而男代表也不一定只投票给男性。那种认为女代表必选女性的看法，纯属闭门造车，想当然。

我自己有个大胆点的看法，讲出来政界的朋友未必爱听。人们对政界所谓性别歧视的批评，我认为未击中要害，依在下看，要害是从政的人有特权。不然，若从政与挖煤一样都是普通职业，没特权，你会在乎它的性别比吗？是的，当下政界的症结并非男多女少或是什么性别歧视，而是行政权力过大。若不取消行政特权而单单强调男女比例平衡，岂不是"移花接木"转移改革视线？

不过话要说回来，我说今天中国政界不存在性别歧视，并不是说过去没有，或者其他领域没有。众所周知，封建社会许多制度（包括习俗），如要求女子裹足以及"三从四德"的旧礼教，对女性从政就明显不利。现代社会，虽然这些旧礼教或习俗早已成为陈迹，但性别歧视仍然有，我知道的，目前少数农村地区耕地只承包给男性而不给女性；城市职工退休男女不同龄，少数用人单位虽不敢明里却暗里限招女性等。

如此看来，造成性别不平等的根源，关键在制度。扬汤止沸，不如釜底抽薪，所以，我们与其天天喊口号要男女平等，还不如冷静下来，看看究竟是哪些制度妨碍了女性的自由选择权，只要找到症结并一一除之，待以时日，何患性别歧视不能解决！

扶贫当从供给侧发力

二〇一七年九月二日

我曾撰文说过,贫富差距是市场失灵的结果。而政府弥补市场失灵,除了维护国家安全与社会公正,再一项职责就是提供公共服务与照顾穷人。经济学鼻祖亚当·斯密如是说,我也这样看。

基于这样的认识,中央提出扶贫攻坚我举双手拥护。既然自己拥护为何还写文章?其实,我作此文讨论的并不是要不要扶贫,而是应该怎样扶贫。这样说吧,前些日子我在农村调研,了解到一些情况令我困惑,也引发了我的思考。想之再三,觉得有必要将这些困惑与思考写出来。

为便于讨论,让我先说自己的困惑。下面的三个案例是真人真事,为尊重当事人的意愿,这里将真实姓名、地址隐去。对事不对人,请读者勿对号入座。

案例一:某村东、西两头住着两户人家,村东那家男主人外出务工多年,前年用务工收入在县城买了套房子,可没钱装修至今未能入住。村西那家男主人这些年一直游手好闲，不务正业。去年底他家却被确定为贫困户，政府帮他建了房子，还做了装修。东头的那家于是觉得不公平，质问县干部：扶贫到底是鼓励勤劳还是鼓励懒惰？

案例二：某乡有两人是堂兄弟，堂兄遵守国家计生政策，只生1个孩子，加上夫妻俩勤俭持家，生活温饱无虞。而堂弟却违反国家计生政策，一气生了4个孩子，由于负担重，生活非常拮据，年初堂弟被确定为扶贫对象后，政府给钱给物，一下子日子过得比堂兄家还滋润。村里人议论：这样扶贫岂不是鼓励违反国家政策？

案例三：某老人有3个儿子，3个儿子皆有固定收入，而且都在县城买了房。5年前，3个儿子已将老人接到县城同住。可当地扶贫政策出台后，为享受扶贫政策，3个儿子又将老人送回乡下。由于乡下房子年久失修，破败不堪，有一次上面派人检查，看到老人住着破房子而未被列入扶贫对象，立即责令当地政府整改。有人问：这不是要鼓励人们争当贫困户吗？

不知读者对上面的案例怎么看，我自己很困惑。后来我到西部某市，把这三个案例也对一位市领导讲了，并问当地是否也存在类似的情况。那位市领导说他们不存在。对此回答我半信半疑。心里暗想：别的地方存在，为何你们这里不存在？不过4天走访下来，我相信那位领导说的是真话。

原来，该地区的扶贫与别处确实不同。不是贫困户需要什么政府就给什么，而是通过"资源变资产、资金变股金、农民变股东"（简称"三变"）帮助贫困户脱贫。我这里要指出的是，通过"三变"改革扶贫，着力点是在供给侧而不是在需求侧。着力点不同，扶贫效果当然不同。

顾名思义，从需求侧扶贫，针对的是消费需求。比如贫困户缺房子，政府就提供房子；贫困户缺粮食，政府就提供粮食。这种做法，学界通常称之为"输血型"扶贫。事实上，上面列举的案例就与这种"输血型"的扶贫方式有关。读者想想，如果贫困户缺什么政府就给什么，能坐享其成，人们怎会不争当贫困户呢？

与需求侧扶贫不同，供给侧扶贫是帮助贫困户发展生产，立足于"造血"。政府主要做三件事：一是为农民的资产确权；二是招商引资投资农村基础设施，推动农民的资产升值；三是引导农民入股龙头企业，通过规模经营增加农民的资产性收入。结果不到4年，该市有22万人脱贫却未发生不公平的案例。

由此见，扶贫的思路不同，结果大不一样。事实上，关于公平与效率的关系，这些年学界一直有争论：有人主张"效率优先"，有人主张"公平优先"。而大量事实证明，公平与效率并非截然对立，处理得好，效率不仅不妨碍公平，相反可以促进公平。

说远一点吧。从源头追溯，较早主张"以效率促公平"的学者，是美国经济学家弗里德曼。他的观点：政府照顾穷人不应养懒汉，应鼓励穷人自己创造收入。为此他提出了用"负所得税"方式补贴穷人的方案：政府补贴＝收入保障线－（个人实际收入×负所得税税率）。遗憾的是，此方案只是写在教科书里，美国从未实施过。

实不相瞒，我之前一直有个疑问：地方官员未必知道弗里德曼，可他们怎会想到以效率促公平，而且在操作层面看"三变"比"弗氏方案"还更胜一筹？一位当地官员告诉我，他们从供给侧搞"三变"是逼出来的。说得也是，怎么想到的其实并不重要，重要的是美国没有做而他们做了，而且做得精彩！

读者不要误会，我主张扶贫从供给侧发力，并非完全不能从需求侧扶贫。比如对孤寡老人或丧失劳动能力的人，当然要从需求侧予以补助；对那些勤奋劳动，但由于特殊原因致贫的家庭，也应从需求侧给予照顾。但要特别指出的是，对那些有劳动能力而不劳动的人，政府只可提供基本生活保障，切不可顾此失彼，造成新的不公平。

耕地占补应全国平衡

二〇〇七年九月二十八日

中国人口多，吃饭是大事，迫不得已，所以国家要出台严厉政策保护耕地。但换个角度看，中国是发展中国家，无农不稳，无工不富，工业无大成，经济要有可观的成就不容易，若想追赶发达国家，更是希望渺茫。困难的是，发展工业非空中建塔，占用耕地势所难免。两难选择，鱼与熊掌要得兼，怎么办？

最近一个月，我先到重庆、陕西调研，后去广东，再赴东北，天南地北地看，所到之处城市建设龙精虎猛，工业化气势如虹。但与地方官员座谈，普遍的反映，是当下发展工业无地可用，土地成了掣肘工业的瓶颈，所以大家希望中央能网开一面，对现行耕地政策作些松动。有的地方千辛万苦招引外资，现在万事俱备，可就是手中没地，等米下锅，心急如焚。

我理解地方官员的苦衷。其实，中央政府也并非没看到这一点，比如允许地方自行整理土地实行占补平衡，就是为地方发展工业开绿灯。成都是很好的例子，政府集中建居民小区，请农民上楼，而农民原来的宅基地改作耕地，耕地扩大了，土地置换，则可将城郊耕地用于工业。只要耕地总量不减，政府便有一定的自主调剂权。

可见，占补平衡有原则又可变通。尤其是中西部地区，工业滞后，耕地整理大有可为。麻烦在东部沿海，工业起步早，能整理的土地少，占补平衡的回旋余地不大，可是从投资收益看，东部投资环境好，兼具资金、技术、人才优势，发展工业得天独厚，于是就带出一个问题，东部搞工业优于西部，中央政府能否把占补平衡政策放宽，从省内平衡扩大到全国平衡？

一年多前，上海有位官员在中央党校学习，恰好与陕西一位分管农业的副省长同班，两人商议，由上海出资，在陕北黄土高原闸沟造地，所造耕地归当地政府，而用地指标转给上海。如此一来，陕西多了耕地，上海有了用地指标，各得其所，一拍即合。可按现行政策，耕地占补只能省内平衡，跨省调剂既无先例，也无章可循，国土部门不肯表态，事情最终只得搁浅。

其实，政策是人定的。这些年，政府调整政策的例子不少见。问题是，当下耕地允许跨省平衡是否会有不良后果？比如说会不会冲击国家的粮食安全？未雨绸缪，中央政府当然要慎之又慎。不过我判断，国家现在不放宽政策，主要的担心还不是粮食安全。从逻辑上说，不论省内平衡还是跨省平衡，只要保证平衡，耕地总量不变，就不会危及粮食安全。

中央政府的担心，可能在区域差距。摆明的道理，农业的收益低于工业，西部若把用地指标让给东部，自己的工业不发展，经济怎可能后来居上？再有，东部多了用地指标，发展工业如虎添翼，而西部却专于农业，与东部的差距必将越拉越大。由此看，国土部门不松口，不鼓励耕地跨省平衡，说到底，就是希望西部能利用好土地政策，急起直追，把工业搞上去。

值得讨论的是，西部真有必要大规模发展工业吗？站在西部的立场看，当然有必要。既然工业比农业赚钱多，西部要发展工业，理所应当。不过从全国产业分工的角度看，答案却不肯定。经济学说，分工能产生效率。东部的绝对优势在工业，西部的绝对优势在农业，若按绝对优势分工，东部多搞工业，西部多发展农业，全国生产率会提高，国民财富会增加。

再有，从生态与环保的角度看，西部大搞工业也未必明智。现实情况是，西部缺资金，要发展工业必须靠招商引资。可西部的投资环境，目前明显不及东部，人往高处走，若想让东部企业西进，除非人家看中了你的资源，要不就是引进东部将要淘汰的劣势产业。不然,他们怎会抛家舍业跑到西部去?我曾到过西部不少地方,发现所引进的项目不仅多数科技含量低,而且有污染,破坏了当地生态环境,算总账,得不偿失。

照此说,西部不宜发展工业,岂不是要让西部甘于贫困?当然不是。我的看法:只要利用好市场机制,西部把用地指标转予东部不一定吃亏。这里的关键条件有三。

第一,中央政府应设立全国性耕地占补指标交易中心,有了这个中心,东部要用西部的占补指标可以,但必须去交易中心竞买,由于指标供不应求,价格一定不菲,而西部转让指标所得收入,可参股投资东部的工业。

第二,不仅耕地可全国占补平衡,而且工业废气排放也应全国平衡。国家只需控制总量,并按国土面积将排放指标分配到各省市,如此一来,东部工业发达地区排放若超过标准,那么就得去西部购买指标。设想一下,只要排放指标允许公开拍卖,对西部工业欠发达地区,也肯定是一笔不小的收入。

第三,改增值税为消费税。当下各地热衷于搞工业,说到底是利益驱动。比如现行税制以增值税为主体,而增值税是在生产地纳税,且四分之一留当地,所以各地都有争先恐后上工业的冲动,而大家争的不过是税收。若把增值税改为消费税,产品卖到哪儿就在哪儿纳税,然后由中央与地方分成，这样利益共享，西部何须不顾客观条件上工业呢？

顺便说一句，我主张耕地占补全国平衡，意在提高耕地使用的效率，而不是反对西部搞工业。西部具有竞争优势的工业项目，当然应当上；尤其是农产品加工业，不仅要上，而且要大上快上。至于那些不具优势的产业，西部则不必跟东部争高低，扬短避长，终归不是可取的办法。

追问企业社会责任

二〇一二年九月一日

中欧美论坛结束后,我与几位同事从阿斯平飞旧金山访英特尔公司。我此行的任务,是应英特尔之邀为公司高层做一个"中国经济问题"的讲座,同时研讨"企业的社会责任"。关于讲座我会另文说,这里先谈企业社会责任,而且重点是谈我自己对企业社会责任的追问与思考。

赴美前,英特尔中国区的王黎女士给我送来《责任引领创新:2010—2011英特尔中国企业社会责任报告》,洋洋洒洒近十万字,图文并茂,一看就知是倾心之作。而首席执行官保罗·欧德宁(Paul S.Otellini)在开篇致辞中说,英特尔成功的关键,就在公司的创新力与企业社会责任的领导力。那么何为企业社会责任呢?很遗憾,看完整篇报告也没找到答案。

说实话,关于企业社会责任我已思考多年。约6年前,我曾率团访问法国电力公司(EDF),记得当时他们讲企业社会责任，就是指企业代政府扶贫。比如为解决边远山区的用电困难，法电不仅架设了专线，而且还为贫困户廉价供电。扶贫本来是政府的职责而企业出面代劳，故称之为"企业社会责任"。而我当时的困惑是，企业只是帮助做事，费用还是政府出，这相当于是企业从政府手里接工程，怎能算企业承担了社会责任呢？

无独有偶，后来访问澳大利亚，澳大利亚讲企业社会责任也大抵如此。典型的是养老服务。过去是政府直接办养老院，后来政府把养老交给了私人机构，让退休老人自己去选择私人养老院，费用则由政府结。这样养老机构有了竞争，服务得到改善，公众好评如潮。政府这样做当然对，也值得借鉴，但若说这是私人养老机构承担了社会责任，我认为牵强，于理不通。

这次访英特尔，Michael Jacobson先生专门为我们介绍了英特尔有关企业社会责任的情况。隔行如隔山，他讲的有些专业名词我不太懂，他大意是说，英特尔的社会责任体现在自创立以来为社会提供了大量的高科技产品，如延伸英特尔PC平台引领云计算的变革，推动智能手机、平板电脑、智能电视升级等。讲者如数家珍，而我却暗想，英特尔推动创新的动机到底为何，是为了盈利还是履行社会责任？

于是我向Michael Jacobson发问。我问，究竟怎样理解"社会责任"？如果企业向社会（消费者）提供了商品或服务就是社会责任，那么哪家企业不承担社会责任？问得唐突，讲者一时语塞，于是我用亚当·斯密的名言再解释我的问题。斯密说，我们的晚餐并非来自酿酒师和面包师的恩惠，而是来自他们对自身利益的关切。那么英特尔推动产品创新是出于对自身利益的关切还是出于对社会责任的考虑呢？

Michael Jacobson答，两者兼而有之。若从客观效果看，他答得没错。但我认为主观动机与客观效果并非一回事。所谓主观为自己、客观为社会，说的就是商家自己要赚钱必须为社会提供有用的商品，否则你怎么能挣到别人的钱？这是说，企业要挣钱必须造福社会（利他），也正因如此，所以看一个企业是否履行了社会责任就不能单看客观效果，还应看主观动机。

简单说吧，所谓企业社会责任，就是企业做某事的主观动机必须利他，而不只是客观利他。举个例子，英特尔在中国资助培训180万名中小学教师就是企业社会责任。为什么？因为培训教师与英特尔的经营业务无关，也无直接利润回报。尽管英特尔会因此在中国赢得好口碑，客观上也会利己，但它的主观动机却是利他而非利己。

是的，但凡企业对公益活动（如慈善、救灾、教育、医疗等）的资助，皆为它所承担的社会责任。对此那天讨论时大家也无异议，不过对以下两个问题的看法分歧就大了：一是怎样看企业赞助大奖赛。具体说，就是英特尔赞助"英特尔国际科学与工程大奖赛"算不算企业履行了社会责任。Michael Jacobson认为算，理由是英特尔并非出于盈利的考虑。而有人认为不算，理由是大奖赛以"英特尔"冠名有做广告的性质。我的看法呢？我认为应该算。第一，主观上，英特尔的确没有赚钱的动机；第二，承办方也非营利机构。若不是这样，比如英特尔赞助电视台歌手大赛就不同了。众所周知，电视台乃营利机构，赞助电视台那就是变相做广告而非履行社会责任。

第二个问题更复杂些。很多时候，企业的主观动机并非只利己不利他，或是只利他不利己，若两者并行不悖怎么看？这种情况确实有，那天Michael Jacobson就为我们举了个真实的例子。英特尔两年前在非洲投资办厂，主观动机是盈利，但为了减少排污，公司又斥巨资对污水进行处理。

此举算不算企业承担了社会责任？有人说不算，认为企业本来就不该污染环境。而我则认为不能一概而论，关键是要看企业是否有主观利他的动机。比如，当地法律若限制排污，英特尔那样做是迫不得已，算不上承担社会责任。相反，若当地法律不限制排污而英特尔自动限排，当然就是企业承担的社会责任了。

推进开放共赢

经济学讲,参与国际贸易可享受国际分工的利益,是说你出口自己生产率高的产品而进口对方生产率高的产品可以双赢。若你只出口不进口,别人享受了你价廉物美的商品,而你却不去分享他国高生产率的利益,岂不是赔本赚吆喝?

人民币若不再盯美元,汇率就会自由浮动。这一点,央行不必担心,也不必去管;同时汇管也可逐步放开,利率也可让市场决定。只要人民币币值稳定,没有谁会去炒人民币,即便有,也绝不可能从中渔利。

经济全球化可以提升人类共同福祉,只有赢家,没有输家。即便某些西方国家偏要倒行逆施,试图断桥毁路;我们则应保持定力,继续为推动全球化架桥铺路,坚定扩大开放。

政府为何鼓励出口

二〇一三年八月二十四日

中国经济30年高增长，论贡献出口功不可没；然而面对今天巨额的外储，不少人对政府以往鼓励出口的政策提出了质疑。其实这质疑并非始于今日，早在1997年外储不足1400亿美元时就有过争论。而今天外储3.3万亿美元，相当于国内一年40%的GDP，学界对出口有非议也不足为怪了。

政府为何鼓励出口？骤然听是浅问题，然而似浅实深。从浅的方面答，拉动经济有"三驾马车"，而出口是其一。这是说，扩大出口可带动经济增长保就业。列宁曾说发达国家输出商品是为了转嫁国内过剩，这分析是对的。国内需求不足当然要从国外找市场，不然产品积压失业会增多。中国亦如是，生产过剩也得出口。可见，保就业是扩大出口的重要原因。

这是浅的方面。从深的方面看呢？经济学说，出口的初始动机并非转移过剩，而是分享国际分工的红利。的确是这样。试想一下，新中国成立之初政府为何要鼓励出口？是因为经济过剩吗？显然不是。恰恰相反，那时物质非常匮乏，出口的目的不过是创汇增加进口。说白了，政府是希望通过对外贸易享受国际分工的好处。这么说行外的朋友未必能明白，让我做点解释吧。

先从国内贸易说起。

众所周知，亚当·斯密当年写《国富论》是从分工下笔，指出分工可提高效率。而且他有个重要观点，认为（产业）分工由绝对成本（优势）决定。举例说，比如我和你，我种粮的成本比你低，织布的成本却比你高；而你呢，种粮的成本比我高，织布的成本却比我低。这样比较起来，我的绝对优势是种粮，你的绝对优势是织布。斯密说，只要按各自绝对优势分工，我种粮你织布，然后彼此用粮与布交换，双方皆可节省成本。

后来李嘉图对斯密的观点作了拓展，指出决定分工的不只是绝对成本，还有比较成本。不过那只是成本比较的参照不同，这里不细说。要提点的是，无论斯密还是李嘉图，他们讲分工都有个前提，那就是交换。若无交换，即便存在绝对优势（或比较优势）也不可能有分工。还是举前面的例子，我专种粮而你专织布，但若我不能用粮食换你的布或者你不能用布换我的粮食，不能互通有无，我和你怎可能分工呢？

请注意，这例子暗含着一个重要推论：商家生产商品是为了卖（满足别人的需求），而卖是为了买（满足自己的需求）。简言之，是"为买而卖"。之所以这么说，是因为对商家来讲不卖就无法买，不买也就无须卖。事实确亦如此，在早期物物交换中我们可以看得更清楚，只是由于货币的出现，商家这种"为买而卖"的动机才渐渐被漠视了。

或许有人问，现实中很多商家卖了之后并没买，怎可说是"为买而卖"呢？不错，生活中是有这种现象，有人卖后并不马上买，而是将换来的货币存进了银行。不过，这现象也并未改变商家"为买而卖"的动机。商家选择储蓄是为了获得利息，不是最终目的，最终还是为了更多地买。也就是说，储蓄只是购买的延迟而非购买的放弃。

回头再说出口。往深处想，国际贸易其实与国内贸易无异，出口也是为了进口。这推断我认为不会错，要不然你告诉我，一个国家若不想进口，那出口的目的是什么？经济学讲参与国际贸易可享受国际分工的利益，是说你出口自己生产率高的产品而进口对方生产率高的产品可以双赢。若只出口不进口，别人享受了你价廉物美的商品，而你却不去分享他国高生产率的利益，岂不是赔本赚吆喝？

这正是当下中国的难题。不管怎么说，外储过多一定是外贸"出多进少"的结果。不过，此局面的形成并非我们不进口，政府曾多次表态要扩大进口，可我们想进口人家不肯卖。问题就在这里，既然人家不卖，我们还有何必要用政策优惠鼓励出口呢？经验表明，一国外储能应付半年进口足够，而3.3万亿美元明显多了，出口政策不变将来会更多。

由此看，我们的政策的确应该调整，而且刻不容缓。可眼下不少人担心，认为这样做会增加国内失业。不敢说没这种可能，但也未必一定如此。事实上，目前我们的出口商品并不全是"过剩产品"，国内也有潜在需求，只是老百姓没钱买而已。若能少出口而增加国内供应，物价必降。再者，若能大幅提高城乡居民收入，近14亿人口何患没内需！

我说过，中国经济跃升全球第二位后，未来出口会阻力重重。未雨绸缪，我们不妨重点扩内需。扩内需当然不是不出口，出口还得出，但不必再刻意创外汇。要知道，外储不过是人家买我们商品后给打的借条，若不用于进口就是一堆"纸"。明知想买的商品人家不卖，我们要那么多"纸"有何用？

稳住汇率是大局

二〇〇七年六月七日

　　最近举行第二次中美战略经济对话,汇率仍是焦点。人民币该不该升值?利害攸关,政府当然要慎之又慎。面对美国的压力,央行行长周小川回应:中国已尽力而为。而副总理吴仪表态,人民币大幅升值会对中国经济带来负面冲击。大实话,说得好,应该为文支持。

　　美国希望人民币升值,说来说去,摆得上桌的理由,就是美中贸易持续逆差。不否认,美国是有逆差,但减少逆差,难道就得要人民币升值?李嘉图的比较优势理论闻名天下,美国人不会不懂。劳动力低廉是中国的比较优势,美国的比较优势在高科技,只要加大高科技出口,互通有无,中美便能双赢。可惜美国扬短避长,用劳动密集型产品与中国拼,棋差一着,怎能没有逆差?

　　其实,美国想要扭转贸易逆差,易如反掌。多年来,中国敞开国门,一直以市场换技术,蹊跷的是,美国不肯调整出口结构，却反逼人民币升值，为什么？再有，人民币升值，中国产品在美国涨价，美国消费者就得多花钱，世上哪有这样的买家，拒绝价廉物美，而硬逼商家卖高价？表面看，似乎不合情理，但想深一层，醉翁之意不在酒，背后一定另有隐情。

看看20年前的日本吧。当年日美贸易，日本也是连年顺差。到1985年，美国做东摆"鸿门宴"，邀请英、德、日、法四国财长到纽约广场饭店开会，中心议题就是敦促日元升值。尽管日本不乐意，但迫于美国的政治军事压力，只得就范。签订"广场协议"前，美元兑日元的比价是1:240，1988年升至1:120，而到1995年又升至1:79，短短10年，日元升了三倍。

日元升值的后果，出口受阻不必说；而日本企业为避开升值打击纷纷转向境外，导致产业空心化。自此，日本经济开始了十年的衰退。更严重的是，日元大幅升值，还在汇市上给了美国人可乘之机。举个简单的例子。比如美国财团在1985年用1亿美元兑换了240亿日元，等到1988年，日元升值1倍，那么用240亿日元就可换回2亿美元。不计利息，仅在汇市一个来回，3年赚1倍，而日本，只能眼巴巴地看着财富被美国掠走。

日本是前车之鉴，我们怎可重蹈覆辙？诺贝尔奖获得者、"欧元之父"蒙代尔前年在北京论坛上的讲话振聋发聩，指出逼迫人民币大幅升值是灾难性想法，那是让中国经济"自杀"。他细数人民币升值之弊，达12条之多。蒙代尔是经济学大师，判断不会错。问题是，货币问题错综复杂，政府该如何取舍才能趋利避害？

经济学说，资本自由流动、政府自由发钞权和汇率稳定，三者之中，最多只能取其二，不可同时兼得。假如一国要有自由发钞权，又要保持汇率稳定，那么就得限制资本流动；反之，选择了汇率稳定，同时允许资本流动，政府就不得自由发钞。显然，对中国而言，不可能限制资本流动，因为我们不可能闭关锁国。而要稳定汇率，唯一办法是限制政府发钞权。

由此带出的困难是，由于中国外贸持续顺差，外储过两万亿单位，加上国际游资的涌入，外汇供大于求，本币必有升值压力，为了减压，央行不得已只好被动地发行本币。可这样做，国内流动性会过剩，通胀势难避免。为了控通胀，政府别无选择，必须回头压流动性。麻烦在于，压缩流动性虽可治通胀，但同时会推高币值，汇率又稳不住。

这正是我们的难题。按下葫芦起来瓢，怎么办？最近看文献，国内学者见仁见智，说法不一，而主流的观点，是压缩流动性。对此主张，我不敢苟同。愚见以为，在稳定汇率与控制通胀之间，应先稳定汇率。尽管通胀会危害经济，需要警惕，但相比汇率上升，危害要小得多。何况在当前情况下，保持适度通胀不一定是坏事。

当下中美贸易摩擦，说到底，是我们的产品在美国市场卖得便宜。如果稳定汇率而保持适度通胀，国内价格上涨，出口价格则水涨船高，这样一来，既可堵住美国的嘴，又可避开人民币升值的冲击。与此同时，出口价格上涨，还会促使国内企业从价格竞争转向质量竞争，从而带动技术升级与产业转型。

从国内经济看，中国经济要持续高增长，一个前提，就是扩大消费。中国人口多，消费潜力大，关键是如何去拉动。比如，大众的消费心理，是买涨不买跌。物价看涨，人们就抢购；物价看跌，便持币观望。由此推，政府要拉动消费，适度通胀就不失为一个办法。这几年房地产热销不退，其中一个重要原因，就是人们对房价看涨。

当然，这并不是说可以放任通胀。凡事皆有度，物极必反，通胀率过高，也会给经济造成致命打击。所以要提醒的是，政府可以利用通胀，但必须调控有度，而且即使是适度的通胀，政府也得有补台的措施。至少有两点，一是提高社保标准，二是加息。前者可保护弱势群体，后者可维护储户利益。

再说一遍，面对汇率上升与通胀，我选通胀，并非我赞成通胀，而是两害相权取其轻。好比破财与丢命，很多人选破财，并非人们喜欢破财，而是丢命的代价更大。这一点，还请读者细心体会，切莫误解了我的本意。

再说稳住汇率

二〇一五年九月二十八日

人民币持续升值多年,八月中旬一度贬值。出人意料,国际社会一片哗然。有人揣测,中国此举是先发制人,对美联储意欲加息提前作出的反应;也有人预言,人民币若持续贬值将可能引发货币战争。而李克强总理在夏季达沃斯论坛上表态,人民币目前已保持稳定,不存在持续贬值的基础。

很明显,李克强总理以上表态是在向国际社会传递一个信息:人民币不会持续贬值。长期不贬值可为何这次要贬?央行的解释是顺应汇率形成机制的市场化改革。而国际货币基金组织(IMF)则称,中国的新做法是"可喜的一步",表明"市场力量在确定汇率方面发挥更大的作用"。我的观点:汇率市场化乃大势所趋,但长远看,维持人民币币值稳定是大局。

人民币此次贬值,其实也是事出有因。过去我们人民币一直盯着美元,近几年美元升值,人民币也跟着升;加上美元兑人民币单边贬值，2008年以来人民币实际升值33%。问题在于，人民币对外升值，对内却有贬值压力。这压力主要来自外汇盈余，由于有强制结汇的安排，外汇有盈余，央行就得对应投放人民币（外汇占款）。而人民币投放多了，对内当然要贬值。

这正是今天人民币的纠结所在。一方面，中美贸易长期顺差，美国咄咄逼人要求人民币升值；另一方面，人民币对内却需要贬值。左右为难怎么办？我曾说过，所谓"贸易平衡"其实只是美国的一个借口。事情明摆着，中国出口美国的商品，美国自己并不生产；而中国希望进口的高科技产品，美国又不卖。这样人民币升值怎可能使中美贸易平衡？

由此看，美国逼人民币升值，目的不过是打压中国的出口。中国经济过去30多年高增长，出口的贡献非常大。而今天中国已成为全球第二大经济体，树大招风，美国更不会无动于衷。时下由美国发动的"跨太平洋战略经济伙伴关系协定"（TPP）与"跨大西洋贸易与投资伙伴关系协定"（TTIP）谈判，用意昭然若揭，就是要围堵中国的出口。

是的，人民币升值对中国的出口不利。既然不能升值，那么人民币可否贬值呢？我认为贬值也不可取。尽人皆知，中国目前是世界最大的出口国，也是贸易顺差国，有近四万亿美元的外储，在此情况下人民币贬值理由不足。再说，别人也不蠢，若我们的人民币贬值，人家的货币也会跟着贬。

一起贬值的结果必是多败俱伤，这种损人不利己的事，当然不做为妙。

想想亚洲金融危机吧。当年危机爆发后周边国家货币纷纷贬值，人民币照说也可跟着贬值，可朱镕基总理代表中国政府承诺：人民币3年不贬值，3年后不用贬值。起初国内很多人不理解，并担心会重创中国的出口。朱镕基总理回应说，人民币不贬值对出口有影响，但不会伤筋动骨，因为中国出口的商品与周边国家不同，别人出口的商品我们不出口。果不其然，1998年后人民币一直未贬值，出口却大有可观。

回头看，朱镕基总理的确有先见之明。不过想深一层，当年他作此承诺还有一个原因，那就是人民币贬值对中国利弊参半。教科书讲，一国货币对外贬值有利于出口，是指贬值能降低商品在国际市场的价格；但是，贬值也会提高进口商品的价格。中国不单是第一大出口国，同时也是第二大进口国，若进口原材料价格上涨，国内生产成本会上升，这样再将制成品出口，国际市场价格未必会低。

基于以上分析，目前人民币既不宜升值，也不宜贬值。事实上，货币的功能就是计价、结算与储备。形象地说，货币就如同衡量长度的标尺，若计量刻度朝定夕改，变化不定，谁会用这样的标尺？同理，若一个国家的货币不稳定，谁也不会用它计价，更不会用于储备。学界正在热议人民币国际化，我认为人民币要国际化，关键是币值要稳定。

若读者同意我的分析，接下来要讨论的是怎样维持人民币币值稳定。蒙代尔"不可能铁三角"说，一个国家在货币发行权、资本自由流动、汇率稳定三个选项中，只能三选二，不可能三者同时兼得。显然，中国作为主权国家，货币发行权不能放弃，而随着人民币国际化，汇管得放开，资本也会自由流动，这样汇率就难以稳定了。倘如此，人民币币值怎么稳定？

无须怀疑，蒙代尔说的肯定没错。但这里要提点的是，一个国家的币值稳定与汇率稳定有关，但不完全是一回事。在金本位时代，币值稳定是指单位货币代表的金量恒定；而今天讲币值稳定，则是指单位货币的购买力不变。汇率稳定呢？顾名思义，是指一国货币与他国货币的交换比值稳定（即固定汇率）。当两种货币币值皆稳定，汇率会稳定；但若其中一种货币不稳定，汇率也就不稳定了。

综观地球，迄今坚守固定汇率的国家（地区）已经寥寥无几，固定汇率实际已成明日黄花。所以我主张人民币币值稳定，并非要稳定人民币兑美元的比价，而是稳定人民币的购买力。其操作重点，是人民币不再盯美元，而以一篮子商品为锚。若篮子商品价格指数下降，央行放出人民币增外储；反之，则收回人民币减外储。如此一来，人民币币值当可稳定。

问题是人民币不再盯美元，汇率就会自由浮动。这一点央行不必担心，也不必去管；同时，汇管也可逐步放开，利率也可让市场决定。只要人民币币值稳定，没有谁会去炒人民币，即便有也绝不可能从中渔利。稳坐钓鱼台，以静制动岂非乐哉！

评人民币国际化

二〇一二年七月十五日

前些日子中国人民大学校长陈雨露教授来党校做讲座，讲题是"人民币国际化战略"。我应邀做点评。现在回忆，那天我似乎没说赞主讲人的话，并不是不同意他的观点，恰恰相反，有关的几个重要判断我们完全一致。之所以不赞他，是因为在我看来学术讨论应该求新。基于此考虑，我主要是对陈教授的观点做拓展，当然也谈了自己的看法，主要是三个方面。

一是关于国际货币体系改革的目标。陈教授认为，当今国际货币体系虽"以美元为主，一主多元"，但未来将会走向美元、欧元、人民币"三元制衡"的格局。这判断我同意，不过与陈教授不同，我认为"美元为主"被打破，原因并不只是欧元、人民币要崛起，也有美国自身的问题。而最主要的，是美国今天有巨额的贸易逆差。

何以如此？说起来原因很多，但归根到底是美元霸权使然。读者想想，数十年来美元一直"一主独大"，天下通吃怎会没逆差呢？而可肯定的是，美元长此以往必盛极而衰。就好比一个人，大脑是靠心脏通过动脉血管供血，然后由静脉血管回流到心脏，假如将静脉血管卡住大脑是不是要爆炸？

再说欧元与人民币，时下由于欧债危机很多人认为欧元未来会一蹶不振，甚至会解体。说实话，我不这么看。毕竟瘦死的骆驼比马大，而且欧洲的问题，他们欧洲人自己会处理，欧元再度崛起只是时间问题，旁人不必杞人忧天。倒是人民币要不要国际化值得研究。我的观点：人民币应该国际化。人民币国际化，中国不仅可取得铸币收入、避免汇价风险、减少外储，而且更重要的是在国际事务中可拥有更多的发言权。就冲着这一点，我们中华儿女没有理由不支持人民币国际化！

二是关于人民币国际化的步骤。陈教授说，人民币国际化要分三步走：第一步是周边化并同时成为计价结算货币；第二步是亚洲化并实行资本账户开放；第三步是全球化而最终成为储备货币。原则上，我也赞成这三个阶段的划分，但对每个阶段需多长时间却拿不准。陈教授说每个阶段是十年，但为何是十年他语焉不详，只提供了经验数据。比如前两个阶段（从国际化起步到资本账户开放），日本用了16年，英国用了18年，德国则用了20年，于是他断定从2010

年算起到资本账户开放中国也需20年。

经验数据当然可参考,但国情不同,我认为不能这样照葫芦画瓢。以日本为例,20世纪80年代日本就宣布"日元国际化",可30年过去日本今天的出口仅40%用日元结算,进口更低,仅20%。另外,IMF数据显示,日元在国际储备中的份额不到4%。可见日元虽说是国际化了,但国际化程度其实并不高。由此看,中国人民币的国际化也不会一帆风顺,要成为国际储备货币会更难,所以我们要做长期努力的准备。

不是有意要让读者扫兴。我的分析是这样,倘若有一天人民币真的国际化了,中国从国外进口商品就无须再付外汇而可直接用人民币支付。大家知道,人民币是一张纸,买人家东西给对方一张纸,说白了就是我们给人家打了张借条。说人民币国际化难,难就难在人家要肯接受我们的借条。

举个例子。李嘉诚在香港购物可以打借条而我却不可以,为什么?因为李嘉诚富甲一方,我一穷书生当然不行。同样的道理,人民币要国际化,首先得自己有实力,要让人相信我们有兑付能力,否则我们想国际化也国际化不了。所以人民币国际化作为目标不能动摇,但我不主张列时间表,走一步看一步也许更明智。

三是关于金融开放后的国家控制力。陈教授强调金融开放后国家应保持高度的控制力。这观点无疑是对的,我赞成。但对"人民币国际化是双刃剑"的说法我有保留。所谓双刃剑，无非是指人民币国际化有利有弊，在给我们带来利益的同时也会带来负面影响。什么是负面影响？目前众说纷纭，但大家说得多的一是汇率难以稳定，二是政府宏观调控会被弱化。

是的，人民币一旦国际化，汇率确实难以稳定。蒙代尔的"不可能铁三角"说，一个国家在货币发行权、资本自由流动、汇率稳定三个选项中，只能三选二，不可能三者同时兼得。显然，货币发行权中国不能放弃，而人民币国际化后，资本要自由流动，汇率就不可能稳定。于是有人担心，一旦即期汇率与远期汇率出现偏离，国际投机资本就会来中国套利。我不怀疑会有这种可能，但这正好是市场机制稳定汇率的过程，不是什么坏事，算不上负面影响。

至于宏观调控的效果，我承认，人民币国际化后宏观调控会比现在复杂。比如国内出现通胀后，央行会收紧银根，境外人民币会回流，这样调控效果会打折扣。可即便如此，我也不认为这是人民币国际化的负面影响，恰恰相反，只能说明现在的宏观调控需要改进。比如防通胀，央行其实只需将货币增长钉住经济增长，大可不必反复调币量，这道理我讲过多次，行内的朋友也应该懂，恕我不再重复。

倾销是个伪命题

二〇〇九年十月六日

美国宣布要对中国轮胎开征"特保关税",消息传来,国内媒体一片哗然。中国历来不怕事,作为回应,商务部立即表示要对美国出口到中国的肉鸡与汽车零部件展开调查。美国有错在先,中国以牙还牙完全占理。可英国《金融时报》发表社评说,美中双方应该保持冷静,否则一场全球性"贸保战"将一触即发。

是危言耸听吗?恐怕不是。然而现实却令人遗憾,奥巴马政府在此事上确实有些欠冷静。不知发什么疯,美国这次对中国发难,并非应国内轮胎制造商的诉求,而据说是来自钢铁工业协会的压力。莫名其妙,中国输美轮胎价廉物美,怎会损害钢铁业的利益?再说,轮胎业美国本来就不想保护,何况"特保关税"又仅是针对中国,可即便限制了中国轮胎进口,其他国家的低价轮胎却照进不误。损人不利己,不是发神经是什么?

胡锦涛主席前些天在纽约会见奥巴马,说中国希望"类似事情不再发生",而奥巴马则表示愿同中方通过对话和磋商加以解决。表态很好,但我却看不出美国下一步将如何处理,会摒弃前嫌吗?不知道,还是静观其变吧。我的观点:不论美国最后怎么做,中国都不必加高美国进口品的关税,也不必施以别的报复措施。冤冤相报无尽期,而且从经济角度看,报复也非上策,不可取。

不是怕得罪美国,更不必怀疑我的立场,生于斯长于斯,不可能不爱自己的国家。若认为不赞成报复就是不爱国,未免太武断!爱国是什么?是意气用事吗?在我看来,爱国就是为国家争取更大的利益。尤其是搞经济贸易,若对方有错就鱼死网破,两败俱伤对国家有何好处?比如你和邻居做买卖,他买你的衣服,你买他的粮食,可有一天他突然不买你的衣服了,你会怎么做?明知他的粮食比别处便宜,你会为了报复而不买他的粮食吗?

面子归面子,经济归经济,搞经济最重要的一点,就是追求最大化利益。当然,为了斗气你也许会转从别处高价购粮,可冷静想想,这种死要面子活受罪的事你能坚持多久?中美贸易也是这个道理,如果美国刁难我们,我们也就不去买他们的产品,这无疑是拿别人的错误惩罚自己。而明智的做法是,你刁难你的,我买我的,只要自己有利可图,就大可不必在意美国的态度。

我不主张贸易报复，从理论方面说，是因为我坚信自由贸易能增进人类福利。斯密与李嘉图当年对此有过论证，逻辑井然，而且今天大学教科书也写得清楚，相信懂点经济学的读者对他们的理论不陌生，也无须再解释。这里我想重点讨论的是：第一，高关税究竟要保护什么？第二，高关税损害的到底是谁的利益？这两个问题虽有联系，但不完全是一回事，为行文方便还是让我分别说吧。

先说第一点。某国若要对进口品征高关税，据我观察，能说出口的理由无非有二：一是反倾销，二是要保护本国的产业。表面看，这两条似乎让人无从反对。然而想深一层，其实皆似是而非。所谓"倾销"，是说一国产品卖到国外的价格低于国内价格。这怎么可能呢？既然国内可以卖高价，谁会舍近求远，将产品低价卖到国外去？我不信有哪个商家会那么蠢，也不信世上真有"倾销"这回事。除非有政府补贴，不然"倾销"就是个伪命题，是为推行"贸易保护"而杜撰的借口。

当然有人会说，进口品价格低势必挤占国内市场，会冲击本国产业。这样说不算错。可我要问的是，高关税到底保护的是什么产业？若自己竞争不过就寻求保护，岂不是在保护落后？古往今来，还从未见有哪个国家靠保护把产业搞得像样的，外国如是，中国也如是。家电是最好的例子。过去中国对家电进口征高关税，那时国产家电却乏善可陈；后来关税降低，反而很快雄视天下。若进口品价廉就加高关税，大家都心存此念，何来国家间贸易？进口品不比国产品便宜，消费者也不买呀。

再往深处想，高关税虽可阻挡进口，但背后其实也有代价。这正是我要说的第二点。很多人以为，高关税能保护本国产业，有百利而无一害，若那样想就大错特错了。事实上，对进口品征高关税，受益的只是少数企业，而损害的则是国内消费者。不是吗？以纺织品为例，若一国提高纺织品关税，进口当然减少，但由此消费者的花费会更多。说到底，这是让消费者（多数人）为生产商（少数人）买单。你信不信，若让消费者投票公决，赞成高关税的绝对不会多。

奇怪的是，政府作为公众利益代表，理应维护多数人利益，可奥巴马为何要为保护少数人而大打出手呢？思来想去，顾及就业是一个原因，但不是主要原因。企业垮了会增加失业，但不会长期失业。经济学说，竞争会推动资本流动，若无政府保护，劣势企业必会转产或升级，这样照样能创造就业。由此看，奥巴马定是另有苦衷，而我所想到的是选票，美国企业工会声势浩大，而消费者是一盘散沙，两相权衡，政府自然会屈服于工会压力。

最后再说中国。新中国成立60年，今非昔比：有13亿多人口，不仅消费潜力冠于全球，而且还有两万多亿美元的外储。手里有真金白银，多点进口不伤大局。美国想折腾就让他折腾吧，中国可依法维权，但用不着报复。不管怎么说，能让国人享受美国廉价进口品也不错。是时候了，我们不妨也好好潇洒一回！

高关税的错觉

二〇一六年三月八日

假若有两道问答题：你是否赞成自由贸易？国内产业是否需要关税保护？不知读者会怎么答。多年前我曾就这两个问题问过自己的研究生，他们一方面赞成自由贸易，而另一方面又认为国内产业也需要关税保护。显然，这两个答案自相矛盾。

其实不只是我学生这么看，时下学界也有不少人持这种看法。顾名思义，贸易自由不单指出口自由，同时也包括进口自由。一国的出口是他国的进口，一国的进口则是他国出口。古语云：己所不欲，勿施于人。一个国家若希望别人尊重自己的出口自由，那么你就不能限制进口，妨碍别人的出口自由。

这道理说来大家都懂，可在对待进出口问题上人们为何会持双重标准？追根溯源，我认为是受早期重商主义的影响，而且其影响根深蒂固。在重商主义者看来，世上唯有金银才是财富，一个国家要增加财富，必须多出口少进口。而要奖出限入，政府的手段之一就是对进口征高关税。今天的关税壁垒，或多或少与重商主义的财富观念有关。

时过境迁，重商主义早已不存在，特别是20世纪70年代布雷顿森林货币体系解体后，金银与货币脱钩，没人再相信"唯有金银是财富"的神话。问题就在这里，既然不再迷信金银，至今为何还有人对高关税推崇备至？甚至连美国这样的发达国家也乐此不疲？3年前赴美参加"中欧美学术论坛"，在会上我曾提出过质疑，美国学者回应，高关税是为了保护他们国内的就业。

这理由读者相信吗？反正我不信。举大家熟知的例子。几年前美国曾针对中国轮胎进口专门开征"特保关税"，并声称此举是迫于美国钢铁工业协会的压力。奇哉怪哉！进口中国轮胎与钢铁业有何相干？再说，美国本来就需要进口轮胎，不从中国进口也得从别的国家进口。从别国进口而不从中国进口，怎么就能保护美国就业呢？

所以在我看来，所谓"保护国内就业"，不过是美国的一个借口，醉翁之意不在酒，目的是要打击中国的出口。我曾以《"贸易保护"成事不足》为题作过分析，这里不重复。本文要讨论的是，在经济全球化背景下，发展中国家的产业是否需要关税保护，或者对发展中国家来讲，高关税能否保护本国就业。

先说我的观点:"高关税保护就业"不过是人们的错觉。表面看,高关税短期内确实可限制进口,保护国内企业或就业;但想深一层,这样做不过是让本国消费者补贴生产者。算大账,是损人不利己,也得不偿失,并不可取。

用不着讲高深的理论,让我用实例解释吧。假如意大利的皮鞋出口到中国,每双售价1000元,而中国国内生产的皮鞋每双售价1500元。显然,国产皮鞋价格明显高于进口皮鞋,于是国内厂家可能会去游说政府,要求政府多征进口皮鞋的关税500元。理由是,进口关税若不提高,国内厂家可能被挤垮,企业一旦倒闭,员工会失业。

骤然听,国内厂家说得不无道理。但如果我们从国内消费者角度看,结论却不尽然。比如政府不多征500元的关税,消费者花1000元便可买1双皮鞋;政府加征关税后,却需1500元才能买到。如此一来,意味着消费者购买力下降,实际生活水平降低。由此看,提高关税会损害国内消费者利益,说白了,是让消费者拿钱维持皮鞋厂的生存。

这是一方面。从机会成本看,消费者花钱支持皮鞋厂工人就业,其机会成本是放弃购买其他厂家商品可能创造的就业。设想一下,假如消费者不多花500元买皮鞋,而用这500元去买衬衣,衬衣厂的销售会扩大,就业也会增加。就扩大就业而言,两者并无分别,只是人们重视看得见的就业而忽视看不见的就业而已。

是的，在国家层面，增加皮鞋产业就业与增加衬衣产业就业是一回事。区别在于，提高皮鞋的进口关税，在保护皮鞋产业的同时，其他产业的发展却会受限制。在一定时期资源是有限的，而那些需要关税保护的企业，恰恰是生产率较低的企业，而低效率的企业被保护，资源会向这类企业流动，这对高生产率企业显然不公平，长此必降低整个社会的生产效率。

事实上，政府鼓励对外贸易，目的是希望分享国际分工的红利，即出口自己高生产率的商品赚取外汇，然后用外汇进口他国价廉物美的商品。如果用高关税挡住进口，无疑是对国际分工利益的主动放弃。要知道，出口的商品是国内实实在在的资源，而外汇则是进口国所开具的借条，若不用于进口，外汇就是一堆纸，毫无用处。再说，如果一个国家总"奖出限入"，对方换不来外汇进口，总有一天你也无法出口。

由此我想到了出口补贴。不论补贴方式为何，最终都是为了低价出口商品。但要指出的是，补贴出口其实是在用国内财政补贴国外消费者，其补贴部分等于白送。既如此，政府与其补贴出口，倒不如补贴国内技术创新。只要企业有竞争力，出口用不着补贴。古往今来，靠给人送补贴而致富的国家一个也不曾出现过。

最后再说一遍：国际贸易能令贸易双方获益，但重点不在出口而在进口，只有进口才能让国内消费者买到国内不生产的商品或国外更便宜的商品。是的，出口并不是最终目的，一个国家之所以出口，理由就一个：赚取外汇用于进口。我想这也是党的十八届五中全会提出"实行积极的进口政策"的原因吧！

假如发生美债危机

二〇一二年八月二十三日

两周前赴美参加第三届"中欧美学术论坛",三方学者云集科罗拉多州的阿斯彭镇,共商"全球事务变革中的国家责任"。按照专业分工,我被安排在经济组,该组议题有三:一是欧洲主权债务危机;二是中国经济前景;三是美债问题。会期虽不长,就两天,不过开得别开生面,会上常是唇枪舌剑,争论迭起。

争论归争论,现在冷静下来想,争论其实并不是研讨的目的,只是过程与方式。大家之所以争论,无非是希望通过研讨找到共识。那天会议安排我做经济组的召集人,由于要主持讨论,自己不好多说,不过利用总结的机会还是谈了一些看法,不料当场就有人不赞成。本来就是有备而去,当然不怕辩论,可惜没时间答辩。这里把自己的观点写出来,作公开讨论。

首先谈欧债危机。给我的感觉,这次会上欧洲学者似乎有些底气不足,尽管一再表示欧洲有能力处理债务问题,但怎样处理却始终没说出令人信服的方案;加上事先答应参会的几个重量级人物没到场,欧洲方面显得有点势单力薄。比如当有美国学者批评欧洲投资环境差时,只有意大利外交部国务秘书玛尔塔·达苏(Mart Dassù)作了简单回应。她表示不接受美国学者的指责,但我没听明白她讲意大利投资环境究竟好在哪里。

欧债问题的确很棘手,但我却认为并非无药可医。这里的关键,是要找到对症的办法。是什么呢?人们容易想到的是削减开支。能减开支当然好,可问题是减行政开支易,减社会福利难,特别是西方国家,则难上加难;但若仅减行政开支而不减社会福利,杯水车薪恐怕于事无补。发行欧洲共同债券呢?南部欧洲国家会赞成,北部欧洲国家却未必答应。德国总理默克尔就曾明确说,只要她活着就绝不会让欧洲共同债券出现。

左右为难,如何是好?在会上,我提醒欧洲学者研究一下中国的经验。20世纪90年代,中国的国企也是债台高筑,要知道,中国国企的老板是政府,国企债务其实就是政府债务。当年中国是怎样处理的呢?说出来很简单:1999年中国国务院成立了四家金融资产管理公司,并由这四家公司把国企债务从银行那里买过来,变成自己对国企的股权,然后再对股权进行重组。于今十多年过去,这四家公司不仅盘活了大量的不良资产，而且皆有不菲的盈利。债转股在中国能成功，欧洲为何不能？大难当前，欧洲应该拜我们的朱镕基总理为师！

再谈中国经济的前景，英国《金融时报》副主编菲利浦·斯蒂芬斯（Philip Stephens）在会上向中国学者发问：中国经济会否继续高增长？这问题其实也是许多欧美学者的疑问，说白了，他们是在问中国经济会否硬着陆。我的回应是：第一，年初中国政府提出"稳增长"与前几年"保增长"不同，是希望将过高的速度降下来，以便调结构；第二，今年二季度增速虽下滑至7.6%，但仍在年初设定的增长目标7.5%以上，不是硬着陆；第三，若说中国此前30年高增长是靠工业化带动，那么此后30年则靠城镇化带动，主要靠扩大内需。

于是会上有人追问，中国将如何扩大内需？对此我又作了两点解释：第一，中国的积极财政政策不会改变，但重点会有调整，即从原来主要通过发国债刺激政府投资，会转向结构性减税刺激民间投资；第二，央行会继续推行稳健货币政策，且将CPI控制在4%以内。CPI之所以要保持4%，是因为消费者买涨不买跌，这样可刺激消费。与此同时，政府还将逐步提高城乡居民收入，目标是让居民收入与GDP同步增长。

最后再谈美债问题。有数据说，现在美元有一半是在美国境外流通，而国际储备货币中美元占到60%。这意味着什么？简单讲，就是美国欠了很多国家的债。以中国为例，中国现有3万亿多美元外储，其中2.2万亿美元购买的是美国国债或各类债券。问题就在这里，美国欠债后不去设法保全债权人的利益，却不断用通胀的办法稀释债务，仅去年一年，中国持有的美国债券就缩水220亿美元。于是我向美方学者发问，为保证债权人利益美国是否应该约束美元发行？

你猜人家怎么答？哈佛大学理查德·古博（Richard Cooper）教授说，美元今天成为国际中心货币，是世界各国自由选择的结果，而中国是否用美元做外储，或是要不要购买美国国债，都是你们中国自己的决定，没人逼你买美国国债，所以美元贬值后中国债权缩水是你们的事，与美国无关，也用不着在会上讨论。你听，古博教授是不是很霸道？他俨然是说，中国愿意买美国国债，现在亏了钱怪不得美国，是中国活该！

这恐怕代表了不少美国人的心态。美国作为全球经济老大，美元的地位确实还一时无可替代，何况眼下欧元前途未卜，英镑不济，中国外储还得用美元。可即便如此，难道美国就可恣意妄为不对债权人负责？奥巴马是由美国选民选出来的，奥巴马若不对选民负责会是啥结果？可以肯定，若美国不对债权人负责，将来美元一旦信誉扫地，谁还肯持有美元？若真到了那一天，美债危机爆发，美国怕是要追悔莫及吧！

美国为何发动贸易战

二〇一八年四月二十日

美国宣布对中国商品征收 25% 关税,看架势是要孤注一掷,而中国商务部表态将奉陪到底。中美贸易战会不会打起来?有专家认为会,也有专家认为不会。经济学说,推断行为要根据约束条件下的利益最大化规律。而推断美国是否真想打贸易战,就要分析打贸易战美国面临的约束以及美国能否得到最大化利益。

先提一个问题:美国今天已站在全球产业链的最高端,是国际分工的最大受益者,可美国为何反对自由贸易?亚当·斯密当年说得清楚,一个国家要分享国际分工的利益,前提是国际贸易要自由。比如有甲、乙两个国家,甲种粮的成本低,织布的成本高;而乙种粮的成本高,织布的成本低。只要甲、乙按各自优势分工,然后甲用粮食与乙交换布,则两国可以双赢。

请注意,这例子暗含了两层意思:一是分工可提高效率；二是没有贸易自由就没有分工。为何说没有贸易自由就没有分工？还是用上面的例子，假如甲专种粮食而乙专织布，但若甲不能用粮食换乙的布，或乙不能用布换甲的粮食，不能互通有无，两国怎可能形成分工？读者想想，美国作为国际分工的最大受益者，反对贸易自由是不是毫无道理？

美国当然不会承认自己没道理。特朗普说，美国对中国商品征收惩罚性关税，是因为美中贸易不平衡，美国长期逆差，中国顺差。听上去似乎在理，但细想却不对。美国贸易逆差说明什么？说明美国从中国买到了他们所需要的商品，而中国却未从美国买到所需要的商品，而只是用商品换回了美元。由此看，中国贸易顺差并不代表中国占便宜，美国贸易逆差也不代表美国吃亏。

想深一层，中美贸易要平衡，对美国其实易如反掌。中国政府多次表示希望扩大进口，可美国却不卖。自己的商品不卖高科技产品，怎会不出现逆差？再有，战后美元一直是国际中心货币，美国只要印出美元，就可在全球采购商品，而中国要进口美国商品，必须先出口商品换回美元。这样一来，美国贸易就难免有逆差。事实上，美国今天不仅对中国有逆差，对全球100多个国家也有逆差。

上面的道理，特朗普不会不懂，所以我不相信美国发动贸易战是为了贸易平衡。另外还有个证据：美国打贸易战，主要一招是对中国商品加关税。对中国商品加关税能扭转美国的逆差吗？美国对中国的逆差会减少，但不会改变美国对全球的逆差。理由简单，中国出口到美国的大多商品，美国自己不生产，不从中国进口就得从其他国家进口。算总账，美国的逆差不会变。

由此见，所谓"贸易平衡"，不过是美国的一个幌子。醉翁之意不在酒，真实目的是要维护美元霸权。战后美国称霸世界，靠的就是军事霸权与美元霸权。曾记否？20世纪70年代日本经济崛起，日元挑战美元，1985年美国却用一纸"广场协议"将日元击败了；1999年欧盟19国推出欧元，2002年进入流通，结果2009年欧洲发生主权债务危机，至今欧元一蹶不振。2010年，中国成为全球第二大经济体，人民币国际化提速，于是美国把中国当成了对手。

美国将中国视为对手是他们的事，我们管不了。当下的问题：美国发动贸易战，我们要怎样应对？容易想到的是，中国对美国商品也加关税，以牙还牙。这样做当然无可厚非，也有必要。可冷静地想，加关税未必是反制美国的唯一选择。加关税虽能抑制美国对中国的出口，但伤敌一千，同时也可能自损八百。损人不利己，当然不是上策。

上策是什么呢？前面说，美国最担心的是美元霸权地位被动摇。民间有句俗语：打蛇打七寸。既然美国要维护美元霸权，那么我们就应去动摇美元霸权，若不一次将其打痛，日后还会得寸进尺。虽说目前人民币无法代替美元的地位，但美元霸权今天已岌岌可危，我们完全有能力动摇美元的地位。不是吗？美国之所以为维护美元霸权大动干戈，其实是他们自己对美元底气不足，心虚而已。

简单说说美元吧。1944年，由美国主导建立起布雷顿森林国际货币体系，从此美元替代英镑，成为国际中心货币，当时美元靠的是黄金支撑；20世纪70年代初发生美元灾，美元与黄金脱钩，布雷顿森林体系解体，美元改用石油支撑。可随着石油储量减少和新能源的出现，美国意识到用石油支撑也难以为继，于是想到了用"碳排放权"支撑。2009年哥本哈根气候峰会上，美国到处游说，可惜多数国家不买账，这样就给美国留下了心病。

是的，今天美元霸权正在失去支撑，这确实是美元的软肋，对此中美双方都清楚。而作为对美国发动贸易战的反制措施，今年3月26日中国原油期货在上海期货交易所正式挂牌，而且中国政府承诺，任何接受人民币结算的石油出口国均可用人民币在上海黄金交易所兑换黄金。可想而知，中国此举对美元霸权将意味着什么。

读者也许要问，美国发动贸易战会因中国推出石油期货而罢手吗？目前不好说，还有待观察。不过即便美国不罢手，中国还有更大的牌可出。我想到的是，美国现在国债中有4万亿美元由外国机构持有，而中国就持有约1.2万亿美元。可以推定，假如中国大量抛售美债，美债收益率必上升；而美债收益率上升，必会推高美国的融资成本；而融资成本上升，必会打击美国股市和经济。

说来也巧，中国的底牌并未亮出，可美国财政部部长姆努钦4月6日在接受CNBC采访时表示：对中国有可能抛售美债这一撒手锏"完全不在乎，因为美债有很多买家"。他的话不知别人是否相信，我是不信。这里只问一句：当美债收益率升高，有朝一日美国无力兑付其收益时，美债会否贬值？美债一旦贬值，后果怎样无须我说出来吧！

西方不可能与中国脱钩

二〇二二年十一月十日

最近美国到处煽风点火,鼓动西方国家与中国脱钩,不仅限制高科技产品(或零部件)卖给中国,而且不断制造贸易摩擦,打击中国出口。受其影响,国内产业链、供应链一度出现堵点,面对西方的围堵打压,有不少人对经济前景忧心忡忡、预期转弱。

说我的判断,美国高喊"脱钩",而我不信西方国家能听美国忽悠,真与中国脱钩,而且美国自己也不能。今非昔比,中国已成为全球第二大经济体,产业门类齐全,有4亿中等收入人口,是全球最大的消费市场。特别是进入21世纪后,经济全球化不可逆转,中国离不开世界,世界怎可能离开中国?

从理论上分析,西方国家也不可能与中国脱钩。我所想到的,是李嘉图的国际分工理论。李嘉图说:一个国家与另一个国家相比,未必具有"绝对优势";但若自己与自己比,一定存在比较优势。若两个国家能按照各自的比较优势分工，然后拿自己的商品与对方交换，结果一定是双赢。

什么意思？让我用一个简化的例子解释。有甲、乙两个国家都能生产粮食和棉布，假定甲生产粮食和生产棉布的成本分别为800元/吨和900元/匹；乙的成本，则分别为1100元/吨和1000元/匹。显然，对乙来说，无论生产粮食还是棉布，绝对成本都高于甲。但若自己与自己比，乙的比较优势是生产棉布，甲的比较优势是生产粮食。

我们再假定，若甲、乙两国不分工，甲自己种1吨粮食和生产1匹棉布，总成本（800元+900元）是1700元；乙的总成本（1000元+1100元）是2100元。但若按各自比较优势分工，甲只生产2吨粮食，总成本为1600元；乙只生产2匹棉布，总成本为2000元，然后甲用1吨粮食与乙交换1匹棉布，于是各得其所，双方皆可节约100元成本。

以上是简单的理论模型，根据此模型，至少可作三点推论：第一，国际分工能为人类创造红利，参与国际分工的各方可以共赢；第二，无论发达国家还是发展中国家，皆存在自己的比较优势，按比较优势参与国际分工只有赢家，没有输家；第三，国际分工的前提是贸易自由，如果没有贸易自由，则不会存在国际分工，最后大家都是输家。

读者注意，上面第三点推论尤为重要。的确，没有贸易自由，不可能形成国际分工。从这个角度讲，推行贸易保护主义，其实就是否定国际分工。事实上，不论是谁，也不论出于何动机，限制自由贸易都将搬起石头砸自己的脚。我们知道，经济规律不以任何人（或国家）的意志为转移，违背规律就得付出代价，不可能有例外。

以美国为例。美国以莫须有的理由，禁止芯片出口中国，可几年下来，他们的三大芯片巨头却出现了巨额亏损。高通公司公开承认，"芯片正在从供应短缺急剧转向需求下降，这种反转前所未有"。由于芯片价格暴跌，英特尔已开启"寒冬模式"。而最惨的是AMD，今年二季度营收比去年同期下降了69.8%。

再看德国。朔尔茨此次首访中国前，不少政客要求减少对华依赖，逐步与中国脱钩。可德国企业与中国密不可分（如大众汽车40%的销售额来自中国），怎可能脱钩？据德国经济学家测算，一旦与中国脱钩，德国遭受的损失将是英国"脱欧"的六倍。所以朔尔茨明确反对脱钩。德国工业联合会主席鲁斯武尔姆也多次表示："在政治和经济上，与中国脱钩既不可取，也不明智。"

我们周边的日本、韩国也是如此。尽管日、韩首脑皆表态，将跟随美国与中国经济脱钩，但实际却很难迈出这一步，因为日、韩都承受不起脱钩的代价。《日本经济新闻》称：假如日本与中国经济脱钩，中国可能中断对日出口两个月（包括零部件在内）的80%的商品，日本的家电、汽车、服装、食品等产业将无法维持，会导致日本10%的GDP（约53万亿日元）"蒸发"。

对韩国来说，一旦与中国经济脱钩，其在中国占总出口量高达60%的市场将会立即失去。基于此，韩国《中央日报》呼吁："韩国不能表现出与中国背道而驰、在对华包围网中冲锋在前的姿态……韩国不能被美国主导的新秩序建设牵着鼻子走，应明确自己的原则和规范，不同的问题要不同对待，并对中国作出充分解释，尽力避免制造不必要的敌对关系。"

事实表明：西方国家并非铁板一块，每个国家都有自己的利益，当自己的利益与美国不一致时，绝不会对美国言听计从，何况美国与中国经济脱钩的代价也非常高。我在前面介绍过李嘉图的分工理论，要是相信李嘉图的理论，就不应相信"脱钩论"。请问，两败俱伤的事，有哪个国家愿意长期做下去？所以在我看来，所谓"脱钩"，不过是一场闹剧，不必如临大敌。

当然，虽然西方国家不可能与中国经济脱钩，但不排除某些国家仍会在某些领域卡我们的脖子。防患于未然，当前要特别注意两大"卡点"：一是关键核心技术。我们要在颠覆性技术领域超前部署，重点突破，力争领先一招，以"卡"止"卡"。二是全球供应短缺的商品，这方面要重点关注粮食。我国是人口大国，饭碗一定要端在自己手里。

我最后再说一遍，经济全球化可以提升人类共同福祉，只有赢家，没有输家。即便某些西方国家偏要倒行逆施，试图断桥毁路，我们也应保持定力，继续为推动全球化架桥铺路，坚定扩大开放。大路朝天，谁能笑到最后，就等着看结果吧。